近代日本メディア議員列伝 3

関和知の出世

政論記者からメディア議員へ

河崎吉紀

創元社

関和知の出世——政論記者からメディア議員へ　目次

凡例

①文中の表記で典拠が明らかな場合は、引用の文末にページ数のみ（＊＊）と表記した。

・引用文献リストにある文献では、（○○：＊＊）は○○が著者、＊＊がページ数を示す。すなわち（若槻：209）は若槻礼次郎『明治・大正・昭和政界秘史―古風庵回顧録』講談社・一九八三年、二〇九頁である。また同一著者の文献は、「○○＋＋＋：＊＊」で刊行年を加えた。すなわち（杉中1915：320）は杉中種吉「大正政界の新進人物」『新日本』五巻一一号・一九一五年、三二〇頁である。

・新聞からの引用は、（　）内に紙名と月日を示す。ただし、『東京朝日新聞』は『東朝』、『東京日日新聞』は『東日』、『大阪朝日新聞』は『大朝』、『大阪毎日新聞』は『大毎』、『読売新聞』は『読売』と略記する。

・著者名が明らかでない雑誌記事は、（　）内に誌名と巻号を示す。

②関和知の著書、訳書、雑誌論文は年譜中の①〜⑭の番号で示した。すなわち（①17）は白洋子「柏田知事」『新総房』五号・一八九七年、一七頁である。

③議会における発言は特に断らない限り議事録からの引用であり、日時と会議名を示すことで出典表記にかえた。読み易さを考え、カタカナ表記は平仮名に改めた。

④引用文中の省略についてのみ（略）と表記し、「前略」および「後略」は省いた。引用文中の補足は〔　〕内に表記した。

⑤歴史研究者として原文表記の重要性は十分に認識するが、幅広い読者を対象とする本書の性格に鑑み、読み易さを優先して引用文に濁点と句読点、難字のルビを補った。逆に、原文が総ルビの文章ではルビの大半を省略した。歴史的かな遣いは原文のままとしたが、旧字体の漢字は新字体（常用漢字）に改めた。また、極端な当て字、人名・地名などの明らかな誤字についても訂正を加えた。

⑥引用文中に差別などにかかわる不適切な語句があるが、今日の視点で史料に手を加えることはしなかった。ご理解を賜りたい。

関和知の出世——政論記者からメディア議員へ

序章

メディア議員とは何か

陸軍政務次官時、中央が関和知
関家蔵

「憲政会にしても加藤内閣を作るよりも、浜口内閣、安達内閣の方が遥《はる》かに有力かも知れぬ、関和知氏あたりが内閣組織の候補者になる様にならなくては、新らしい政治は望まれない」（石川半山「次の内閣組織者」『中央公論』三三巻一〇号・一九一八年）

メディア出身の政治家

今から一〇〇年ほど前、一九二〇年の国会の様子を一月二九日付『東京朝日新聞』の紙面に見てみよう（図0-1）。関和知《わち》はしたたる汗をぬぐいながら、朝鮮で発生した暴動に関連して、ときの首相・原敬を追及している。「怪力士気取りの関君が／大物喰《くい》の土俵際《ぎわ》」との見出しが立つ。片手を額《ひたい》にあて、目をつむって聞いていた原は「御議論でもあり、御質問もあり」と皮肉をかまし、あまりに長い関和知の質問にうんざりした。「首相が危ない打棄《うっちゃり》の一手／冷笑と躍起で勝負預《あずかり》」と紙面は相撲《すもう》に見立てて、このやりとりを報じている。

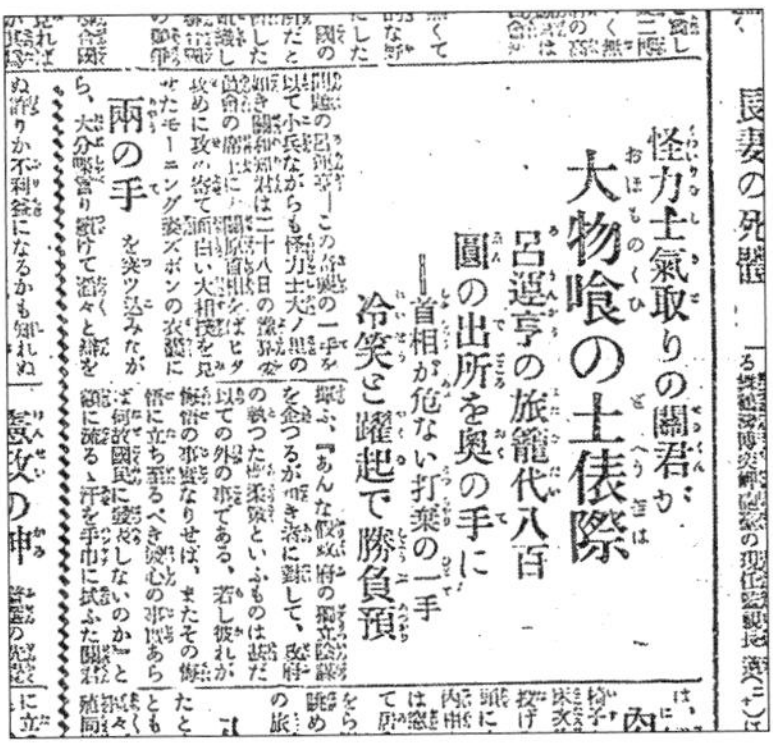
怪力士氣取りの關君が
大物喰の土俵際
呂選亭の旅籠代八百圓の出所を奧の手に
首相が危ない打棄の一手
冷笑と躍起で勝負預
兩の手

図0-1　原敬と対決（『東京朝日新聞』1920年1月29日）

こんなふうに、マスメディアで政治家が報道されるのは、われわれにとって自然である。新聞やテレビ、ネットのニュースに政治家を見ない日はない。もちろん、街頭演説で見かけたり、なにか相談があって会いに行く人もいるだろう。しかし、ふだんわれわれが目にする政治家とは、新聞、雑誌、テレビやインターネットに登場する政治家であり、それはメディアを通して国民に伝えられている。

いったい、いつからそんなことになったのか。メディアで政治家の行動が監視され、国民に速報されるという体制は、二一世紀の今日、当然のシステムとなっている。しかし、そうではなかった時代もある。一八八〇年代の新聞に政府は登場するが、

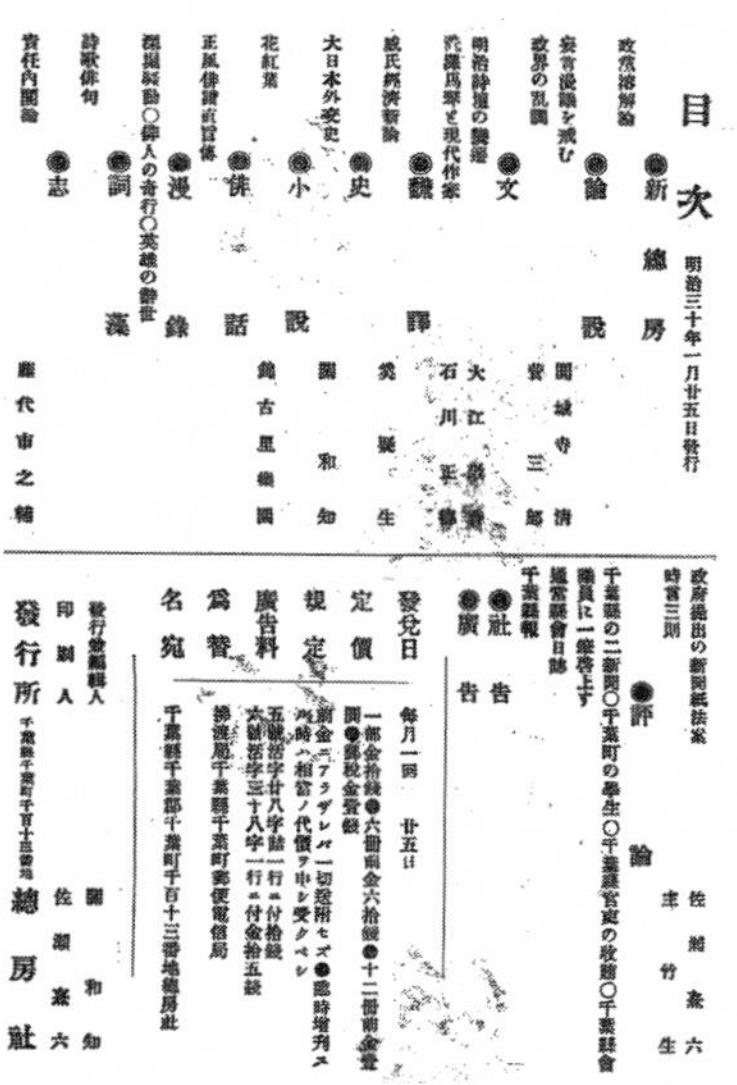
目次　明治三十年一月廿五日發行

●新総房

政黨溶解論

●論説　園城寺清

妄言浪論を戒む　菅三郎

政界の亂調

●文　大江[illegible]

明治詩壇の[illegible]

[illegible]羅馬琴と現代作家　石川[illegible]

●譯　[illegible]生

威氏經濟哲論

●史

大日本外交史

●小説　關和知

花紅葉

●俳話　[illegible]古星編輯

正風俳諧直言體

●漫録

[illegible]○偉人の奇行○英雄の餘世

●詞藻

詩歌俳句

●志

責任内閣論　[illegible]代市之輔

●評論

政府提出の新聞紙法案　佐瀬[illegible]六

時言三則　[illegible]竹生

千葉縣の二新聞○千葉町の學生○千葉縣官吏の收賄○千葉縣會議員に一筆啓上す

通常縣會日誌

千葉縣報

●社告

●廣告

發兌日　毎月一回　廿五日

定價　一部金拾錢●六冊前金六拾錢●十二冊前金壹圓●郵税金壹錢

規定　前金ニアラザレバ一切發送セズ●臨時增刊スル時ハ相當ノ代價ヲ申シ受クベシ

廣告料　五號活字廿八字詰一行ニ付拾錢　六號活字三十八字一行ニ付金拾五錢

爲替　拂渡局千葉縣千葉町郵便電信局

名宛　千葉縣千葉郡千葉町千百十三番地總房社

發行兼編輯人　關和知

印刷人　佐瀬[illegible]六

發行所　千葉縣千葉町千百十三番地　總房社

図0−2　雑誌『新総房』（2号・1897年）

国会議員は登場しない。政府がなにをしたのか、なにをしようとしているのか、紙面で報じられるのはいつの時代も変わらない。ところが、政治家が国会でなにを発言したのか、どのような行動をとったのか、いっこうに伝わってこないのである。それは衆議院がないからである。

「そんなバカな……」と思われるかもしれないが、第一回総選挙は一八九〇年七月、国会が初めて開かれるのは同年一一月である。われわれが通常イメージする「政治家」、すなわち国会議員を扱うニュースはそこから初めて報道されるようになる。それから、たった三〇年、冒頭で紹介した衆議院議員・関和知のニュースは驚くほど現代化されている。われわれにとって違和感がないくらいに。

国会が開設された一八九〇年は明治二三年、では、明治維新から約二〇年のあいだ「政治家」はどこでなにをしていたのだろう。尾崎行雄や犬養毅といった政治家は、議会ができるまで新聞記者を勤めていた。国の政治について議論する場所＝国会がないから、彼らはメディアで意見を述べるしかなかったのである。それは政治的主張を中心とする政論新聞の政論記者であり、取材編集を担当する今日の新聞記者とは異なる。新聞社を拠点に政治活動を行う彼らは、「政客《せいかく》」と呼ぶほうがふさわしい。

「政客」は辞書では単に政治にたずさわる人とされるが、「政治家」は職業として政治にたずさわる人である。政治がまだ職業化されていない時代、メディアは政治の舞台そのものであった。新聞記者とはまずもって政論を書く人、つまり政治に参加する人であり、政治を監視するだけではなかった。そして、メディアは議会が開設されてからも、政治的エリートである国会議員を生み出し、支援する拠点として長く機能した。関和知が作った雑誌『新総房』もその一つだった。

ここでその目次を見てみよう（図0-2）。巻頭には「政党溶解論」が掲げられ、「妄言漫議を戒《いまし》む」「政界の乱調」といった論説が続く、小説などもあるが、メインはやはり政論である。『新総房』はのちに新聞へと発展し、千葉県改進党系の政治的主張を広める役割をになった。関和知は新聞記者としての活動を足がかりに、国政へ進出する機会をうかがう。すなわち「メディア議員」とは第一に、メディア出身の政治家を意味するのである。

メディア議員の特徴

では、近代日本におけるメディア議員の特徴とは、いかなるものだろうか。『衆議院議員名鑑』を使って、一〇〇年間の「メディアに関連する議員」を調べたところ、彼らが活躍した時代は一九一〇年代から一九三〇年代であった（図0-3）。一九世紀末から二〇世紀初頭にかけ議席に占める割合が上昇し、戦前は約三〇％を維持していたが、戦中・戦後にかけて急速にシェアを失い、その後は回復していない。また、経歴に「新聞」が登場する議員が圧倒的に多い。「メディアに関連する議員」九八四人の

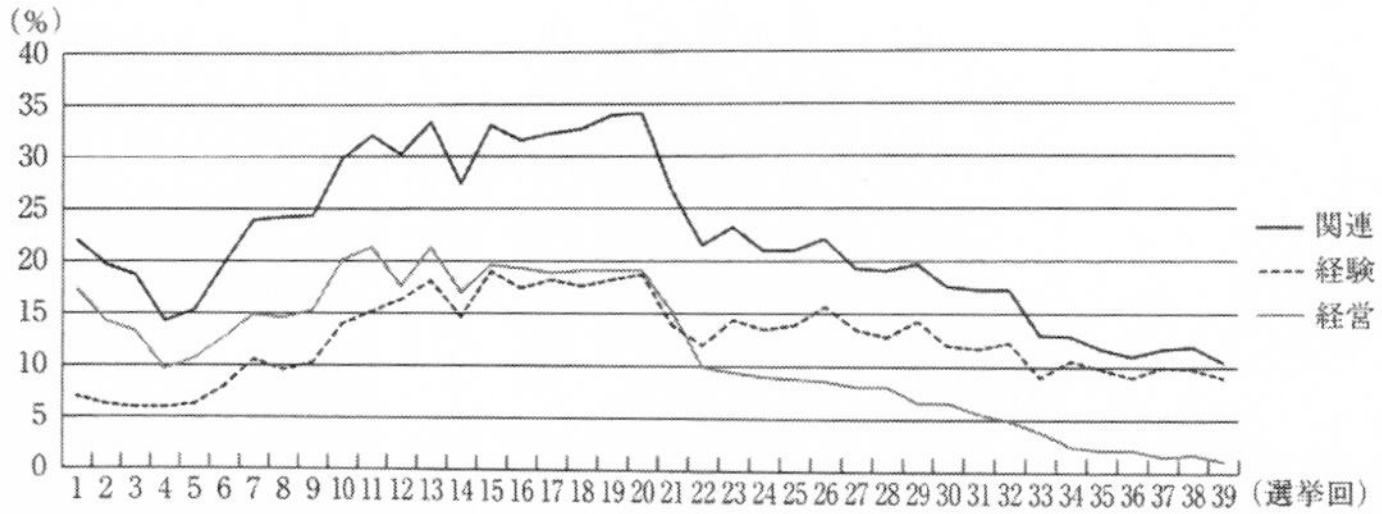

図0-3　衆議院におけるメディア関連議員の議席占有率（佐藤卓己・河崎吉紀編『近代日本のメディア議員』2018 年、76 頁）

メディア関連議員の特徴		関和知
活躍した時代	1910 年代〜30 年代	1909 年〜 25 年（衆議院議員）
メディア	新聞社に所属	新総房、在米邦字紙、萬朝報、東京毎日新聞
学歴	早稲田出身	東京専門学校政治科卒
政党	改進党系	憲政本党、国民党、大隈伯後援会、公友倶楽部、憲政会

表1　メディア関連議員の代表例

なかで八〇二人が、なんらかのかたちで新聞に関与していた。そして、学歴において早稲田大学（前身は東京専門学校）の出身が多い。これは議員一般に比べても多く、「メディアに関連する議員」の特徴の一つである。さらに、早稲田、東大、慶應義塾と各政党との結びつきを追ったところ、政友会に比べて同志会、憲政会、民政党には早稲田出身者が多く、改進党系の政党と関連があるということがつきとめられている（河崎 2018：95-98）。

　関和知はこうしたメディア議員の特徴に合致する。新聞記者として働いた経験はもとより、早稲田に学び、憲政本党、国民党、憲政会と一貫して改進党系の政党に所属、一九〇九年から一九二五年まで衆議院議員として活躍した。社会学的な思考パターンからすれば、代表値に近似する事例を取り上げるのは当然であり、そうであってこそ、メディア議員とはなにかの理解が深められる（表1）。ここで関和知が登場せずして、いったいなんのための「メディア議員列伝」か。

人的ネットワークの構築

そこで、関和知を例に、まずはメディア出身であることの意味を考えてみよう。

彼は現在の千葉県長生郡《ちょうせいぐん》一宮町《いちのみやまち》に生まれ、家は貧しく、若くして中学校、大学へ進学することができなかった。それでも、郷校で学んだあと小学校の教員を勤めながら、政治家になるという志をあきらめなかった。その後、東京専門学校（現在の早稲田大学）へ進学する機会をつかみ、卒業後は地元へ戻り新聞記者となる。最初に勤めた『千葉民報』はほどなくつぶれてしまい、関和知は自ら雑誌『新総房』を創刊して政論を発表し続けた。こうした努力を、周囲の長老、先輩たちが支援し、雑誌『新総房』はやがて新聞『新総房』へと発展、拡大する。こうして確立した地元の新聞社こそ、関和知を衆議院議員へと押し上げ、終生、彼の政治活動を支える拠点となる。

その機能は、単にメディアで政治的主張を発表するにとどまらない。人と人を結びつける機能、すなわちネットワークのハブ（hub）として機能する側面をもつ。

彼が最初に勤めた『千葉民報』は、関五郎右衛門を中心に千葉県改進党系の第一世代が立ち上げた政論新聞であった。宇佐美佑申《すけのぶ》、浅井蒼介、国松喜惣治《きそうじ》ら、のちに第二世代の関和知らを支援する長老たちが名を連ねていた。しかし、その経営はうまくいかず、やがて廃刊となり、若い関和知は小さな雑誌『新総房』を立ち上げる。そのとき、同志として協力するのが佐瀬熹六《きろく》である。自由党系の新聞と互角に斬り合う彼らの活動は注目を集め、ついに雑誌は新聞へと拡大する。それを強力に支援したのが田村昌宗と三和弥三郎である。田村は大隈重信と懇意であり、三和の経営する梅松別荘は千葉県改進党系の御用達であった。関和知はこうした長老、先達《せんだつ》に認められ、新聞『新総房』の中心に位置し、そこに志賀吾郷《ごきょう》、藤代市之輔、高山孝之助ら、同志、有力者らが続々と集まってくる。

つまり、新聞社は、人的ネットワークのノード（結節点）として、政治的紐帯を結ぶ役割を果たしている。こうしたノードを形成したのが関和知である。彼はその結び目に位置することで、ソーシャルキャピタル（社会関係資本）を優位に利用することができた。地方紙は単に政論を発表するメディアというだけでなく、たとえ少部数であったとしても、新聞社として人的ネットワークを構築し、人材をプールする機能を果たしていた。

千葉県改進党系の有志たちは、関和知に期待をかけ、さらなる飛躍を後押しして彼をアメリカ留学へと送り出す。そこで、社会関係資本は人的資本（ヒューマンキャピタル）へと変換されるわけであるが、次に政治と教育の関係についても追っていこう。

まず、関和知にとって、あるいは改進党系にとって重要な教育機関が早稲田である。一八八二年に創立した東京専門学校を前身とする。この学園の創始者が大隈重信である。日本のメディアの異様な特色の一つとして、早稲田出身が多いことがあげられるが、それについてはすでに河崎吉紀による実証的な研究が存在する（河崎 2008）。先に紹介した『千葉民報』も、東京専門学校最初の卒業生である斎藤和太郎が主筆を務め、発行人の関善次や、記者の菊池悟郎、浅川由雄も東京専門学校を経ており、早稲田系に牛耳《ぎゅうじ》られた新聞社であった。

つまり、メディア議員を研究するにあたり、少なくともその初期においては、学歴というファクターを無視することはできない。それは、人的ネットワークにおける紐帯の多重性（重み）に関係している。改進党系という政治的信条をもつ同志であるとともに、同じ学校を卒業した先輩、後輩、同窓であるという結びつきの強さがそこへ加わるからである。

その点で、「教育」もまた、メディアと同じく多様な機能をもつ。教育は知識や技能を授け、人間の能力を向上させるだけでなく、同じ学校を出たという社会的関係をも構築する。言いかえれば、人的資本だけでなく社会関係資本の形成にも貢献する。実際、関和知はアメリカ留学中も、人見潤之助や服部文四郎など早稲田出身者と交流をもち、帰国後は早稲田の先輩、円城寺清に導かれ『萬朝報』に籍を置いた。さらに、早稲田大学学長の高田早苗《さなえ》、また同大学教授の田中穂積の推薦を受け『東京毎日新聞』編集長となった。

こうして、学歴による人的ネットワークは関和知を再びメディアへと接続させる。そして、新聞社に勤めながら国政進出の機会をうかがい、一九〇九年、彼は衆議院議員となった。その後は、国民党の若手代議士として犬養毅の下で活動した。一九一四年、第二次大隈重信内閣が成立すると、関和知は脱党して大隈の傘下へはせ参じた。そこで政党というリソースを失った彼を支えたのが、学歴による人的ネットワークである。

同年、大隈伯後援会が結成され、首相の大隈重信を強力に支援することになるが、その中心は早稲田大学の校友たちであった。組織化を主導した実業家の浦辺襄夫《たかお》は、関和知と早稲田で寝食をともにした同窓であり、地元千葉県で新聞『新総房』の運営を支えてきた同志でもある。彼は大隈伯後援会の会計担当として幹事を務め、第一二回総選挙で早稲田関係者を総動員し、与党を勝利へ導くことに貢献した。千葉県では、『新総房』の主筆を務めた吉田銀治が大隈伯後援会の拠点を構築した。関和知は彼らの支援を受け、千葉県でトップ当選を果たした。つまり、学歴による人的ネットワークはここで政治力へと変換され、それを物理的に駆動させる装置として新聞社が用いられたのである。

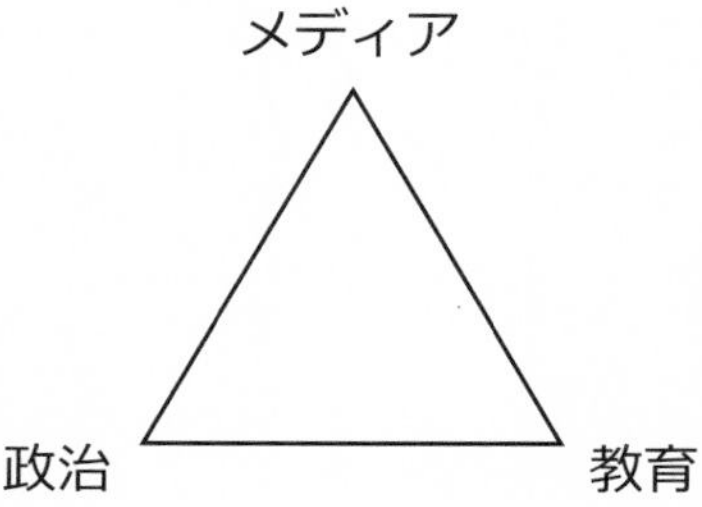

図0-4　メディア・政治・教育のクリーク

このように、雑誌を作り、新聞社を立ち上げることで関和知は、改進党系の政治的ネットワークに拠点を構築し、社会関係資本を蓄積するとともに、今度はそのリソースを用いてアメリカ留学を果たし、人的資本（知識・経験）を身につけて帰国した。一方、早稲田出身という学歴による人的ネットワークは、こうした関係性に重みを与え、紐帯を強化することに寄与し、帰国後の関和知を中央のメディアへと導いた。そして、政党というリソースを失った彼を、大隈伯後援会を通して早稲田関係者が支援し、その中心にはメディア『新総房』につらなる同志たちがいた。

メディアが政治を強化し、政治が教育のチャンスを与え、教育が政治力の源泉となる。ここに新聞社・改進党系・早稲田、すなわちメディア・政治・教育のクリークを発見できるのである（図0-4）。

メディア戦略の拡張

ところが、二一世紀の今日、メディアが政治的拠点であると言われても、われわれにとっては違和感しかない。新聞社や放送局、ネットのポータルサイトが独自の政治的主張をかかげだしたら、困惑するだろう。われわれがメディアに政論を求めていないからである。政治的主張より、ジャーナリストには正確なニュースを提供してほしいと思っている。こうしたニーズは、明治から大正にかけ、新聞を政論新聞から報道新聞へと急速に変化させていく。そこで提供されるニュースの政治的傾向は現代よりはるかに偏《かたよ》っているし、地方紙においては政治的党派性も色濃く残っていたが、政論から報道への流れが逆転することはない。

そうであれば「メディア議員」も、長期的には変化せざるを得ないだろう。メディア出身ということの意味が変わるからである。

関和知がはじめて新聞記者となったのは、先にも述べたように、千葉県改進党系の第一世代が立ち上げた『千葉民報』であった。しかし、それはほどなくつぶれてしまう。政治家になるという志をもつ関和知は、自分で小さな雑誌『新総房』をこしらえ、政治的拠点をかろうじて維持することに努めた。最初から金のかかる新聞社を作ろうとするのではなく、資金面で都合のつけやすい雑誌から始めるところに彼のプラグマティックな戦術を見ることができる。

とはいえ、『千葉民報』と同じことをしていては、結局、『新総房』もつぶれてしまう。そこで、関和知がとった新たなメディア戦略は、政論にジャーナリズムを加味することだった。単純にオルタナティブな政策を提案するだけでなく、千葉県政への批判をジャーナリスティックに展開したところに、新世代の政論記者である彼らのイノベーションがあった。とりわけ、千葉県知事、阿部浩との攻防は熾烈《しれつ》を極め、知事が退任したとき、あたかも関和知が追い出したかのような噂《うわさ》までささやかれたという。つまり、ジャーナリズムのもつ社会への影響力を政論雑誌に導入することで、第一世代が果たせなかった改進党系メディアを彼らは確立させたのである。

その実績を買われ、周囲の長老、先輩たちは、雑誌『新総房』を新聞『新総房』へ拡大発展させることに踏み切る。それが千葉県改進党系の政治的拠点として機能し、人的ネットワークの構築、維持に役立ったことは先に述べた。こうしたメリットに加え、関和知にとって、新聞記者は政治活動をしながら食いつなぐための生活の手段でもあった。資産があって新聞を経営し始めたのではないところに、彼独自のメディア戦略がかいま見える。

現代ならメディア業界は就職先の目標として受け止められるだろう。しかし、二〇世紀初頭、メディア業界は必ずしも目標ではなく、次へのステップと考える人々がいた。彼らは政治家になるための腰掛けとして、あるいは小説家として食べられるようになるまでのつなぎとして、メディア業界で働いていた。デビューしたてのお笑い芸人が飲食店で働いたり、売れないミュージシャンがコンビニでバイトをするようなものである。たとえば、一九一一年、『萬朝報』に入社した小野秀雄はそこで早稲田出身の青年たちに出会い、「この人たちは本職は詩人で、記者は生活の手段ということであった」と書き残している（小野：15)。

　関和知の場合、地主や商人のように財産があって政治に手を出し、その延長上に新聞を創刊するというのではなく、貧しいなかで志を捨てず、政治家になるために踏み台となる雑誌、新聞を自ら戦略的に作った。小さな雑誌『新総房』を用いて、梃子《てこ》の原理のように大きな地主や商人を動かし、発展した新聞『新総房』を政治家になるための生活の手段にした。

　メディアが次へのステップとして食い扶持《ぶち》を用意するという機能は、その後も関和知のライフコースを支えていく。アメリカで学位を取得したあと、帰国のための旅費をかせぐため、彼はシアトルの『北米時事』、サンフランシスコの『新世界』『桑港新聞』で記者を勤めた。また、帰国してからは『萬朝報』『東京毎日新聞』に籍を置き新聞記者として執筆するかたわら、政治活動にも熱心に取り組み、出馬の機会をうかがっていた。

　こうして衆議院議員となった関和知は、まさにメディア出身という意味で「メディア議員」と呼ぶにふさわしい。しかしながら、話はここで終わらないのである。ここから、「メディア出身」という意味を拡張していかねばならない。なぜなら、今日、「メディア出身」とは新聞記者や放送局のディレクターだけでなく、タレントやアナウンサーをも含むからである。政論にせよニュースにせよコンテンツを提供する人々だけでなく、コンテンツに登場する人々をここで取り込み、「メディア出身」の意味をアップデートしていこう。

　一九一六年、大隈重信が政権を返上し、野党となった同志会、中正会、公友倶楽部は、加藤高明を総裁に憲政会を結成する。関和知もそこへ参加し、苦節一〇年の長い野党生活を経験する。彼は党内で、幹事長、総務を務め、幹部の一員として活躍した。政策を実現できない野党として、憲政会は広く民衆にその存在をアピールする必要があった。おもな舞台は議会での討論と全国遊説である。

とりわけ、関和知は「憲政会の闘将」として、衆議院の第一線で首相、大臣と矛《ほこ》を交え、しばしば大演説を展開して聴衆を惹きつけた。首相・原敬がうんざりした様子は冒頭に紹介したとおりである。鉄道建設という利権を餌に選挙で票を集めていると与党・政友会を批判し、不況となって財源が確保できなくなっても、鉄道を作り続けようとする彼らを「財源なき鉄道計画」「笑ふ可《べ》き紙上の鉄道」「陋劣《ろうれつ》なる鉄道党略」などとこき下ろした。さらには、与党を有利にするためだけの理由なき解散と、その後の疑獄事件の頻発から、政友会議員を「不名誉なる二百八十余人」と痛罵《つうば》して衆議院を騒然とさせ、続く加藤友三郎内閣に対して、日支郵便約定で政府の過失を疑い、軍艦天城建造の不正を追及、内閣不信任案を提出して「弾劾演説家」と報じられるようになる。また、北は北海道から南は九州まで、関和知は全国に足を運んで数多くの演説会に参加し、野党・憲政会のプレゼンスを維持することに努めた。

政治史から見れば、こうした政治活動はしばしば議場を荒れさせ、矮小化された時事的な争点を騒ぎ立てただけのように見える。しかし、マスメディアを通して当時の有権者を超えた人々へ広く報じられたことは、メディア学から見て無視することができない。メディアに露出して、報道される存在となることが現代の政治家にとって重要だからである。そのための演技、演出を、ここでは「メディア・パフォーマンス」と呼んでおこう。

インターネットをはじめ、テレビ、新聞、雑誌といったメディアに登場する人々が、本音や素顔を隠し、ある程度の演出をともなって、読者、視聴者の前に現れることは言うまでもない。メディアにどう映るかを、まったく意識しない政治家はいないだろう。有権者から支持を得なければならないからである。

ところが、戦前の政治史において取り上げられる重要人物のうち、どれほどがメディアに映る自分の姿を意識しただろう。伊藤博文や山県有朋といった元老や、寺内正毅、山本権兵衛といった軍人、清浦奎吾《けいご》のような官僚が、民衆の支持を求めてメディア・パフォーマンスを積極的に展開したとは思えない。ひるがえって関和知は、議会での演説で話題を喚起し、注目を集め、その姿が広くメディアで報道されることにより、知名度を上げ、その有名性を政治力の源泉として利用した。それは彼自身に寄与するだけでなく、野党・憲政会を世に知らしめる効果をもった。

二〇世紀に入り、当時の主要なメディアであった新聞は企業規模を拡大させ、多くの、たくさんのという意味をもつ「マス mass」メディアとして確立し、選挙権をもたない不特定多数に政治の情報＝ニュースを行き渡らせるようになっていく。関和知が憲政会総務として、衆議院の第一線で華々しくメディア・パフォーマンスを展開した一九一〇年代、遅かれ早かれ普通選挙が導入されるであろうことはだれの目にも明らかであった。こうしたなか、彼はコンテンツ（政論）を提供する人から、コンテンツ（ニュース）に登場する人へ、メディア戦略を拡張させたのである。

輿《よ》論《ろん》から世《せ》論《ろん》へ

次なる問題はこうして調達した民衆からの支持とはなにかである。例としてここでは、野次《やじ》られ、失敗して退場を余儀なくされた関和知の演説シーンを取り上げよう。

一九一九年、神田青年会館で尾崎行雄、今井嘉幸《よしゆき》らと、関和知は普通選挙の導入を目指す演説会に登壇した。当日は会場から人があふれるほど盛況であった。彼は「時代の要求と普通選挙」と題し、理路整然たる内容を話すつもりが、「現在の国民に普通選挙を要求する能力があるのか」と問いかけたところ、聴衆の憤激を買って降壇を余儀なくされる。実際には、普通選挙の反対論者を批判するための反問であり、「要求する能力がある」と続けたかったのだが、熱狂した聴衆は関和知自身が反対論者だと早合点し、「黙れ!」「退去せよ!」などと罵声を浴びせかけ、大騒ぎを引き起こした。

当時、現場にいて冷静に演説を聞いていた宮崎滔天《とうてん》は、彼が誤解されたことについて「滑稽至極《こっけいしごく》」と書き残している。少し複雑なレトリックを用いただけで、議論についていけない聴衆がそこにいた。関和知のメディア・パフォーマンスは世論《せろん》(public sentiment)の調達には役立つのかもしれない。しかし、政策を冷静に評価し支持を与える輿論《よろん》(public opinion)の形成にどれほど寄与するだろう。民衆は有権者として本当にやっていけるのだろうか。

その不安は、しばしば国民への批判となって表れた。選挙で有権者は金に左右され、立憲政治の素養がない国民は、政党政治がどういうものか理解できず、政府が満鉄事件やアヘン事件など疑獄にまみれていても無関心である。目先の利益ばかりを追求し、「良心の感じの鈍い国民である」とまで書いた。

だとすれば、高等教育の拡充より先にやることがあるのではないか。

対立する政党である政友会の四大政綱に対し、地方利権とからんだ強引な鉄道計画とともに、関和知は高等教育へ先に資金を投入しようとする政策を批判し、初等中等教育の拡充を訴えた。一九一九年の予算委員会で、彼は高等教育への天皇からの下賜《かし》をめぐり原敬に論戦を挑み、聖慮を議論することは畏《おそ》れ多いと逆襲され、完膚《かんぷ》なきまでにたたきのめされている。それでも、彼は初等中等教育を無視すべきではないと主張し続けた。

戦前、進学率が約五%を超えることのなかった高等教育が、地方への誘致を含め、一部の階級の利益に資するのに対し、第一次世界大戦後の世界的な民主化にともない、普通選挙の導入が避けられない情勢のなか、全体の利益に資する国民教育の改善こそ急務であると考えたからである。

『大阪毎日新聞』(三月二七日朝刊)には「御下賜金問題について原首相より烈《はげ》しく逆襲せられ、死地に陥《おちい》りて殆《ほとん》ど脱する能《あた》はざりしが如《ごと》き」と関和知の完敗であったことが伝えられているが、これはコンテンツに登場する政治家の姿であり、上記のような政策を自ら主張する政論でないことは言うまでもない。

メディアは衆議院で起きたことをニュースとして伝えているが、批判こそすれ代替案、すなわちオルタナティブな政策を独自に発表することはない。新聞記者が政策を立案し、その実現を主張しているわけではないからである。彼らは取材、編集を担当する取材記者であり、不満があればいつだって自分たちで政府に取って代わる意志をもつ政論記者とは異なる。取材記者のおもな役割は政治の監視＝ウォッチドッグであり、そこに批判は加われど、自ら政治活動を行う心構えはもっていない。

政策の提案ではなく監視と批判を行うマスメディアが、ニュースとして政治情報を民衆に提供して、はたして彼らはオルタナティブな政策を理解し、それに支持を与えることができるだろうか。普通選挙が国民の意志を反映させると期待する一方で、その国民が目先の利益に左右されないよう、初等中等教育を改善し民度を高めておく必要性を関和知は主張した。

その一方で、彼は輿論の形成をおこたらない。少なくとも一九一一年、国民党の議会報告書は関和知が起草しているし、その後も起草委員に名を連ね、憲政会に移ってからも、起草委員にはほぼ毎回、関和知の名が上がっている。彼が実質的に憲政会の政策を整理、集約し、党内の同意を取りつけ、加藤高明総裁の承認を経て、議会報告書にまとめ上げていた。また、関和知は機関誌『憲政』をはじめ、のちに創刊される『憲政公論』でも編集顧問を務め、その第一号に「原内閣の暴政と上院の使命」を掲載するなど、自らの政策を多数発表している。ここでの役割はコンテンツ（政論）を提供する人であり、そのオーディエンスは政策を冷静に評価し支持を与える人々であった。

このように、メディア議員・関和知は、議会報告書や機関誌といったメディアを用いて、政策に賛成する多数、すなわち輿論《よ》（public opinion）を形成し、党内の引き締めを行うとともに、外部に向けても憲政会の政策を伝え賛同者を増やすよう努めている。一方、先にも述べたように、本会議や地方遊説におけるメディア・パフォーマンスは、マスメディアに報じられることで広く有権者を超えた人々に伝えられ、政府を批判する態度への共感、すなわち世論《せ》（public sentiment）の調達を可能にし、延《ひ》いては憲政会の存在を世に知らしめることに貢献した（図0-5）。

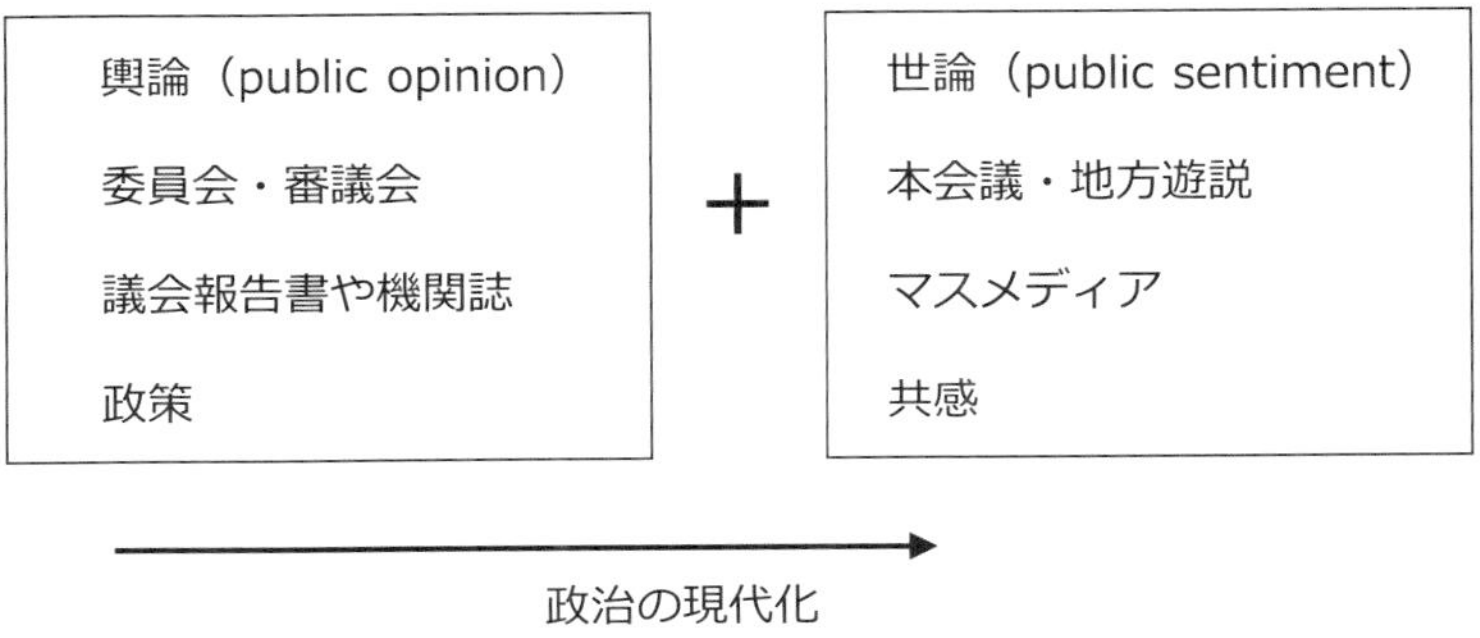

図0-5　メディア戦略の拡張

また、彼が大隈重信政権下で副参政官を務め、長崎控訴院の移転問題で司法大臣を補佐したとき、あるいは、普通選挙の諮問に応えるべく臨時法制審議会へ憲政会の代表として送り込まれたとき、本会議で見せるようなメディア・パフォーマンスは行われず、敵対する政友会議員を揶揄《やゆ》することもなかった。そこに野次はなく、理性に基づく議論が交わされた。

つまり、委員会や審議会における輿論の形成と、メディアを意識した本会議における世論の調達を、関和知は意識的に使い分けている。やがて来たる普通選挙の時代、民衆からの支持とは、ニュースによって喚起される世論なのか、それとも政論によって多数を形成する輿論なのか。政策を主張して輿論を形成し、民衆の欲望を理性によって議会で調整する一方で、メディアに露出して彼らの感情＝世論を喚起し、支持を調達せねばならないとすれば、それはまさに、われわれがよく知る現代の政治家の姿だろう。関和知はメディア議員として、その趨勢《すうせい》の危うさを認識していたはずである。だからこそ、今日の政治家にはおよそ考えられないような国民批判を展開し、その解決を国民教育＝民度の向上に求めたのである。

広義には、メディアを使って政治的影響力を発揮する職業政治家を「メディア議員」とするならば、なかでも本書は、メディアを使って政治的主張を行う政論記者から、メディアを使って世論を喚起するメディア議員へと、二〇世紀の政治の現代化に合わせてメディア戦略を拡張し、立憲政治の確立と普通選挙の導入に人生を捧げた、関和知の出世物語である。

第一章

政治的拠点としてのメディア

新總房

明治四十三年八月十日

祝辭

新總房の改良發展を祝す

伯爵 大隈重信

祝辭

相州二宮 犬養毅

祝辭

湖南 渡部外太郎

新總房紙の擴張を祝す

新聞『新総房』
1910年8月10日

「関さんは少年の頃、よく此《こ》の東見塚に登り松の木株に腰打ちかけて猛《た》けり狂ふ外房の白波を望んだり、或《あるい》は遠く聳《そび》ゆる筑波や富士の連山を眺めたりし乍《なが》ら、読書三昧《ざんまい》に耽《ふけ》つたものだと云《い》ふことである」（以計多生「南総の旅より」『民政』五巻七号・一九三一年）

1　自由民権運動の世代

関和知の生い立ち

一八七〇年一一月一〇日（明治三年一〇月一七日）、千葉県長生郡東浪見《とらみ》村の綱田に、関和知は関八蔵、むめの長男として生まれた。幼名は勇吉という。千葉県の東にある長生郡は一宮川が九十九里の平野から太平洋へと注ぎ、穏やかな気候をもつ。南のほうに東浪見村がある。関和知は終生この村を気にかけ、平穏に治まることに意を尽くした。

もとは富裕な農家であり、彼は綱田小学校を卒業して太東村にある椎木小学校の高等科へ進んだ。関八蔵は地方名望家として政治にもたずさわるが、事業に手を出して失敗し、やがて家は没落してしまった。関和知は中学校への進学をあきらめた。

近くに芦村塾《あしむらじゅく》という郷校があり、関和知はそこへ通って太田和斎の教えを受けた。太田は現在の千葉県茂原市芦網に生まれ、江戸に出て学問を修め、安政四年に浅草で塾を開いた。尊皇の儒者であり、幕末に清川八郎、安積《あさか》五郎らの志士と奔走したことがあった。そのため、江戸から追放されて郷里に戻り、二宮本郷村の自宅に私塾を開いた。小学校を終えた者を受け入れた。綱田からずいぶん離れていた。

徒歩で通おうとしたが、やがて友人らと近くに間借りするようになった。石井菊次郎、鵜澤総明《ふさあき》、関和知、飯高弥市がそこの四天王とうたわれた。将来を問われて、関和知は「俺ら政治家になるんだ」と答えたという（関 1977：4）。石井は第二次大隈重信内閣で外務大臣を務め、鵜澤は関和知の同窓でのちに衆議院議員となる。政友会に籍を置く鵜澤とは政治的な立場を異にしたが、私的な親交を長く続けた。教え子たちは一九二一年、師をしのび、太田の碑を旧茂原公園に建立している。

関和知は本名とは別に白洋と名乗った。白洋とは百から一を引いて九十九、故郷九十九里の海から作った。太田和斎の塾で学ぶかたわら、小学校の代用教員を務めた。一年後に、教員検定試験に合格して訓導となる。一八八六年一〇月から翌年まで綱田小学校の校長を務めた。

初めての演説は一八八九年、椎木で開かれた公衆演説会で、演題は「富の不平均及び社会主義」であった。関和知が幼少の頃、父八蔵が馬場辰猪《たつい》の話を聞いて感服し、口調を真似て演説熱を伝えた。一四、五歳になると、東京見物のついでに浅草の井生村楼《いぶむらろう》に潜り込み、痛快な演説に夢中になったという。小学校に勤めてからも、幻灯の流行とともに教育演説を試み評判となった。やがて青年会を組織し、自ら弁士を招くようになった。

この教員時代に関和知はためと出会い、長女をもうける。関ためは農作業に精を出し、夜は裁縫などをして夫を支えた。彼の給料は将来、大学で学ぶという志のために取って置かれた。

関和知は教員を辞めて上京した。一八九二年春のことである。金がないので歩いて東京を目指した。その後も、郷里との行き来は徒歩ですませた。あるときは懐中一文無し。渡し守《もり》に事情を話して市川の橋を通してもらったという。

千葉県師範学校の附属小学校で教えていた浦辺襄夫《たかお》とともに、東京専門学校邦語政治科へ入学した。

壮士の首領であった長谷川逸刀《いっとう》を頼って下宿し、そこから多少の生活費を支給された。しかし、下宿先での用事にふり回され、落ちついて勉強する時間がとれず、ときには屋根に逃げて読書にいそしみ、長谷川も関和知を探し回る始末で「関の屋根勉強」などと陰口をたたかれた。

そこで下宿を出て、牛込馬場の穴八幡宮のそばに汚い部屋を借り、同郷の学友である浦辺、中村尚武らと自炊を始め、そこから早稲田へ通うことにした。蚊帳《かや》を買う金もなく、浴衣を天井から吊して代わりにするような生活だった。

浦辺は大隈重信をはじめ、人に会って教えを請《こ》い、周囲から「熱血」と言われるような学生だった。関和知は学業優秀で同窓の模範となった。そして一八九五年七月、彼は東京専門学校を優等の成績で卒業する。

千葉県の新聞

よれよれの着古された衣服に、徒歩で千葉町へ戻った関和知は、改進党系の機関紙である『千葉民報』の記者となる。ここで時間を少し遡り、千葉県における新聞の歩みをふり返っておかねばならない。

千葉県はもともと、木更津県、印旛《いんば》県、新治《にいはり》県に分かれていた。そのうち木更津県の新聞が千葉で初めての新聞とされる。一八七三年に創刊された『木更津新聞』である。木更津県庁が発行した冊子型の新聞で木版刷りであった。たった一号だけ発行されて廃刊となり、数か月後の一八七三年六月一五日、木更津県、印旛県が合併して千葉県が誕生する。

政治の中心は千葉町へ移った。そこで千葉町の開智社から一八七四年七月、『千葉新聞輯録』が創刊され、これを継承する形で一八七五年一月に『千葉新報』が東京博聞社の千葉分社から発行された。発行人は股野潜という。博聞社は長尾景弼《かげすけ》が明治五年九月に東京で創立した出版社で、京都や大阪、千葉、埼玉に分社があった。股野は長尾の弟で共同経営者である。播磨国から出て若い頃、鳥羽伏見の戦いにも赴いたことがあるという。廃藩置県のあと上京して、その後、千葉町に移り博聞社の分社を引き受けた。のちにこの分社は積成舎と名を改め、県庁などから仕事を受け印刷業を続けた。『千葉新報』は小新聞として軟派な記事を多く載せたがあまり売れることなく、一八七五年九月に廃刊となり、その後しばらく新聞の創刊は途絶えた。

そして、千葉県の自由民権家、桜井静が新聞の創刊を考え始める。彼は一八七九年六月から全国の府県会に宛て「国会開設懇請協議案」を約一万枚送り、新聞に広く掲載され有名となった。全国の県会議員をまとめ東京で大会を開き、そこで国会を作る法案を考え、政府にその実現を求めるという内容である。桜井は捕らえられ二〇日間服役し、その後、郷里の二川村《ふたかわ》に戻り、新聞の発行を企てるようになった。一八八〇年一二月、千葉県会議員の懇親会に乗り込み賛同を取りつけた。そのとき作られた総房共立社仮規則には、のちに関和知を支えることになる関五郎右衛門や国松喜惣治《きそうじ》らの名前も記されている。

しかし、股野潜に先を越された。股野もまた自由民権家であり、『千葉新報』が廃刊となってから書籍や新聞の取次をしていたが、一八八一年二月に『千葉公報』を改めて創刊した。桜井静は県会議員に一株一円で出資を募っていたが、資金はなかなか集まらなかった。結局、桜井は股野に交渉して、一八八一年五月に『千葉公報』を譲り受けることになった。

一八八一年六月一二日、『総房共立新聞』が創刊された。桜井が社長となった。池田栄亮、関五郎右衛門、成島巍一郎、板倉胤臣《たねおみ》、片岡治躬《はるみ》といった県会議員が応援し、のちに自由党系で活躍する板倉中《なかば》も発起人となり株主であった。『東京横浜毎日新聞』から西河通徹《つうてつ》を呼び寄せ局長を任せ、『朝野新聞』から門田正経《まさつね》を招いた。また、編集長の清水粲之助も『千葉公報』時代からの記者で自由民権家であり、集会条例などに違反した過去をもつ。股野は引き続き営業を担当し、国松喜惣治が会計を務めた。「徹夜で議論に明け暮れることも辞さない血気盛んな若者が数多く出入りした」というように、急進的な紙面を作った（櫻井静先生を偲ぶ会実行委員会：39）。

一八八二年六月に集会条例が改正され、自由民権運動への弾圧が強まると、『総房共立新聞』の論調もさらに過激さを増す。六月一〇日、発行停止を受け、その後七月一九日に再び発行停止となり九月四日まで許可は下りなかった。一〇月一二日に三度めの発行停止となって「理財の道困迫を極め今や朝夕を計る能《あた》はざる危機に遭遇」することになる（『東海新聞』一一月二日）。股野潜は博聞社の長尾景弼に相談して、『東海新聞』という身代わり新聞を出したが、これも弾圧され一〇号で廃刊となった。こうして計三回延べ五〇日以上の発行停止処分を受け、一八八二年一〇月に桜井は廃業届を提出した。このときすでに局長の西河は『自由新聞』へ、門田は『山陰新聞』へと移籍していた。

一八八八年四月、『東海新報』が創刊される。板倉中が発行した自由党系の新聞である。編集長は桑原周重《ちかしげ》が務めた。東京の新聞との競争で経営は常に苦しかった。板倉が衆議院議員に当選したあと、大橋民之丞が経営を引き受けた。一八九二年二月、一か月の発行停止を受け、立て直しのため翌年八月、加藤久太郎が社長になると、一八九四年一二月に『東海新聞』に名称を改めた。

一方、改進党系は一八八八年四月に狩野揆一郎が『房総新聞』を創刊して『東海新報』に張り合った。雀巣子『千葉繁昌記』には「千葉町に於《おい》て発行する所の新聞は二あり一を東海新報と云《い》ひ其《その》社は県庁の前に在りて其《その》主義は自由也《なり》、一を房総新聞と云《い》ひ其《その》社は公園の前に在りて其《その》主義は改進也《なり》、房総新聞は目下休刊中にて人或《あるい》は評して曰《いわく》房総新聞は器械に油が切れて運転覚束《おぼつか》なしと、然《しか》れども可否信偽は雀巣子保証仕《つかまつ》らず」というように(26)、やがて『房総新聞』は『東海新報』に競争で敗れ廃刊した。

改進党系の地方名望家

約七年後に、関和知は改進党系の雑誌を創刊し、自由党系の『東海新聞』に闘いを挑むことになるのであるが、それはまだ先の話である。そのとき彼を支えることになる改進党系の地方名望家たちを、先に紹介しておこう。

桜井静の『総房共立新聞』にも名を連ねた関五郎右衛門は一八三九年、関和知と同じく長生郡東浪見村の綱田に生まれた。関家は代々豪族として幕政に仕えた家柄であった。五郎右衛門は一八七九年に県会議員に選出され、次いで郡長を務めたあと千葉県の兵事課長となって活躍した。第一回衆議院議員総選挙で板倉胤臣《たねおみ》に破れ落選した。その後も、出馬したが当選はかなわず、「時利あらずして不幸失意の人となり、終《しま》ひに候補を断念して爾来《じらい》一意実業に従事せし」と伝えられる(五十嵐:573)。晩年は一宮海岸に青松館という旅館を建てて過ごす。自身は国政の表舞台に立つことができなかったが、関和知を含め、後進の面倒をよく見て新しい世代が活躍することを助けた。

一八九四年一月六日、千葉町の梅松別荘で改進党の千葉支部発会式が行われる（図1-1）。午後一時、腰を下ろした一同を前に宇佐美佑伸《すけのぶ》が立って開会の趣旨を述べ、関五郎右衛門が推されて会長となった。一三日は木更津町での会合に出席し、種々の意見を述べ、二〇日は芝公園の紅葉館で改進党の懇親会に

図1-1　梅松別荘（個人蔵）

参加している。二五日、五郎右衛門は『千葉民報』の社用で上京、第三回総選挙の候補者を選ぶため小《こ》鷹狩《たかり》元凱《もとよし》と銚子町へ出向き、三〇日に帰社している。「小生へ御文通被下候《くだされそうろう》方は千葉民報社へ宛御発し被下度《くだされたく》」と『千葉民報』（二月一日）へ広告を載せているように、五郎右衛門の拠点は新聞社にあった。

五月五日、総選挙が終わって、改進党は臨時大会を神田錦輝館で開いた。関五郎右衛門の姿もあった。事務所の維持や大会の費用を、五郎右衛門や宇佐美佑申、浅井蒼介、藤代市左衛門ら千葉の同志たちが負担した。このうち浅井は弁護士であり、のちに千葉で改進党系の長老となる。桑名藩士の家に生まれ、明治維新のあと大蔵省租税局に勤めた。官吏を辞めて高梨哲四郎の下で代言人の修行をし、和仏法律学校を卒業して弁護士となった。嚶鳴社《おうめいしゃ》に入ったことから改進党を支持

するようになる。

一八九四年一二月一一日、午後一時より梅松別荘にて改進党千葉支部の臨時評議会が開かれた。常務員として宇佐美佑申、浅井蒼介も参加した。同日、川本三郎を招いて千葉町で演説会が開かれ、関五郎右衛門らが出迎え梅松別荘へ案内した。聴衆八〇〇人を集め盛況であった。演説会のあと、懇親会には千葉の弁護士、新聞記者らが集まった。

改進党系で志を同じくする者に宇佐美佑申がいる。文久二年、江戸の藩邸に生まれた。父、宇佐美藤一郎は静岡県の士族となった。佑申が六歳のときに亡くなり、母も亡くし、彼は一人、静岡で育てられた。静岡師範学校を出て、貧しいなか代言人の食客となり、和仏法律学校に学んで弁護士の試験に合格、千葉町へ移り開業した。「義侠心に厚く能《よ》く細民の権利を弁護す」と伝えられる（法政大学大学史資料委員会：221）。号は主竹といい、俳句を趣味とした。のちに彼は関和知を助け『新総房』の理事や顧問、社長を務めることになる。一貫して改進党系に属し、一九〇九年において進歩党千葉支部の幹事となり、このとき千葉郡会議長でもあった。一九一〇年五月五日の『新総房』に「支部の先輩元老を以《も》つて任じ」とある。衆議院へ打って出るよう勧められることもあったが、自らは表に立つことなく後進の支えとなった。

2　新世代の新聞

雑誌『新総房』

一八九四年、関五郎右衛門を社主に『千葉民報』が創刊された。発行人は関善次、編集長は長竹寅松である。関善次は千葉県夷隅《いすみ》郡総野《ふさの》村の出身で、中村正直の同人社で英漢学を学び、東京専門学校へ進学、その後、千葉へ戻って関五郎右衛門を手伝い新聞を作ることになった。『総房共立新聞』で会計を担当していた国松喜惚治も援助を与え、印刷は立真舎が引き受けた。主筆の斎藤和太郎、記者の菊池悟郎、浅川由雄も東京専門学校の卒業生で、改進党系、早稲田系に牛耳られた新聞である。

改進党の千葉支部は、この千葉民報社を本拠地とした。支部の役員には宇佐美佑申、浅井蒼介、三枝八十太郎がいる。『立憲改進党党報』三〇号に次のように記されている。「県下我党の機関新聞たる千葉民報は日に益々《ますます》旺盛を極め、発行部数遥《はるか》に吏党新聞の上に出で、斎藤和太郎、関五郎右衛門、服部耕雨、上田悟郎の諸氏勉励従事せり」(38)。

関和知は最初、知斎学人と号してこの『千葉民報』に寄稿していた。東京専門学校を終えて千葉町に移るとその主筆を任された。「当時早くも総房論壇の一偉材を以《もっ》て認められ未来の大成功を期せられたり」と期待されたが（五十嵐：570）、駆け出しの関和知は日本製のビスケットにもありつけぬ貧乏で、愛用の古い机の脚までもげてしまい、薪《まき》を割ってその間に合わせにしただけでなく、本を読むためのそ

社長
佐瀬熹六君

監督
關和知君

図1－２　佐瀬熹六と関和知（『新聞総覧』大正４年版・1915 年）

の机がちゃぶ台も兼ねているという非常に慎ましい生活を送っていた。

当然、『千葉民報』の財政が豊かであるはずもなく、関和知と菊池悟郎、浅川由雄は一〇円ほどを受け取り新聞社の部屋に居候《いそうろう》をしていた。一年ほど経って経営も成り立たず、結局『千葉民報』は廃刊となってしまった。「一年足らずではあったが真心込めて活動した機関を奪はれるのは如何《いか》にも残念であった」と関和知は回想している（㉘83）。

一八九六年九月二五日に『千葉民報』が廃刊して数か月後、一二月二六日に関和知は進歩党の千葉支部機関誌として雑誌『新総房』を創刊した。定価一部一〇銭の月刊誌で、社屋は千葉町一一一三番地にあった。創刊にあたり彼は改進党系の有力者に助力を仰いだ。発行兼編集人が関和知で、印刷人が佐瀬熹六である。佐瀬は大正時代にいたるまで『新総房』を支えていく同志である。性格は温厚で勤勉家であり、関和知と協力して雑誌の運営に熱心に取り組んだ（図1-2）。

関和知はその一号に「『新総房』発刊の辞」を記している。

『新総房』は三州に於《お》ける政治思想の進歩を企図し、教育の普及、殖産の発達、文学、美術、風俗、慣習の、純潔高尚ならむことを希望する者、而《しか》して之《これ》を企図し、之《これ》を希望すると共に、『新総房』自ら之《これ》が唱を為《な》し、進で講究の任に当らむことを期する者也《なり》」(1)。進歩主義の急先鋒となり、革新の味方となって三州すなわち安房、上総、下総の面目を一新すると宣言した。

そして、「実行的時代の政府」と題した論説を掲げた。日清戦争後の日本において、自らの立場を国民に知らしめるだけでなく、実際に行動していかなければならないという。伊藤博文内閣とそれを支えた自由党には具体的な政策がないと彼は批判する。続く松方正義内閣には実際的な組織、活動を期待するという。議会がそれを妨害するなら解散せよと焚《た》きつけた。佐瀬熹六も「異分子を排除せよ」と題して、松方内閣が進歩党と政策を共有する限りは応援するが、そうでなければ袂《たもと》を分かつべきと主張する。第二号から関和知は政論に加え、「大日本外交史」と題した古代史を載せ、また、白洋の号で「深堀騒動」という江戸時代の長崎を舞台にした歴史小説のようなものを執筆した。

梅松別荘の主人、三和弥三郎は当時をふり返り、元気の良い青年が雑誌を出したいと相談に来たと回想している。「会つて話て見ると、人物もしつかりして居るのでこの男なら面白かろうと思つて兎《と》に角《かく》雑誌を出さうと言ふことになつた」(『房総日日新聞』一九二五年二月二二日)。金のない関和知だった。先輩や長老から援助を受けなんとか発行に漕ぎつけた。編集はもちろん、できた原稿を持って東京へ行き、印刷すると発送も自分で手配して、千葉町周辺など郵送費を節約するため自らの足で配り歩いた。

自由党系には先に触れた『東海新聞』があった。そこへ進歩党系の『新総房』という雑誌が誕生したので、彼らはこれを敵対視した。『東海新聞』から「故千葉民報の落武者」が発刊した「チヨボクレ雑誌」と呼ばれ、「一生一代あらむ限りの悪口雑言」を吐きかけられたと『新総房』三号は報じている(32)。『東海新聞』は自由党の「末流」を汲む新聞であると『新総房』が書くと、『東海新聞』は政治上の主義を表明していないと反論した。『新総房』は『東海新報』が『東海新聞』に改称しても、自由党系であることには変わりないと再反論した。自由党系として弾圧されて困窮しているので、政治的主義はないと建前として述べているだけである。それはご都合主義であると批判し、そのうえで『東海新聞』の記者に「其《その》脳髄の昏迷《こんめい》狂乱せる、其心腸《そのしんちょう》の腐敗糜爛《びらん》せる、其《その》筆端の陰毒兇険なる、其《その》言辞の陋劣《ろうれつ》野鄙《やひ》なる、識者をして一読嘔吐《おうと》三斗ならしむるものあり」と罵詈《ばり》雑言《ぞうごん》を浴びせかけた(33)。

『新総房』は四号でも自由党批判を緩めない。議会政治が始まって自由党は「藩閥に謳歌し非立憲的政府に賛同」して目先の利益に目がくらんでしまっている。彼らは「山師的政治家の集合」である。一方で、進歩党は機会を見失ってはいけないという。千葉県は自由党が強いが、進歩党はこの逆境から気勢をあげる機会をつかまねばならない。連絡を密にして、候補者の考えを有権者に伝え、党外の支援を得るように努力すべきだと訴えた。さらに「東海記者の耄碌《もうろく》」という評論を同じ号に載せ、「穢《けが》れて汚き腸をもて、悪口雑言をほざくより他に能事無き東海記者」と罵倒《ばとう》することも忘れなかった(36)。

千葉県知事・阿部浩への攻撃

『新総房』は巻頭に「収賄事件の真相」を掲げた。一八九七年二月二五日のことである。千葉県尋常師範学校の建設において、官僚が業者から賄賂《わいろ》を受け取ったというのである。無実であれば動じなければよい。しかし、当局は周章狼狽《しゅうしょうろうばい》している。彼らは進歩党が些末な事件を言いふらしたと他紙を使って批判するが、知事の「阿部氏が本県に就任以来、常に日々新聞を籍《か》りて、兎《と》もすれば手前味噌的の報導《ママ》を提げ、其《その》治蹟を吹聴するに汲々《きゅうきゅう》たりしは、其《その》事例一にして足らず」(3)。収賄は下級役人が裁かれるだけですまされるかもしれない。しかし、工事は計画と異なっている。裁判でそれが明らかになれば、知事の責任も問われるだろう。当局も進んで県民に事件の詳細を説明すべきであると訴えた。

翌月二七日の論説において、『新総房』四号は阿部浩への攻撃を続行する(図1-3)。収賄事件は軽犯罪で処分されることになったが、行政当局の責任は免れない。予審のなかで建物が当初の計画と異なると指摘されており、いい加減な工事が行われたことは明白である。阿部知事は「厚顔にして無恥なる我当局者」である(4)。同号には、佐瀬熹六も「県政の紊乱《びんらん》」と題する政論を載せる。千葉県民の税金で教育のために建設されようとしているものが、官吏によってゆがめられた。事件そのものは司法において決着がついたが、工事の内容は知事の監督不行き届きであると批判した。

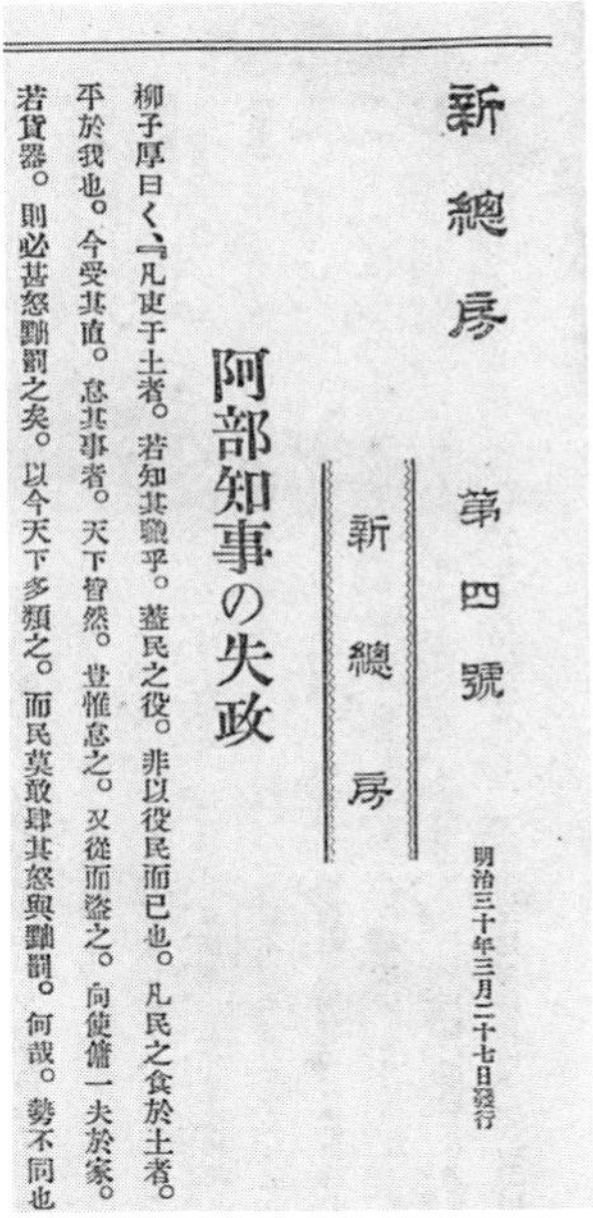
新總房　第四號　明治三十年三月二十七日發行

新總房

阿部知事の失政

柳子厚曰く、『凡吏于土者。若知其職乎。蓋民之役。非以役民而已也。凡民之食於土者。平於我也。今受其直。怠其事者。天下皆然。豈惟怠之。又從而盜之。向使傭一夫於家。若貨器。則必甚怒黜罰之矣。以今天下多類之。而民莫敢肆其怒與黜罰。何哉。勢不同也

図1-3　阿部知事の失政（『新総房』4号・1897年）

続く『新総房』五号には「県政刷新の時機」という政論が載る。千葉県政がふ

るわないのは、治者に恵まれていないからだと論じた。ついに知事を辞職して立ち去った阿部浩に対し「累弊積毒殆《ほとん》ど其《その》極に達し」と追い打ちをかけ(2)、自由党と結託して賄賂を横行させ、公共の利益を損ない私腹を肥やしたと非難した。一方で、千葉県民が阿部知事につけ込まれたという。彼らは独立心がなく、温厚で、収賄事件に対する関心も薄い。『新総房』は千葉県民の事件に対する態度を四号で「冷々淡々他人の事を見るが如《ごと》し」(40)、六号で「三度の食事に不自由さへなく暮らして行けば、他の事は「ドーデモ宜《よ》イ」」と書いて嘆いた(40)。

これまで千葉県政は自由党系が主流であり、歴代の知事と提携して議長、副議長を独占してきた。一八九六年八月に千葉県知事に就任した阿部浩は積極政策を打ちだして自由党系に歓迎されていた。判決が下る前に阿部は更迭《こうてつ》され、柏田盛文が新たに着任することになった。関和知は白洋の号で「柏田知事」という論説を書き、そこでも阿部を「鼻孔に箸《はし》を挟さみ、酒間に狂呼乱跳せる、岡山の勧業課長」と書き、醜悪で卑劣な人物であったとこき下ろしている(①17)。柏田が千葉県知事になったことについては「雲霧を開ひて好山に対するの観」があると期待を寄せた。そこで、関和知は長洲町の千葉県知事官邸に柏田を訪ね、柏田は党派に偏らない政治を行うとあいさつし、師範学校や中学校を視察した感想などを語りあった。

この間、『新総房』は千葉県各地の報道を強化するため通信員を募集している。また、印刷所は八重洲橋活版所から秀英舎に変え、総房社から新総房社へ社名も変更した。さらに大売捌所《うりさばきじょ》として東金町の萬報社と特約の契約を結んでいる。編集陣には『函館新聞』で記者をしていた早稲田出身の渡辺外太郎を加え、社会面に丸山清を記者として雇っている。とはいえ、相変わらず『新総房』にまともな社屋はなく、関和知の住んでいる下宿の八畳間が本拠地で、ボロボロの机に向かって原稿を書き、彼自らが奔走して資金援助を請い、そうして集めたお金を持って印刷所へ入稿すると、配達の宛名書きまで自分で行うというありさまだった。「アノ配達夫が知事を追放した関かい」などとささやかれた（『東朝』一九二〇年一一月二四日）。

自由党系『東海新聞』との攻防

一八九五年一二月より始まった第九議会で、伊藤博文内閣は自由党と手を組み、日清戦争後に膨張した予算案を成立させ、これに対抗する改進党や対外硬の諸派は進歩党を立ち上げ抵抗した。一八九六年四月、政府は板垣退助を内務大臣とし、さらに大隈重信の入閣をもくろんだが板垣の反対にあって果たせず、また政府内にも民党との提携に反発する動きがあり、伊藤内閣は八月に瓦解する。代わって首相についた松方正義は、進歩党の支持を得るため大隈を外務大臣に引き入れ、その結果、進歩党の党員が多く官僚として採用されることになった。

進歩党は一八九七年五月、『進歩党党報』を創刊する。関和知は新総房社を代表し「今や、堂々たる大政党。奮《ふる》って国務の責に当り、世界的日本の経営に任ず」と祝いの言葉を載せ（10f）、『新総房』について「千葉県に於《お》ける進歩主義の唯一機関にして紛々たる俗人私朋を掃蕩《そうとう》するは新総房の大目的なり」と宣伝した（前4）。

新総房社は千葉県における政治的拠点として機能する。一八九七年六月二三日、進歩党は千葉町の梅松別荘で政談演説会を開いた。当日は国旗を飾り、球灯をつるし、演壇の花瓶に花を生けるなど、『新総房』のスタッフは準備に追われ、七号の発行が遅れてしまった。

印刷人の佐瀬熹六が前へ出て開会の趣旨を述べる。関和知は一〇〇〇人の聴衆に向かって「自治的国民」と題した演説を行った。当日は大津淳一郎が「我邦今日の形勢」、尾崎行雄が「内外の急要問題」をテーマに熱弁をふるった。やがて場内には不穏な空気が漂ってきた。配置された警官にも緊張が走る。ちょうど千葉県会が臨時で開会されており、集まっていた自由党員はこの演説会をつぶそうと、東京から壮士を雇って送り込んできた。「何者の卑劣漢ぞ、名士の演説に向て、罵詈喧騒《けんそう》を極め」（見聞子：25）、自由党の県会議員や『東海新聞』の記者たちが野次馬となって騒ぎ立て、尾崎の演説のとき、ついに臨監警吏に止められて解散となった。自由党に雇われた壮士たちが手をたたいて喝采する。

騒ぎを起こして言論の自由を妨害し、意見を発表させないのは卑劣であると『新総房』は非難した。また、『進歩党党報』にも、郡会議員選挙で自由党が劣勢となり、卑劣な手段で進歩党の勢いをそごうとしたのではないかと報じられた。

こうして演説会は中止されてしまったが、同日午後五時から、改めて『新総房』の佐瀬熹六が挨拶し、議長に関五郎右衛門を選んで同志大会を開いている。彼らは松方内閣に強硬な外交路線を求める。日本人移民がハワイで入国拒否に遭い、日米関係が悪化していたときである。また、進歩党の千葉支部を設立することを決め、『新総房』の関和知や、佐瀬は宇佐美佑伸、浅井蒼介とともに、その設立準備委員に指名される。

門馬信義はここで、千葉県における日刊新聞の発行を提案した。雑誌『新総房』七号は「機関新聞無くして政治上の運動を試む、是尚《これな》ほ軍艦兵器無くして戦に臨むが如《ごと》し」と記している（36）。会場は満場一致で新聞の創刊に賛成した。その後の懇親会でも、尾崎行雄らに混じり関和知も演説を試みた。大いに飲んで酔ったあと、招待された論客たちは午後八時二〇分発の列車で東京へ帰った。その後も宴会は続き、午後一〇時すぎに散会となった。

新聞『新総房』

一八九七年八月一八日発行の『新総房』八号に「新総房の大拡張」という広告が載る。ここで毎月一回の発行を二回にすることが宣言された。「『新総房』の勢力是《これ》より倍々振《ますますふる》ひ、『新総房』の気焔是《これ》より愈々昂《いよいよたかぶ》るものあらむ」と記されている。同号の巻頭には「拡張に際して所感を述ぶ」と題した論説が掲げられ、数多くの妨害、中傷を払いのけ、千葉県における「社会上の一巨人」に成長したと自画自賛し、県政の腐敗について他紙が沈黙して報じないなか、『新総房』だけが真相を暴露し責任を追及したと実績を喧伝《けんでん》した。そして、「少くとも百二十余万同胞に代りて」千葉県の言論をになうと高らかに告げている（3）。

こうした関和知の奮闘ぶりを見て、田村昌宗と三和弥三郎は銀行から金を借りて、雑誌『新総房』を日刊紙に改めるほど多額の援助を彼に与えた。田村は大隈重信と懇意の間柄であり、もちろん改進党系であった。大隈の先輩にあたる旧佐賀藩士で、戊辰《ぼしん》戦争で庄内藩を討伐するとき大隊長となって従軍し、古賀喜三郎指揮の山砲隊の応援を得て戦果をあげ、庄内藩主・酒井忠篤を降伏させた。明治になって陸軍会計一等副監督に任ぜられた。佐賀の乱の鎮圧にも向かう。陸軍を辞めた後、千葉町に移住し開墾地で農業を営んでいた。田村は大隈の境遇に同情するところがあって進歩党を応援しており、大隈自身「竹馬の親友」と田村のことを述べていた。関和知は長年、田村にかわいがられており、大隈に知遇を得る機会をもらっていた。もちろん、彼が東京専門学校出身であるということもその一つである。田村は十六軒長屋という貧民窟の半分をつぶして新総房社の社屋として提供した。

一八九七年九月一日、進歩党は梅松別荘に集まり機関紙の発行を決めると、志賀吾郷《ごきょう》が中心となり資金集めに奔走した。桜井静の援助も受けた。関和知はさらに草履ばきで各地を回り寄付を募った。その姿や人柄が共感を呼び、賛同者は増えて一五〇〇円から一六〇〇円が集まった。こうして雑誌『新総房』は、一〇月一〇日、新聞『新総房』として装いを新たに創刊することになった。関和知と佐瀬熹六は雑誌『新総房』の第一号を発刊したとき、将来は必ず日刊紙にしようと誓い合っていた。それが実現したのである。

発行人兼印刷人は佐瀬熹六、編集人に関和知と記されている。値段は一部一銭五厘、一か月二三銭であった。複数の新聞売捌所のなか、東金町の萬報社が広告の取次を請け負った。発送は東京萬売舎を通して、総武線最終列車で下総へ、房総線の翌日一番列車で上総へ、房州へは汽船で配送することになっていた。

自由党系の『東海新聞』に肩入れして、『新総房』を休刊と偽り配達を差し控える販売店もあった。新総房社は、販売を妨害する者がいれば連絡するよう求めている。また、「壮士無頼の徒にして往々本社に関係ある趣を以《もっ》て人を欺《あざむ》くものある由なれども本社は右等のものに一切関係無之候《これなくそうろう》」と注意を促した（『新総房』一二月一二日）。『新総房』の名を騙《かた》って面倒を起こす者まで現れたという。それだけ知名度が向上していたのである。

さて、一八九七年一二月一三日に千葉県会が閉会すると、午後一時から進歩党の県会議員と有志は梅松別荘に集まった。関和知、佐瀬熹六など『新総房』のメンバーも参加した。今期の県会では進歩党が優勢で、自由党員を黙らせることができたと凱歌をあげた。その成果を県民に報告書として発表することを決めた。

一八九八年六月二二日、自由党と進歩党が合同して憲政党になる。今後について協議するため、千葉県の自由党員、進歩党員は前日、新富座で開かれた創立会のあと会合を開いた。その際、「既《すで》に両党合同の暁は是迄《これまで》両党共機関新聞を有したる必要も之《これ》と共に消滅すべく而《しか》して県民と雖之《いえどこれ》を便利と為《な》す可ければ宜《よろ》しく交渉して合同の上一の完全なる新聞と為《な》すを可とす」という意見が出され（『新総房』六月二四日）、機関紙の統一が求められた。このとき関和知は立って、合同は先輩方に任せるが、新聞の運営は「純粋無垢の青年」の手にゆだねてほしいと要望を述べた。

一方、関和知の地元では、政治結社・長生倶楽部が誕生する。一八九八年一〇月一六日、その発会式が行われた。『新総房』のメンバーは来賓を迎えるため午後一時頃、寒川駅で迎え茂原駅まで同乗し、東京からの案内役を務めた。藻原寺門前に作られた会場には吹き流しと国旗がはためいていた。新聞記者の山田烈盛《れつもり》が設立の趣旨を述べ、会長には関五郎右衛門が指名された。演説の第一席に関和知が登場し、「長生郡は余の故郷にして身は千葉県憲政党の機関新聞に従事す」と挨拶した（『新総房』一〇月一九日）。

新聞『新総房』は順調に発行部数を上げ、年に一五万部を刷るまでになっていた。一八九八年一一月二七日、彼らは梅松別荘に爆竹を鳴らし、創刊一周年の祝賀会を催すことができた。当日の紙面は六ページに拡大された。

こうして関和知ら千葉県改進党系の第二世代は、雑誌『新総房』を新聞『新総房』へと拡大発展させることに成功した。知事の阿部浩と敵対し自由党系の『東海新聞』と争うなかで、政治的主張にジャーナリズムの社会的影響力を加味した戦術が読者を惹きつけ、『新総房』の存在感を高めた。関和知の名も広まり、その実績に長老、同志の注目が集まった。関五郎右衛門ら自由民権運動をになった千葉県改進党系の第一世代は、こうした若手の活動を頼もしく思い、後進たちへの支援を惜しまなかった。

一方、『新総房』は改進党系の政治的同志を結びつける結節点として機能する。進歩党、憲政党、憲政本党と続く流れのなかで、長老、先輩たちが第二次世代の関和知らを政治的イベントへ招き入れた。彼らはそこで演説を行い会合に参加して意見を述べる。こうした同志たちが集うネットワークの中心に『新総房』というメディアがあり、若手の生活を支えるとともに人的交流を促し、ソーシャルキャピタル（社会関係資本）を蓄積した。関和知はその運営者として、構造上、優位な位置を占めたと言えるだろう。もちろん、そのつながりは早稲田出身という先輩後輩関係、同窓生の絆で重みを加えられていた。

こうして蓄えられた社会関係資本は、関和知にさらなる飛躍をもたらす。アメリカ留学のチャンスである。彼がそこで見たものとは何か。次章では、プリンストン大学で学位を取り、帰国して中央のメディアへ進出する関和知を追っていこう。

第二章

アメリカ帰りのジャーナリスト

アメリカ留学時

関家蔵

「当時相互に卅《さんじゅう》近い年輩であつたが、君は真黒な顔して、洋食の食ひ方も知らぬ程の山出《やまだし》……であつた。併《しか》し決して人に憎まれぬ性質で、『思無邪《おもいよこしまなし》』とは斯様《かよう》な人であらうと思はせた」（三上正毅「議会の雄弁家」『自由評論』八巻一一号・一九二〇年）

1　未来の国務大臣たる準備を為《な》す

赤切符を手にせる田舎漢

関和知は渡米の機会をうかがうようになっていた。地元の有力者で、貴族院議員に選ばれたこともある五十嵐敬止が、彼の前途を心配し、田舎で新聞を発行するのもよいが、将来に向けて雄飛せよと声をかけた。そこで彼は、新聞を仲間に任せ、再び上京することにした。一九〇〇年一月二〇日、当時交流のあった津田左右吉《そうきち》の日記に、次のように記されている。「関和知、こゝを去りて上京すとてけふ告別に来れるよしなれば、一度挨拶し置かんとて其《そ》の家を訪づれんとせしに、途中にてかれに逢《あ》ひたればその意を通じてわれはけふも出洲の海岸を逍遥《しょうよう》しつ」（津田：17）。

彼は東京英語専修学校へ入学する。ここで元田作之進、アーサー・ロイドから英語を学んだ。『新総房』の主筆には高山孝之助がついた。上京後も関和知は、志賀吾郷《ごきょう》など同志と頻繁に交流を重ね、しばしば帰郷して会合に出席し、築いた人脈を維持するよう努めた。そして、出立の日が訪れる。

一九〇二年四月一六日、梅松別荘にて関和知の送別会が開かれた。三和弥三郎は自身の背広を彼に与え、また、成田山の石川照勤が餞別を贈ってくれた。翌日、彼は志賀とともに東京へ戻り、一八日に千葉の政治家、四宮有信の病気を見舞っている。また、山田烈盛を『新総房』の主幹に迎えようと訪ねた。

五月三日の夕方から早稲田関係者が集《つど》い、渡米する関和知と人見潤之助を招き、富士見軒に送別会を

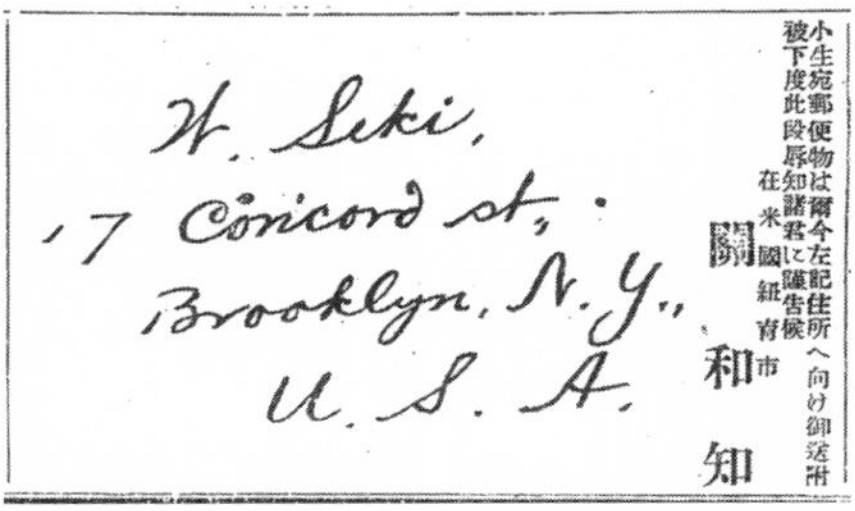
小生宛郵便物は爾今左記住所へ向け御送附被下度此段辱知諸君に謹告候
在米國紐育市
関 和知

W. Seki,
17 Concord st.,
Brooklyn, N.Y.,
U.S.A.

図2-1　ニューヨーク市の住所（『新総房』1902年9月27日）

開いた。発起人の渡辺亨が挨拶し、講師の杉田金之助が見送りの言葉をかけると、夜中まで笑いに満ちた歓談のひとときをすごした。吉田銀治、藤代市之輔ら、千葉県改進党系の面々も参加し別れを惜しんだ。こうして彼は五月二〇日、土佐丸にて日本を離れた。

六月九日午前一一時、関和知はシカゴに到着した。繁華街は彼の想像をはるかに超えていた。八月にはニューヨークに落ちつき、浅井蒼介、宇佐美佑申《すけのぶ》、太田茂宛に手紙を書いた。田村昌宗翁をはじめ、同志諸君、ご健勝のことと思う。千葉のみなさんも手紙を送ってくださいと記されていた。宛先はブルックリン、コンコードストリート一七番地である（図2-1）。心配をかけないよう、家族にも絵葉書などをたびたび送った。

浦辺裏夫《たかお》や宇佐美佑申など『新総房』の関係者から便りが届く。日本の新聞や雑誌なども送られてきた。「風のまに〳〵太平洋を漂ひさて大陸の三千哩を、飛脚屋の足下とほく」と、関和知はこれらを待ちわびた（『新総房』一九〇三年三月二六日）。佐瀬熹六から『新総房』が届く。販路が拡張されたと記されていた。関和知は新聞の発展を喜ぶとともに、「新総房は只《ただ》売る為《た》めに多く売る為めに起りたる新聞に非《あら》ず」と書いて商業主義に走らないよう返事を書き送っている（『新総房』四月二三日）。

年が明けて一九〇三年、関和知は生まれて初めて門松や雑煮のない正月を迎えた。その日の朝食もコーヒーやミルク、パンが並び、無趣味なことと感じた。アメリカでの数か月をふり返り、彼は「赤切符を手にせる田舎漢が、誤つて上等室に乗り込みたるの感に似たり」と記している（『新総房』三月一九日）。美しく珍しい物に心を奪われているうち、気がついたら他の駅に来ていたように瞬く間に正月を迎えたという。

昨年末、一九〇二年一二月二八日に衆議院が解散していた。関和知は手紙のなかで、憲政本党の千葉県における選挙戦を気づかっている。アメリカの風物などを語ってよいはずがないと思った。彼が解散を知ったのは元日の午後三時だった。アメリカの新聞には日本の議会など数行の記事も載っていなかった。

予備教育として、ニュージャージーのサウスオレンジで高校に一年半ほど通った。語学力をつけるためである。もちろん、日本人は関和知しかいなかった。「学校の教師や学生は、物珍らしく思つて交際して呉《く》れたが、何しろ私は遠慮勝の人間で、殊《こと》に会話が下手と来て居るので、多数の学生に意思を通ずる事が不便であつた、特に親友を得る事が大困難であつた」と当時をふり返っている（㉛67）。

そのうち女子生徒のヴンダビアが英語を教えてくれるようになった。後年、列国議会同盟会議に出席した折、帰りにアメリカへ立ち寄った関和知はこの高校を訪問し、校長に頼まれ生徒に話をする機会をもった。そのとき、かつて親しく接してくれたヴンダビアの妹が、声をかけてくれたという。

また、ハワード・マチーという少年と友人になる。「私の片言交《ブロークンまじり》の会話の心持を能《よ》く理解して呉《く》れ、日曜日などは他の同窓と遊ばないで、反《かえ》つて異郷の私と共に野に山に遊んで、大《おお》いに私を慰藉《いしゃ》して呉れた」という（㉛70）。面白く快活な人物であった。関和知は折に触れて、マチーの家へ遊びに行きご馳走になった。日本へ帰国するとき、彼は五〇ドルを餞別としてもたせてくれた。また、後年、アメリカで再会したとき、サウスオレンジ周辺をドライブして旧交を温めた。

関和知は生活費を稼ぐため、働かねばならなかった。支援者の五十嵐敬止が事業に失敗し、仕送りが途絶えたからである。商店の店番やレストランの給仕、看板書きの手伝いもやった。とにかくよく働いた。手紙を書く暇もなかった。「此地《この》の民情風俗等に付ては近来追々通暁致し」と現地にもなじんできた(『新総房』一九〇二年九月二四日)。アメリカに到着したとき、三分刈りのイガグリ頭でいかにも東洋の豪傑風であった関和知も、髪の毛が短いのが気恥ずかしくなり、また、人からも相手にされにくいように感じて、髪の長さを二寸ほど伸ばした。アメリカ化してきたと周囲には褒《ほ》められた。

一九〇三年、彼はイェール大学に入り、その模様を日本へ伝えるようになる。たとえば、学生が社交界へデビューするカレッジの二年生について、三〇年前から開かれてきたイベントであるとし、「学生各《おのおの》其《その》未来のワイフ(妻君)若《も》しくは婦人の朋友を率ひ、音楽会、及舞踏会を開き」と記している(『新総房』三月二〇日)。彼らの多くは富豪の子弟だった。当日のニューヘイブンは流行の服装で埋め尽くされた。男子学生たちはシルクハットと燕尾服の紳士となり、八〇〇人の青年男女が舞踏会で踊った。彼らは豪華さを競いそれを名誉にしていた。「是遂《これつい》に人間界なるかを疑はしむるものありき」と彼は目を見張っている。

ニューヨークの寒暖は関和知にとって厳しく感じられた。気温は氷点下一〇度まで下がり、粉雪が舞うといえば趣《おもむき》もあるが、大気中の水分がそのまま凍ってしまうような日が続いた。急に暖かくなったかと思えば、たちまち風が吹いて曇り空になる。このような冬は想定外だった。「全身を氷漬にせらるゝと云《い》ふの形容当れるに如《し》かず」と書き残している。とはいえ、部屋にあっては快適で、場合によっては上着が暑苦しくなるほどである。彼は「物質的文明」のありがたさを感じていた。

食事はなかなか慣れなかった。「到底日本に於《お》ける如《ごと》きの美を望む可《べか》らず」と書いて、アメリカの食文化に閉口している（『新総房』三月二一日）。鶏肉もだめで、牛肉は良いものがあるが、常磐のロース鍋にはかなわない。「何処迄《どこまで》も故郷は詩的なる哉《や》」とため息をついた。大麦のひしゃげたものを砕いて、砂糖と牛乳を入れて炊いたものをオートミールと紹介し、「余には又なく口に適し、旨きこと限り無し」とこれは関和知に認められた。それ以来、朝食はオートミールである。酒についてはビールやウィスキー、ワインも試したが、「日本酒にして始めて真に酒なるを知る」と述べて物足りなさを語っている（『新総房』三月二二日）。酒から遠ざかると元来、甘党ではない彼も、紅茶に砂糖を入れて飲むようになった。食卓に菓子や果物がよく出るので、しだいに甘いものに慣れてきたのだという。

政治経済の学を修めて

周囲は関和知が医学や工学、理学を学びに来たと誤解した。理系のいずれを学んでいるのかとよく尋ねられた。「政治経済の学を修めて未来の国務大臣たる準備を為《な》すに在り」と答えたが、それはやや勇気のいることであった（『新総房』一九〇三年三月二四日）。海外に出て日本の議会や総選挙が内輪もめのように感じられた。いかに日本の文明が幼稚で国力が微弱であるかを思い知った。欧米は一等国として確立している。じくじたる思いだった。「我国の政府政党何ぞ其《その》不見識の甚《はなはだ》しきや彼等は畢竟《ひっきょう》世界に対する日本国の存在の理由をだに解《げ》せさる者には非《あら》ずや嘆はしきの限りに候《そうろう》」と故国の現状を嘆いた（『新総房』四月二四日）。

そして、アメリカ大統領の、平民的で庶民に親しく接している姿に驚きを隠せなかった。セオドア・ルーズベルトが中部を訪問したとき、彼を乗せた列車が駅を通過するに際して人々は手を上げて喜びを表した。あまりの混雑で駅員に迷惑がかかるため、「大統領は其《その》駅の危難を救ふが為《た》めに車上より一場の演説を余儀なくせしめられ、地方人民をして充分の満足を与へたり」と関和知は伝えている（『新総房』五月一五日）。後年、大隈重信が地方遊説で行った車上演説を彷彿《ほうふつ》とさせる。関和知が大隈伯後援会に近しいことを思えば、あるいは彼からアメリカの事例を大隈へ伝えたのかもしれない。また、大統領が小学校に立ち寄り親しく国民と接することを知って、関和知は日本の教育に思いをはせる。「勅語を以《もっ》て経典となし、御真影の前へに叩頭することを教へて、以て国民教育の能事完《まった》しと為《な》すものあらば、そは国民を率ひて一種の迷信者を製造するものなり」（『新総房』五月一五日）。

一九〇三年の春、人見潤之助がマサチューセッツより彼を訪ねてきた。人見は東京専門学校を一八九六年に卒業している。関和知とは同窓だったろう。前年九月にニューヨークで別れて以来の再会であった。お互いの無事を確かめ、彼らは「宛《あたか》も兄弟相遇ふの思ひ」と喜んだ（『新総房』五月一七日）。一晩中、話が尽きなかった。日本であれば春の訪れを楽しむ季節だが、ニューヨークはまだ雪が舞うこともあった。

イェール大学の名簿に関和知の名が残されている（Yale University：494）。修了はできなかったが、一九〇二年から一九〇三年にかけ大学院に在籍している。その後、服部文四郎の勧めもあり、一九〇三年九月に関和知はプリンストン大学へ移籍した（図2-2）。そこで憲法についてウッドロウ・ウィルソンの講義を聞いた。また、毎朝、授業の前にウィルソンがチャペルで祈禱を行う姿に「自ら敬虔の念に打たれしむるもの」を感じた（92 602）。関和知はのちに彼の著書を翻訳する。また、学生新聞『プリンストニアン』を参考に、早稲田大学の高田早苗へ学生新聞の創刊を勧める手紙を送っている。

図2-2　プリンストン大学在籍時、左端が関和知（関家蔵）

同大学に在籍していた服部や、早稲田実業学校の幹事だった牧野孫太郎、静岡県の前代議士である伊藤市平らが喫茶店で集まることもあり、いずれも早稲田の関係者だったことから、一九〇四年七月一〇日、現地の日本料理店で校友会を催している。

一九〇六年の秋、中村吉蔵がプリンストン大学を訪れ、同じ早稲田出身の関和知に出会ったという。「海外万里の異域に於《おい》て、互に胸襟を攄《ママ》き、熱誠を尽して、所謂《いわゆる》竹馬の友に優《まさ》るの交情を訂《てい》するに至った」というように、親しく交際した（『新総房』一九一〇年八月一〇日）。

当時の関和知について中村は次のように記している。「この夏は和田守《もり》のパラダイスに傭《やと》はれて、大西洋の潮風で吹き曝《さら》されて来たといふ丈《だけ》あつて、さすがに顔も手も真黒になつてゐる、未来の大政治家を以《もっ》て抱負としてゐるが、言葉附も優しく、料理なども巧《たくみ》にやる、するかと思ふと、ハキ〳〵した声で、滔々《とうとう》として論じ出して忽《たちま》ち豪傑笑をやる、エドワード、ホールは大《おおい》に賑《にぎやか》になった」（中村：85）。関和知の部屋は三階二号室にあった。プリンストン大学の日本人留学生を相手によく身の上話を語って聞かせたという。

近くの神学校へ通う学生から影響を受け、関和知も酒を控えサイダーをたしなむようになった。キリスト教にも感化されている様子だった。彼は中村に「僕は何《ど》うも人間が小くなつた、品行方正は耶蘇《やそ》教の賜物《たまもの》で感謝してゐるが、社会へ立つて活動が出来さうもない、何うしたもんだらう」と心の内を明かした（同：111）。自分の意志を実行に移さなければ政治家にはなれないと、彼は関和知を励ました。演説には長《た》けており、ときには「プリンストンこひしやエドワードホール、塔《タワー》が見えますほの〴〵と」と隠し芸で唄も披露した（同：111）。学監の邸宅でアメリカ人女性とダンスを試みたこともあった。

在米邦字紙の記者

とはいえ金のない関和知だった。プリンストン大学での最後の数か月は、千葉県成田山の石川照勤から仕送りを受けなんとか乗り切った。実は面識がなかった。にもかかわらず、応援してくれたことに関和知は恩を感じていた。「予が落付いて試験を受くる迄《まで》、学校に留《とど》まり得たのは全く師の賜物である」と後年、感謝の念を綴っている（㊸12）。一九〇六年六月、関和知はプリンストン大学にてマスター・オブ・アーツの学位を授与された。彼は日本に帰ってからも同大学とのつながりを大切にした。一九一六

図2-3　桑港早稲田大学校友会、前列右から２人目が関和知（早稲田大学写真データベース）

年八月一五日、東京でプリンストン校友会が主催となり、ロバート・マッケルロイ教授夫妻を招いて晩餐会を行ったとき、関和知や服部文四郎など卒業生が積極的に動いて援助している。

こうして四年間のアメリカ留学を達成した関和知だが、帰るための旅費がなかった。ともかく彼は西へ向かい、シアトルの『北米時事』、サンフランシスコの『新世界』『桑港新聞』などで記者として働いた。一九〇七年、ワシントン州に早稲田校友会が設立されると、三月二二日に関和知が招かれ歓迎会が催された。また、アメリカを視察に訪れていた石井菊次郎の送別会が、八月三一日にサンフランシスコの小川亭で開かれた。千葉県人会の主催であった。関和知も駆けつけ、五〇余名の参加者のなかで演説を行った。一〇月二六日は桑湾周囲青年諸団体連合演説会に出席する。そのときの肩書きは『桑港新聞』の記者であった。翌日、綱島栄一郎の追悼会が米国仏教会で午後三時より始まり約六〇人が参集した。関和知も追悼演説を行い、綱島の宗教観、人柄などを語った。一二月五日に開かれた桑港早稲田大学校友会では、高橋作衛、黒石清作らと撮った写真が残されている（図2-3）。これは彼の送別会でもあった。一二月八日はサンフランシスコの日系新聞各社より記者三〇人ほどが集まり、午後六時より小川亭にて送別会が催された。いよいよ帰国である。

関和知を乗せた船はハワイに立ち寄り、『布哇《ハワイ》報知』の記者が彼を招いた。関和知は東京で新聞記者をすること、そしてチャンスがあれば代議士へ打って出るという志を語っている。一九〇七年一二月に帰国した。故郷の人々は太東駅に彼を待ち構え、小旗をふって出迎えたという。年が明けて一月、学資を援助してくれた石川照勤を訪ね成田山を詣でた。後年、政治家となってからも関和知は、選挙のたびに石川に会い、成田山で護摩をあげることを通例とした。また、白井喜右衛門らが長生倶楽部の総会を兼ね歓迎会を催してくれた。案内のはがきには「多年北米大学に於《おい》て蛍雪之業を積み客臘《かくろう》無事帰朝せられたる関和知君」と記されていた(一宮町教育委員会:200)。

2　中央のメディアへ進出

『萬朝報』政論記者

その後、関和知は友人、円城寺清の勧めもあって『萬朝報』で働くことになった。円城寺は一八九二年に東京専門学校を卒業しており、彼の先輩にあたる。卒業後、『郵便報知新聞』に勤め、改進党機関誌『立憲改進党党報』の主幹として活躍した。憲政党から憲政本党にいたるまで党機関誌に携わったのち、一八九九年、『萬朝報』の論説記者に迎えられた。関和知がかつて雑誌『新総房』を立ち上げたとき、円城寺は「妄言漫議を戒《いまし》む」という論説を寄稿している(二号)。このように彼は古くからの友人である円城寺に導かれ、『萬朝報』へ籍を置くことができた。そして、社主の黒岩周六（涙香《るいこう》）から「筆硯《ひっけん》の間に直接指導を受けた」という（⑭435）。後年、彼が政治家となったとき、黒岩は演説会に駆けつけるなど援助を惜しまなかった。

一九〇八年七月二八日から、関和知は「移民問題の障碍《しょうがい》」と題する論説を連載した。一九〇六年、サンフランシスコで地震が起きたとき、市学務局は教室が足りないとの理由で、日本人生徒を公立学校へ通学させない決議を行った。セオドア・ルーズベルト大統領はこの決議を撤回させたが、日本人への排斥運動は収まらなかった。こうした事態を受け、西園寺公望《きんもち》内閣は駐日米国大使とのあいだに日米紳士協定を結ぶ。日本は新たな移民を送らないと約束し、アメリカに差別的立法を行わないよう求め、事態は沈静化したように見えた。

しかし、問題はいつでも再燃する状態にあると関和知はいう。そもそも、移民と殖民は異なるものであり、日本の官僚がアメリカへの移民を殖民と呼ぶことは軽率である。こうした混同が移住先の国民とのあいだに衝突をきたしている。日本人は海外において容易にその土地の人々と同化せず、ささいなことで問題を大きくこじらせ、本国に保護を求めてくる。彼はそのように現状を分析し、愛国心は誇りに思うが、あまりに頑なでは障碍にもなると注意を促した。移民は殖民とは異なり他国のもとに支配されるのだから、他国の制度、慣習を尊重し服することが当然の義務であり、見た目だけでなく精神的にも同化が求められる。政府や国民が同情の念をもって理解し合うことこそ事態を解決する道であると彼は主張した。

『萬朝報』に執筆するかたわら、関和知は政界への進出を考えていた。一九〇八年の第一〇回総選挙へ打って出ようとしたが、うまくいかなかった。アメリカの選挙を間近に見た彼にとって、日本の選挙は陋劣なものに映った。当時、在米日本人から服部綾雄、山岡音高らとともに「四十年組」と呼ばれていた。代議士になったのは服部くらいで、ほかは「鹿逐《お》ひの犬引きか力者《すもうとりふんどし》の褌持ち」であると見られていた（『新世界』五月二六日）。それでも政党の会合に顔を出し、出馬の機会を捉《とら》えようと懸命にもがいていた。六月一四日、憲政本党の園遊会が上野精養軒に催されたとき、代議士や党員、新聞記者、二〇〇余名のなかに関和知の姿もあった。

『東京毎日新聞』編集長

一九〇八年一二月、大隈重信は経営に行き詰まっていた『東京毎日新聞』を島田三郎から譲り受けた。社長は武富時敏、主筆は早稲田大学と兼任で田中穂積が務めた。社屋を銀座から丸の内へ移し、報知社から頼母木《たのもぎ》桂吉《けいきち》らが乗り込み営業を担当した。大隈はイギリスの『タイムズ』を目指すと意気軒昂であった。

早稲田大学学長の高田早苗は、大隈重信へ次のような書簡を送る。「毎日新聞編脩長には田中より関和知なる者を紹介いたし他の諸君子の同意を得候由《そうろうよし》、右は久しく米国エール大学に在学し現今万朝報に執筆罷在《まかりあ》る者にて、校友中にては先以《まずもっ》て適任者と奉存候《ぞんじたてまつりそうろう》」（早稲田大学大学史資料センター：106）。

田中穂積は関和知を編集長に登用したいと高田に申し出た。高田も彼が在米中に書いた論説を読み、その才能に注目していた。また、石橋湛山《たんざん》もこのとき島村抱月《ほうげつ》から紹介され、記者として入社している。そこへ小山東助も加わり、編集を手伝うとともに社説を執筆することになった。こうして関和知は『東京毎日新聞』の編集長となった。

ところが、政党の派閥争いが新聞社へ飛び火する。一九〇八年五月の総選挙で議席を減らした憲政本党は、大石正巳を中心に非政友系の官僚と合同を模索する改革派と、犬養毅を中心に民党路線を堅持しようとする非改革派の対立が激化していた。余波は東京毎日新聞社にも押し寄せ、石橋の回想によれば、「犬養派の記者と非犬養派の記者とが、たがいに自派に有利な記事を出し合っていがみ合った」という（石橋：67）。雰囲気は険悪であった。

一九〇九年三月二二日、神田青年会館で憲政本党の臨時大会が開かれた。関和知も参加した。党内の紛擾《ふんじょう》について報告があり、「官僚政治の弊を打破し責任内閣の実を挙げんことを期す」との宣言を採択すると（『憲政本党党報』3巻7号）、先に改革派が党議員会で行った犬養の除名を否認する決定をこの臨時大会が下した。犬養は歓呼喝采のなかに迎えられ演説を行い、午後四時に大会が終了すると、上野精養軒に園遊会を催して犬養自ら党員たちをもてなした。参加者は二〇〇人を数えた。さらに四月一二日、関和知は『東京毎日新聞』の肩書きで憲政本党の観桜会に出席している。上野公園で午後三時より開かれた。

こうしたなか、主筆の田中穂積が一九〇九年七月一五日、『東京毎日新聞』を辞職する。理由は経営方針の相違であった。関和知や石橋湛山もそれに続いた。小山東助は若手社員らを引き留めようとしたが、聞き入れてもらえなかったという。

紙面に表れる政論だけでなく、新聞社という組織それ自体が政治によって左右された。つまり、新聞というメディアは、この時代、たとえそれが東京の中心にあるメディアであったとしても、社会システムとしていまだ「政治」から分離されておらず、相互に排他的な関係を確立していなかった。逆に言えば、政治との関係が密接であるからこそ、職業政治家へのステップとして有効に機能したとも言えるだろう。もちろん、同じ新聞社のなかでも、取材や編集に従事するのではなく、政治的主張に関与できるポストにつくには、それなりの知名度が必要であった。

関和知の場合、在米邦字紙で記者を勤めたという経験もさることながら、やはりアメリカの大学で学位を取得したという実績が、早稲田関係者の注意を引いた。そして、学歴による人的ネットワークは、彼が中央のメディアへ進出する際にも有効に機能している。

もちろん、それが教育やメディアといったシステムに閉じられたものでないことは言うまでもない。このアメリカ帰りのジャーナリストはやがて政治家となり、犬養毅を助け、大隈重信に仕えることになる。次章で関和知はついに国政へと進出する。

第三章
改進党系の若手代議士

WORKING FOR JAPANESE-AMERICAN PEACE.

Members of the Imperial Parliament of Japan and of the Congress of the United States constituting a committee of the Japanese-American Section of the Interparliamentary Union organized in September at The Hague, and who recently (October) were in conference at Washington, D. C. From the reader's left to right, they are (standing): Hon. Walter I. McCoy, New Jersey; Hon. Wachi Seki, Tokyo, Japan; Hon. Wm. D. B. Ainey, Pennsylvania, Secretary; seated: Hon. James L. Slayden, Texas; Hon. Zembei Horikiri, Tokyo, Japan.

列国議会同盟会議・日米部会、後列中央が関和知
『The Literary Digest』1913年11月15日

「露西亜《ロシア》の如《ごと》き、立憲国とは云《い》ひながら実は武断専制の国に於《おい》て容易に宮殿を見る事が出来るのに、我国ではそれが容易に出来ないのは如何《いか》にも不思議である」(関和知「欧米漫遊所観(上)」『東洋経済新報』六五八号・一九一四年)

1　メディア議員への突破口

補欠選挙――周囲も驚く健闘

一九〇九年七月、安田勲の補欠選挙が行われることになった。第一〇回総選挙で千葉県八区から当選した安田は、四月二三日、日糖事件で召喚され警視庁の留置場に入れられ、翌日、裁判所で取り調べを受けた。七月三日、選挙法第一一条により議員を退職した。その後の裁判で懲役四か月の有罪となり、九月一日の午後、東京監獄（市ヶ谷刑務所）に入った。日糖事件とは、製糖業を保護する限時法である輸入原料砂糖戻税を延長させるため、日本製糖の重役らが衆議院議員に贈賄した事件である。収賄した議員は政友会、憲政本党、大同倶楽部の二〇人に及んだ。憲政本党では、多くの被疑者を出した改革派が力を失い、犬養毅を中心とする非改革派が勢いを盛り返した。

安田の失職にともない、憲政本党幹事の平島松尾は七月一二日、千葉支部を訪れ補欠選挙の候補者選定会に出席して意見を述べた。山岡音高を公認候補とするよう動いたが、千葉支部は他県からの輸入候補を受けつけず満井武平を選んだ。しかし、満井は村長を務めて忙しく、結果、関和知を推薦することになった。翌日、千葉支部幹事の吉田銀治が東京の本部へと向かった。同日、候補者の一人であった山岡も本部を訪ねている。一四日には満井が本部を訪れ、選挙戦の方針について意見を述べた。一方、藤代市之輔は上京して関和知の了解を求めた。その結果、本部は吉田に宛て、山岡を候補とすることを断念すると伝え、協議のため平島を再度、出張させるという電報を送った。同日、平島は千葉へと急いだ。こうして関和知は憲政本党の公認候補となった。

一九〇九年七月二一日、平島は選挙戦を視察するため千葉へ出張した。匝瑳《そうさ》郡で憲政本党は模範的な運動を行い、向後四郎左衛門が奔走して関和知の推薦に尽力した。関和知は大隈重信や五十嵐敬止から受けた推薦状五万枚を県下へばらまいた。このとき豊栄村の有力者である布施鷹助も率先して彼を応援し、有志を募ってその郵送を手伝わせたという。

激しさを増す選挙戦のなかで、彼は七月二四日から猛烈な運動を展開し、政友会の候補である千葉禎太郎の地盤に食い込んだ。しかし、大勢はくつがえりそうにもなかった。千葉県の補欠選挙は七月二五日に終了し、九九一九票で千葉禎太郎の勝利に終わった。関和知は八二〇八票を獲得し「次点者たる運命を担《にな》ふ迄《まで》も投票数は意外に多かるべし」と評価され（『東朝』七月二七日）、破れはしたが、その接戦に周囲は驚かされた。

『新総房』（八月四日）は「選挙余談」として「新進有為の関和知氏を以《もっ》てしたは、全く人物本位で、誠に立派なものである」と記した。「関氏は全く財力に乏しい、然《しか》り絶無と言つても宜《よろ》しい」と書き、にもかかわらず政友派の総大将・千葉禎太郎を相手に一歩も引けを取らず戦ったことは痛快であるとふり返った。

千葉県改進党系のホープ

一九〇九年一〇月一〇日、憲政本党千葉支部の臨時大会が梅松別荘で開かれた。座長に推された幹事の白井喜右衛門が開会の辞を述べ、吉田銀治が「本支部は卒先して倍々非政友派同志の団結を鞏固《きょうこ》」にすると決議を朗読すると拍手が湧き起こった（『憲政本党党報』4巻2号）。次いで、憲政本党大会に出席する委員を選定し、満井武平、宇佐美佑申、白井喜右衛門、吉田銀治が参加することになった。万が一、出張することができないときは、関和知と近藤弥三郎に代わりを務めてほしいと、満井は依頼した。

その晩は大懇親会となり盛会を極めた。関和知は席上やおら起ち上がり演説を試みた。政友会は憲政の発達を阻害し、国民の政治的道義を破壊している。彼らは議席で多数を占めているが、主義主張で動いているのではない。国民の意志に背いて官僚政治に迎合しているだけであると批判した。彼は大喝采を浴びた。

一〇月二八日、憲政本党大会が芝区烏森の新橋倶楽部で開かれた。各支部から推薦された代議員として関和知も参加した。当日、大会における選挙で、彼は憲政本党の評議員に選出された。翌日、本部の会議室で開かれた評議員会には、犬養毅、大石正巳、武富時敏に混じって関和知の姿があった。

彼がこのように重視されたのは、代議士になる可能性があったからである。というのも、非政友派の代議士・鈴木久次郎が大日本水産の資金を使い込み、株主から告訴され、一九〇九年三月三〇日に逮捕されていたからである。もし改革派の鈴木が失職すれば、先の選挙で次点となった関和知が補充されるだろう。そうなれば、憲政本党内の派閥は非改革派が三六人、改革派が一五人、中立派が一二人となるだろうと党内でも注目されていたのである。一〇月二三日、第一審で鈴木は重禁固四年の言い渡しを受け、安田勲と同じく選挙法第一一条により議員を退職した。これを受けて一一月一四日、関和知はついに衆議院議員となった。

翌月、彼は病床の田村昌宗を見舞った。雑誌『新総房』の頃から応援してくれていた。大隈重信の先輩にあたる旧佐賀藩士で、千葉県改進党系における主柱の一人だった。田村は関和知の顔を見て「今期の議会に名を挙げたら如何《どう》だ」と告げた（『新総房』一二月一五日）。関和知や佐瀬熹六らが遺言はないかと尋ねると、田村は笑って、最後のときを待つのみだと語った。その一週間後、田村は亡くなった。大隈は「六十年来の交情は実に格別なもので、屡《しばし》ば死生の間に出入して苦楽を共にしたる歴史は殆《ほとん》ど骨肉も及ばぬものがある」と別れを惜しんだ（『新総房』一二月一五日）。

新代議士となった関和知の下へ『早稲田学報』の記者が訪ねてきた。関和知は座敷で洋服を畳んでいた。記者は書生と間違え彼にお茶を出してもらい、「私は関和知です」と告げられ吃驚した（『早稲田学報』一七九号）。政治家になった動機を問われ、早稲田で立憲政治について学び影響を受けたと語った。英国的改進の政党を作った大隈重信総長や、高田早苗学長の憲法論に深い印象を受けたという。そして、自らの人格を傷つけないばかりでなく、進んで人の手本になりたいと抱負を述べた。

犬養毅との遊説

一九一〇年三月一三日、憲政本党は解党し国民党が結成された。それにともない、三月二九日、国民党千葉支部の設立準備会が開かれた。藤代市之輔とともに今や国会議員となった関和知も参加した。宇佐美佑申、吉田銀治、佐瀬熹六といった『新総房』メンバーも集まった。関和知は国民党本部の動向を伝え、特別準備委員に選ばれた。宇佐美が委員長を務め、吉田、佐瀬らとともに、政党の支部を改めることになった。翌日、上京した彼は千葉支部発会式へ人を派遣するよう本部に要請した。本部からは箕浦勝人《かつんど》、福本誠を派遣すると伝えられた。

関和知は四月三日、故郷の長生郡東浪見《とらみ》村に凱旋する。関保三の家に支援者らが集まり、午後一時から関代議士招待会が開かれた。土地の有力者や知人、友人など総勢一五〇余名がつめかけた。彼は竹馬の親友たちに支えられた。彼らは選挙のとき率先して関和知に投票した。彼は立って礼を述べ、政友会の横暴を批判し、国民党の政策を訴える演説を披露した。拍手喝采、関五郎右衛門が進み出て音頭をとり万歳を連呼したあと、大宴会が始まり、歓談は夜中までつきなかった。

赤貧洗うが如《ごと》しで金がなく、それでも選挙で同情を寄せてもらったことに関和知は感謝した。国会議員となっても、彼の住まいは家賃二〇円の借家のままである。ただし、床の間には洋書がずらりと並べられていた。

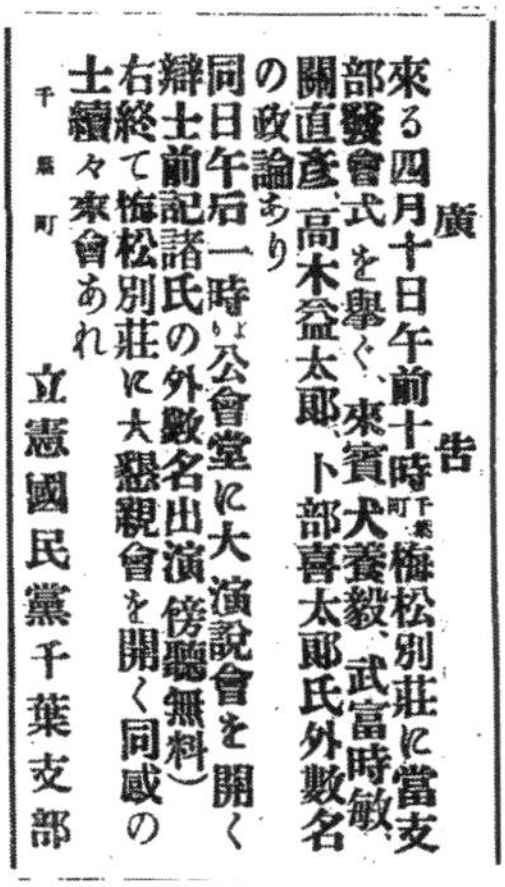
廣告
來る四月十日午前十時千葉町梅松別荘に當支部發會式を擧ぐ來賓犬養毅、武富時敏、關直彦、高木益太郎、卜部喜太郎氏外數名の政論あり
同日午后一時より公會堂に大演説會を開く辯士前記諸氏の外數名出演（傍聴無料）
右終て梅松別荘に大懇親會を開く同感の士續々來會あれ
千葉町　立憲國民黨千葉支部

図3-1　国民党千葉支部発会式案内（『新総房』1910年4月7日）

国民党千葉支部は予定どおり、一九一〇年四月一〇日に梅松別荘にて発会式を行った（図3-1）。東京から犬養毅、武富時敏が駆けつける。宇佐美佑申は政友

会を罵倒し、開会の挨拶に代えた。支部の規約などを決め、関和知は「立憲の宣言綱領に基き大に同志を糾合して旺《さかん》に党務の拡張に努むる」と決議案を読み上げた（『千葉暁鐘新聞』四月一〇日）。

午後からの演説会で、彼は「国民的政党の必要」と題して熱弁をふるった。国民の意志を議会で代表させるために政党があり、その政党が内閣を組織し責任を負う。こうした立憲政治を行うには、国民自らが政党に加わり、その政治的希望をかなえるべきであると訴えた。しかし、現実はそのようになっていない。とりわけ政友会は「政党の看板をかけたる一ノ営利的会社である」（『新総房』四月二一日）。彼らが党勢拡張のため鉄道や学校の建設を餌にしていることが、立憲政治の成立を妨げていると関和知は批判した。

四月二〇日、国民党の千葉支部幹事会が開かれ、藤代市之輔、関和知の代議士をはじめ幹部らが集まった。支部の運営は当面、白井喜右衛門が担当することになった。翌月、五月五日は端午《たんご》の節句、国民党の政談大演説会が千葉県東葛飾郡の松戸町に開かれ、会場には島田三郎も招かれた。好天のなか聴衆一〇〇〇人を集めた。関和知も弁士として登壇し「政党と国民」と題する演説を行った（『新総房』五月七日）。彼はここでも選挙戦をふり返り、貧者である自分を支持してくれたと感謝を述べ、「国民に権力を与へ、又国民と政府とが完全に政権の分配をなす」ことこそ善良な政治であると主張した。午後七時に演説会を終え、一行は懇親会へと移り、そこでも一五〇人が参加して大いに気勢をあげた。

さて、職業政治家となった関和知は、地元でのこうした集会に加え、各地方への応援も務めねばならない。犬養毅にお供して、一九一〇年五月、埼玉県へ向かったときの様子をここに紹介しておこう。

犬養毅と関和知、綾部惣兵衛、卜部《うらべ》喜太郎の一行は、一九日の朝七時半、甲武線四谷見附から汽車に乗り、入間郡飯野町を目指して出発した。朝早く車内はガラガラだった。「関西から伊予方面の遊説で、喉を損して途中から引返したそうだが奮戦の状想ひ遣《や》られるネ」と関和知が綾部に話しかけると、いつものように話に加わらずにはおれない犬養が、綾部君の喉はほかのことで壊したのだとすかさず割って入ったので、一同はまたかと吹き出して大笑いとなった（『新総房』五月二四日）。落ち着いた時間のなか四人は国民党の今後や、次期議会の形勢などを話し合った。

国分寺駅で汽車を降りようとする卜部に荷物を忘れていると犬養が注意し、関和知も帽子を忘れて取りに戻るなど一行は右往左往し、なんとか川越行きの汽車に乗り換え、無事に埼玉へと向かう。九時半頃、入間川駅に到着し有志らに迎えられたあと、今度は飯野町まで狭い車内で鉄道馬車に揺られた。車中は相変わらず犬養の独壇場で、尾崎行雄の除名処分や、大隈重信の演説が下手であったことなど延々と話し続け、ようやく馬車は目的地に到着し、万歳の連呼に迎えられながら降りて看板を見ると「天下の名士」と書かれた四人の名前が目に飛び込んだ。関和知にはいかにも田舎式に感じられた。

一行は最近、国民党の同志となった小熊五郎の邸宅へと招かれ、犬養は勧めに応じて床の間を背に座り、綾部から揮毫《きごう》を頼まれると「書きませう」と言って髭をひねりながら腕をまくった。午後一時からいよいよ演説会となり、関和知も「政友会と国民党」と題して声を張り上げた。大喝采の内に終了、懇親会は一二〇余名の出席を得てたいへんな賑わいとなった。午後八時二〇分頃、また万歳に見送られながら馬車に乗り込む。

犬養毅と関和知は入間川駅まで戻って、増田屋という待合で茶を飲み、同席した地元の人は、犬養先生が苦節を守って改革派と闘ったから今の国民党があると言えば、関和知も「志士仁人《じんじん》の覚悟は常に斯《か》くあらねばならぬ」と相づちを打ったので、犬養は友人、同志が身を滅ぼし、産を投げ打って主張してきたことを、今さら曲げることなどできない、「それは君、吾輩として今になつて何《ど》うして官僚派に降参が出来るものか」と応じた（『新総房』五月二七日）。待合を出た関和知が「月光と云《い》ひ此《この》冷気と云ひ何だか秋の様ですナ」と言うと、犬養も「ヤー是《これ》がハレー彗星の通過する為《た》めの現象かも知れぬヨ」と言って笑った（『新総房』五月二八日）。

そこへ綾部惣兵衛とほかに三人が加わって、一行は再び汽車に乗り込み川越の駅へ到着した。犬養毅と関和知は今福という旅館へと案内された。綾部は地元なので家へ帰ってしまい、彼は犬養と同室で泊まることになった。女中が布団を敷くと、犬養はこれに入って寝れば蚤《のみ》よけになると言って鞄から大きなシーツを取り出したが、「今夜は袋に這入《はい》らなくともよさそうだ」とそれを上にかぶってコロリと寝転んだ。関和知も寝不足と馬車旅行の疲れからすぐに眠りに落ちた。翌日は朝からアメリカの移民問題、満韓政策について話し合った。綾部が迎えに来て一行は川越を案内してもらい、その日のうちに上野駅まで帰ってきた。

その年の夏のある日、関和知は新橋駅九時発の列車で小田原の国府津《こうづ》へと向かう。午前一一時四五分、国府津駅に到着し大隈重信の別荘を訪れた。昼食をもらったあと、奥に通されると大隈と武富時敏が碁を打っていた。武富が負けて退くとそこへ小栗貞雄が挑戦する。関和知はかたわらに寄って、亡くなった田村昌宗の碑について大隈に相談した。大隈自らが筆を揮《ふる》うという。話は変わって、東京市会議員選挙での応援に感謝すると、大隈は「オ、何《ど》うして日頃動くことの嫌ひなぶせう者の武富君が動き出したので侯爵（鍋嶋）も驚て仕舞《しま》つたのサ兎《と》に角好《かくよ》く往《い》つた」と愉快げに笑った（『新総房』八月五日）。千葉県の政情について武富と意見を交わしたあと、関和知は午後二時三〇分、辞して国府津から二宮へ犬養毅を訪ねた。汽車を待つまでもないとトボトボ歩いて別荘に向かった。二階に招かれ、上がるとさっそく犬養の長広舌《ちょうこうぜつ》が始まった。関和知は冷たい水で一息つきながら話を聞いた。

明治四三年の大水害

関和知の本拠地、『新総房』が一九一〇年八月一〇日、紙面を刷新することになった。一面には大隈重信の祝辞「新総房の改良発展を祝す」が掲げられ、犬養毅は題字を揮毫して提供した。友人の渡辺外太郎は「「新総房」は故田村翁を父とし、白洋子を母とし、宇佐美浅井の諸氏を保母として、生長発達したるもの也《なり》」と書き、彼を助け新聞を作っていた頃を懐かしんだ（『新総房』八月一〇日）。関和知は編輯監督という立場で引き続き『新総房』にたずさわっていた。

この夏、東日本に停滞していた梅雨前線と複数の台風が豪雨をもたらし、利根川流域に大洪水を引き起こした。関和知は慰問のため、八月一八日、藤代市之輔らと千葉県庁を訪問し、被害の程度や復旧の見込み、被災者への救援などを聴取し国民党本部へ報告した。国民党もこれを受け対応を協議するとともに、引き続き関和知と藤代に調査を行うよう依頼した。さらに茨城県の視察も二人にゆだね、彼らは八月二〇日、上野発の列車で水戸へ向かうことになった。

八月二二日、関和知は茨城県で稲敷郡一帯の浸水地を視察する。夜明け前に出発した彼は、黄色く濁った水に昇った朝日を見て「凄涼悲惨の気に打たれ」、まったく減水しないありさまに土地の人々の不幸を察した（『新総房』九月二〇日）。茨城県知事の坂仲輔が来るというので、昼食後に軽便鉄道に乗って龍ケ崎を発ち、常磐線の佐貫駅で知事を待ち構え、お茶を飲みながら意見を交換した。彼らは午後七時半、上野駅へ戻ってきた。

関和知と藤代市之輔、そして国民党千葉支部から派遣された県会議員らは八月二八日にも東葛飾郡を訪れ視察を行った。途中、党務のため関和知は東京へ戻り、ほかは村々をめぐって被害状況を見て回った。九月一四日は強風のなか、関和知は六人乗りのボートで再度、水害の調査へ向かっている。川面に白浪が立ち水しぶきが上がる。新しく築かれた堤防にボートを寄せ上陸して篠原新田の被災地を歩いた。田畑が所々水中に散在し、乾いた土地は赤さび色に腐った稲株に覆われていた。荒涼たる風景が広がっていた。再びボートに乗り込み利根川を遡る。堤防の決壊したところで小屋を建ててしのいでいる人々が彼の胸をついた。水門を突き崩して樹木が横倒しになっているさまは凄《すさ》まじいものであった。まったく別天地のように思えた。新島村の役場を訪問して惨状を聴取し帰途についた。

九月一七日より開かれた国民党の水害調査特別委員会は、政府に復旧工事を勧告することを決めた。一〇月一九日、吉植庄一郎、稲村辰次郎、加瀬喜逸《きいつ》、藤代市之輔と関和知の千葉県選出五人の代議士が集合し、千葉県知事の告森良《こつもりりょう》を県庁に訪ねた。水害地に対して地方税を免除、延期することについて意見を交わした。

2　帝国議会へデビュー

国民党の幹事となる

当時、関和知は四谷坂町に住んでいた。ある人が自宅の場所を尋ねたところ、案内してくれた近所の女性から「此方《この》の処へは毎日幾人となく随分種々《いろいろ》の人が尋ねて来ますが、御亭主は賭博の親方か何かですかい？」と声をひそめて問われたという（『読売』一一月二四日）。

高知に出張していた関和知は一九一〇年一一月九日、東京へ戻ると、二二日は河野広中、島田三郎らと神奈川県の補欠選挙に出馬する山宮藤吉の応援に向かった。一二月に入ると、政友会の鵜澤総明《ふさあき》や長島鷲太郎、国民党の服部綾雄など少壮議員が立憲青年会という組織を立ち上げ、二三日午後五時より築地精養軒で会合を開いた。関和知も参加した。憲政について研究を行い、国民の政治知識を促進することが目的であった。各党の党議に従うのは当然だが、若手で意思疎通を図りたいと考えていた。

一二月一九日、代議士総会が国民党本部に開かれ、服部綾雄、福田又一、大内暢三《ちょうぞう》、豊増龍次郎らとともに、関和知は院内幹事に選ばれた。翌年二月三日、国民党は午後一時より政務調査会を開き、武富時敏会長をはじめ二四人の代議士が参加した。関和知は不動産抵当貸付法案と、地方税制限に関する法案の調査委員の一人に任命された。二月二八日午後五時から亀島町の偕楽園において代議士有志者協議会が催され、坂本金弥、大内暢三、添田飛雄太郎《ひおたろう》ら二三人が参加した。議会閉会後の活動に弾みをつけるため、西村丹治郎は党内の緩みを引き締め、気持ちを奮い立たせるよう三総務に申し出るべきだと提案した。関和知と内藤利八、西村の三人が総務たちを訪問することになった。三月一日の午後、日野国明、蔵原惟郭《これひろ》を加え、彼らは国民党本部で犬養毅、河野広中と会見して「四囲の事情に顧慮せず果断の処置あらん事」を求め了解を得た（『東朝』三月三日）。

また、関和知は社会運動にも参加する。深川富吉町の寄席で、三月一二日、浅野セメント降灰事件の演説会が開かれた。工場から飛散したセメント粉末により周辺住民が体調を崩した公害事件で、企業に抗議するため大日本青年協会が主催した。関和知と高木益太郎が招かれて登壇した。三月一九日は電気館で演説会が開かれ、被害状況が説明された。被害者自らの訴えもあり、関和知は住民側を応援し熱烈な演説を行った。高木や服部綾雄らも壇上に上り、当日は入りきれないほどの聴衆がつめかけた。

大逆事件と言論出版の自由

関和知は一九一一年三月一一日、第二七議会に登場し、「言論出版の自由及芸術の取締に関する質問」を行った。大逆事件をふまえての発言だった。明治天皇暗殺を計画したという容疑で社会主義者が逮捕された。そのうち二四人が死刑宣告を受け、一月一九日、一二人は恩赦により無期懲役に減刑されたが、一月二四日、二五日に幸徳秋水ほか一二人が処刑された。社会主義を研究する人々に憲法で保証されている言論の自由は与えられるのか、と関和知は問いかけた。

社会主義と無政府主義を政府は混同していると彼は指摘する。たしかに、国家を破壊し危害を加える無政府主義は敵である。しかし、社会主義は貧富の競争から生じる問題を解決して、人々の幸福を追求しようという理想をもつ。イギリスやドイツ、アメリカでは学説として尊重されている。「社会主義と云《い》へば殆《ほとん》ど悪魔の叫の如《ごと》くに迎へらるゝと云ふことは何事である」と関和知は政府を叱責し、社会主義についての書籍も雑誌も輸入できず、論文に「社会主義」という文言を入れるだけで取り締まりに遭う現状を非難した。また、文学や芸術、演劇について、政府は幼稚な読者が悪い方向へ感化されることを気づかっているが、「淫猥、野卑なる流行歌が、却《かえっ》て社会に大勢力を持って、社会の人心を毒して居ると云《い》ふことは、明かに誤れる取締法の反動である」と述べ、文学や芸術を取り締まることは世間の好奇心を刺激し、かえって逆効果であると主張した。

内務大臣・平田東助は「安寧秩序の保持又は風俗の取締上已《や》むを得ざるものと認むる場合に限り法律の規定に依《よ》り必要なる措置を取るの方針にして人権を抑圧し文化を阻害することとなし」、つまり問題はないと回答した。

この質問に関連し、国民党は一九一一年一月三一日の本会議で、沢来太郎《らいたろう》が「治安取締に関する質問」を行っている。社会主義は学問上に生じた学説というだけでなく、政治が誤った結果、生じた生活難に起因する面があると説明し、社会主義者が現れた原因を突き止めずして取り締まりを行っても、「医師が病の源を究めずして、之《これ》に処方を投ずる」ことと同じであり効果はないと訴えた。また、三月九日の本会議でも村松恒一郎が、大逆事件後の危険思想を防止する対策を政府に尋ねている。すでに動揺している国民思想に官憲の圧迫を加えれば第二の大逆事件を引き起こすかもしれない。重税などにより生活を圧迫し、危険思想を生じさせることのないよう政府に反省を促していた。関和知の質問もこうした流れに沿うものであった。

その後、政府は文芸委員会官制を公布した。一九一一年五月のことである。二万円の文芸奨励費を出して助成するという。和田利夫『明治文芸院始末記』には、大逆事件を契機に言論の自由を露骨に取り締まることができなくなったので、文芸奨励という形で作品を検閲しようとしたのではないかと記されている(218)。

政友会の卑劣な選挙運動

第二七議会は一九一一年三月二二日に閉会した。月末、国民党は関和知が起草した議会報告書を検討するため委員会を開いた。そして、五月八日、千葉県では政友会の東條良平が死去し、補欠選挙が行われることになった。

政友会は五十嵐敬止を擁立し、大挙して応援に駆けつけた。関和知ら国民党は当初、礼儀をもって対抗馬を立てない予定であったが、政友会の卑劣な選挙運動に憤《いきどお》り、向後四郎左衛門を擁立することを決めた。五月三〇日の国民党常議員会で千葉県補欠選挙が話し合われ、千葉町の公会堂で政見発表演説会を開くことになった。すでに選挙戦は一〇日ほどがすぎ、また、日糖事件で代議士二人が捕まった記憶も新しく、国民党は「得意の正義公論を振《ふ》り廻す」ことができず苦戦を強いられた（『読売』六月二日）。

とはいえ、党派に関係なく中立の人々までも国民党の応援に訪れ、演説会も盛況で、逆に政友会は投票日に人力車を買い占め、選挙人の送迎に努めるほど追い詰められた。六月一日、午後一時半から開かれた国民党の演説会には関和知も登壇し、「情意投合論」と題して熱弁をふるった。武富時敏や島田三郎、河野広中も駆けつけ、一五〇〇人におよぶ参加者を得て勢いをつけた。

前回の補欠選挙では関和知を次点にまでもっていったが、今回は政友会が勝つだろうと『読売新聞』は予想した（六月二日）。残念ながらそのとおりになった。五十嵐敬止が一万一六六六票を集めて当選、他方、向後四郎左衛門も一万三七三票を集め追い上げを見せた。金をばらまく従来の選挙に比べ、国民党は誠実に選挙戦にのぞみ、破れはしたものの「徹頭徹尾理想的選挙の実《じつ》を挙ぐるを得たる」と主義主張が有権者に届いたことを喜んだ（④34）。

こうしたなか、当選した五十嵐敬止が議員になることを辞退すると言いだした。政友会の千葉禎太郎らは思いとどまるよう必死に説得を試みた。政友会本部の江藤哲蔵が心配して、一言、五十嵐を諭せば思いとどまるだろうと考え原敬を訪問した。そもそも五十嵐は関和知とも懇意であり、国民党にそそのかされたのではないかと見られていた。原は日記に「関和知其《その》他常に五十嵐方に出入する者が五十嵐を陥れんと企てたるもの〻如《ごと》し」と記している（原：139）。

続いてその年の秋、九月二四日に千葉県会議員選挙が行われた。国民党を含む非政友派は半数近くまで議席を獲得し、従来、優勢であった政友会を追いつめた。千葉県会は拮抗状態となった。一〇月一四日に開かれた臨時県会における役員選挙は熾烈を極める。選挙違反に問われていた国民党の議員に対し、政友会は議場からの退去を求め、県会は大混乱に陥った。収拾がつかず、県会は休会を余儀なくされた。千葉県知事の告森良は衆議院議員の板倉中《なかば》、吉植庄一郎、藤代市之輔、そして関和知を招き、両党の混乱を鎮めるべく協議した。しかし、翌日も政友会の県会議員が国民党の県会議員を退場させると騒ぎだし、告森はやむを得ず県会をさらに三日間、停会とした。そして、議員たちを説得してまわり、ようやく事態は収束へと向かい始めたのである。関和知は非常に憤り、「政友会なる集団に対して、理性を説き、徳性を説くは、寧《むし》ろ馬耳に念仏の類《たぐい》」「政友会員なるものは、到頭到尾、権勢の奴隷、利慾の亡者」と非難した（⑤45）。

文官任用令中改正建議案

一九一二年、すでに第二八議会もなかばの二月二一日、国民党は「文官任用令中改正建議案」を検討し、修正のうえ提出することを決め、関和知に一任した。翌日、彼は修正をほどこし衆議院へ提案、二月二四日の本会議で取り上げられることになった。当日は土曜日で天気も良く、傍聴席は満員となった。

文官任用令とは、高級官僚を試験によって採用する制度を定めたものである。ただし、政府によって自由に任用できる範囲がある。たとえば大臣である。彼らは公務員だが試験を受けて採用されたわけではない。それゆえ、政権が交代すると官僚のポストを求めて政党員が運動を起こす。それを猟官《りょうかん》運動という。政党員が官僚のポストに就くことを妨げるため、山県有朋内閣は一八九九年、文官任用令を改正し特別任用の範囲を狭め、それ以降は枢密院の諮詢《しじゅん》事項として改正それ自体にハードルを設けた。その結果、政府が自由に任用できる官職の範囲は狭まり、逆に議会はそれを広げることを求めていく。

一九一〇年二月、第二六議会において、小川平吉は勅任官の自由任用を目指して文官任用令の改正を求める建議案を提出している。建議案は修正を経て可決され本会議も通過したが、政府は実行に移さなかった。こうした経緯をふまえ、国民党も第二八議会に建議案を提出したのである。

演説のなか関和知は「試験といふ如《ごと》き形式の下に到底生ける人才を登庸し能《あた》はざる」と述べ、文官任用令を悪制度であると非難した（『東朝』二月二五日）。官僚政治を打破するという目的なら、党派を超えて多くが賛成するだろうと期待をかけた。政友会からも拍手がわいた。『東京朝日新聞』（二月二六日）の記者は「演説の出来はなか〳〵よく態度もよく据《すわ》つて弁論はチヤンと秩序が立つて段落がハツキリして演説振《ぶ》りは何処《どこ》となく島田沼南《しょうなん》に似た所があつて以《もっ》て聞くに足るべし」と評価した。

関和知が壇上から降りると、議場から日向《ひなた》輝武が「議長、議長」と連呼し、ムッとした態度で、事務官と政務官を区別しない現状を批判し始めた。それに対し、岡野敬次郎法制局長官は、改正の必要はない、この建議案には賛成できないと告げる。「各方面より其《その》理由を述べよとの声高かりしも長官はサツサと壇を去る」といった態度を示したので（『東朝』二月二五日）、議場からは非難の声が沸き起こった。理由を説明しないことこそ官僚的と守屋此助《このすけ》があざ笑うと、政友会の小川平吉が委員会付託ではなく即決を要望し、賛成多数をもって建議は採用された。

関和知は改めて『日曜画報』に「任用令改正が政弊打破の第一歩」という論説を載せた（⑩10）。試験によって高等文官を採用するのは「木に縁《よ》つて魚を求むるが如《ごと》きもの」と述べ、国民から自由に採用すべきであると訴えた。そして自らの提出した建議が満場一致で採択されたことを報告した。閥族政治家は官僚を味方につけるため、試験によって政党からの人材流入を阻んできた。武断非立憲の政治が続く原因の一端はここにある。よってそれは改められねばならないと主張した。

その後、第三〇議会で、政友倶楽部の林毅陸《きろく》が「内閣政綱に関する質問書」を提出し文官任用令の改正を求めると、山本権兵衛首相は「時勢の進運に伴ひ、相当の改正を施すの必要のあることを認めて居ります」と答弁し、一九一三年八月一日、文官任用令は改正される。これにより、次官や警視総監など自由任用の範囲が拡大された。関和知はさらに、陸海軍大臣を文官で任用するよう求めていくことになる。

朝鮮総督府新聞紙規則

続いて関和知は大内暢三とともに「朝鮮総督府新聞紙規則改正に関する建議案」を提出した。一九一二年三月二〇日、議場でその主旨を次のように説明する。朝鮮では内地と異なり新聞の発行は許可制となっており、言論、思想の自由が圧迫されている。加えて総督府は、思いどおりにならない新聞社を買収、または自滅へ追い込んでいる。朝鮮においても新聞紙法を準用し、規制を撤廃すべきである。武断政治への弾劾という意味も込めたこの建議案は、委員会で検討されることになった。

その結果は、三月二五日の本会議で審議にかけられた。朝鮮総督府の政府委員は、「届出主義に改めると云《い》ふことは、どうしても殖民地の事情として出来ないことである」と述べた。また、委員長の清崟《せいきん》太郎《たろう》も、今回は議会から警告を与えることで、提案者の関和知も納得していると報告した。

これに対し、日向輝武は言論の圧迫は嫌いであると言い、先日、特段の理由もなく『京城新報』が差し止められたと例をあげ、委員長や関和知はこの事実を政府に問いただしたのか、「関君は此《この》案を何故《なぜ》に否決に承諾を与へたか」とつめよった。しかし、委員長の清は、日向が委員会当日に欠席したことを指摘し、聞きたいことがあれば控え室にてお尋ねになればよろしいと突っぱね、議場からも「委員会の速記録を見給《みたま》へ」という声があがった。

それで警告の内容はどうなっている、と守屋此助が尋ねる。そして、「凡《およ》そ言論の自由の無い国に人の生命、名誉、財産の安固は無い」と述べ、警告をするならその内容や方法も報告せよ、委員会をやり直せと憤った。

ここで関和知が登場する。建議案を政府への警告に代えた理由について、「恐く吾〻《われわれ》少数党の一二の委員会に於《おい》て之《これ》を主張するよりも、大政党の諸君の同情あるところの此《この》警告は寧《むし》ろ総督府を刺激し、之を戒告するに於て、最も力あるもの」と説明した。つまり、実際に効果がある手段を選んだという。

そこで守屋は、認可を届出に変えるまで半年の猶予を総督府に与えるという、期限付きの警告とするよう要求した。これに対し福井三郎は、警告すると帝国議会で公言したことが「警告」なのであって、具体的に内容を定めなくても総督には伝わると反論した。守屋は「〔総督は〕愚弱で分らぬ」と叫んだ。福井は関和知に言及し「平素関君は温厚篤実なる御方であって、平素の議論も穏健である、実に此《この》間の消息を解する人は関君に幾許《いくばく》の敬意を払はれるだらうと私は信じます」と述べ、にもかかわらず国民党から彼の考えを覆《くつがえ》すというのは、彼の信任を揺さぶるようにも見えると擁護した。

ここで討論終結の動議が出され、議長の大岡育造が採決をとる。「それでは質問が出来なくなってしまう」とだれかが叫び、守屋も納得せず「其《その》警告と云《い》ふものが何だか分らない警告ではいかぬから、之《これ》を鮮明にするのです」としつこく食い下がった。しかし、審議は再開せず建議案は起立者少数により否決となった。翌日、三月二六日付の『東京朝日新聞』には「委員長の報告通り多数にて警告付否決といふに決したり」と報道された。

第一一回総選挙──砲火轟き、弾雨迸《ほとばし》る

こうして関和知は、官僚の任用や出版について統制を緩和し、自由化を促す主張を行い、帝国議会へのデビューを果たした。しかし、彼にとっては、新しい企画も提案もない「平凡議会、閑散議会、横着議会」に映った。特に聞くべき議論もなかった（⑦45）。そして、「狡獪《こうかい》陰険なる官僚及び党人の脚色になれる政治的滑稽劇」として、桂太郎と西園寺公望の情意投合による桂園体制を批判した（⑥22）。主義主張に基づいた政治でなければ立憲政治とはいえない。情意投合には理義が存在しない。桂は失政をごまかすために政党の支持を得ようとし、政友会は甘言に乗って私利を追求する。「政友会の首領西園寺侯も亦其《またそ》の主義政策の命ずる所に従ひ、立憲的政党本来の面目を宣明すべき」であると考えた。

そうしたなか、一九一二年五月、任期満了にともない総選挙が行われることになった。議会閉会後の

慌ただしい選挙であった。「千葉県は由来党争激甚の地にして政友国民両派が互に其《その》勢力を得んとするに努むるや最も甚《はなは》だし」と報じられるように激戦区であった（『東朝』四月一〇日）。県会においても国民党の勢力が徐々に伸長しており、今や政友会と互角である。衆議院では千葉県の定員は一〇人、当初は五人ずつを出していたが、失格者などが出て現在、政友会七人、国民党二人、中立一人となっていた。それでも、四月一〇日付『東京朝日新聞』の見立てでは「政友派の勢力は五分二厘にして国民派の勢力は四分八厘」と勢力は拮抗しているという。

候補者の顔ぶれは政友会が吉植庄一郎、板倉中、鵜澤総明、長島鷲太郎、国民党が柏原文太郎、中村尚武、鵜澤宇八、小林勝民、藤代市之輔、関和知らであった。このうち国民党の中村は明治元年に山武郡鳴浜村に生まれ、東京専門学校法律科を卒業したあと、県会議員を務めていた。また、小林勝民はかつて『朝野新聞』などで新聞記者をやり、その後、台湾へ渡って弁護士を務めるかたわら『台湾民報』を経営したという。第七回総選挙で初出馬したが落選し、その後も立候補し続けていた。関和知は長生郡、夷隅郡を本拠とするが地盤が狭く、また同じ国民党の中村が山武郡で政友会に包囲されている状勢で、今回は候補を断念して中村に譲るべきだという声も上がっていた。

関和知は地元有力者に支援を求め、三和弥三郎の紹介で秋葉多吉郎に書簡を送る。そこには、とりわけ中村の擁立もあり、選挙戦は切迫している、二〇年来の知己と憲政に対する理想をもって応援してほしいと綴られていた。

国民党千葉支部は、一九一二年四月一九日、梅松別荘で大会を開いた。本部から大津淳一郎や近藤達児が訪れた。公認候補は関和知、藤代市之輔、柏原文太郎、小林勝民、中村尚武、鵜澤宇八と発表された。候補者六人を祝福し宴会が催され、いよいよ選挙戦へ出陣することになった。

関和知の地元でも、政治結社・長生倶楽部が四月二四日に総会を開き、全会一致で関和知を推薦することを決めた。四月末、彼は茂原町で政見発表の演説会を開く。島田三郎が応援に駆けつけた。聴衆二〇〇〇人を集める大盛会となった。

国民党の推薦状に、「関君は地方的感情を代表する候補者に非《あら》ず。況《いわん》や財力の如《ごと》きは一毫《いちごう》恃《たの》む所ある者に非ず」と記されている。ただ、国家のため、憲政のために千葉県より選出されるべき候補者である。「当選に全幅の同情と援助とを与へられんことを」。向後四郎左衛門、白井喜右衛門、志賀吾郷ら長老、同志から期待をかけられていた（一宮町教育委員会：203f）。

比較的静穏とされた長生郡だが、混戦する他郡の余波を受け、各所に衝突が繰り広げられた。関和知の同郡における得票は一〇〇〇票と予想された。そのほかの地区では数百ほどの票を獲得すると見られていた。「各軍の運動は、頗《すこぶ》る花々しく、砲火轟き、弾雨迸《ほとばし》り、矢叫の音、吶喊《とっかん》の響、物凄きばかりに壮観なりし」と選挙戦のすさまじさが伝えられた（『千葉毎日新聞』五月一六日）。

関和知は終盤に大奮闘して勢力を伸張し、当選するのではないかと予想された。しかし、開票が進むと当選が危ぶまれるようになった。前回トップ当選だった藤代市之輔も当選が悲観されるようになる。そして、この選挙で関和知は落選した（図3-2）。得票数は二七一五票で最下位当選の松本剛吉の二七六三票に四八票足りなかった。藤代も二二七二票で当選は適わなかった。

図3－2　大正初年の浪人組（頭山満翁写真伝刊行会編『頭山満翁写真伝』1935 年）

新聞『新世界』（六月六日）は「極めて僅少の差を以《もっ》て落に入りしは同情に値すべし」と記している。運動資金はないが有権者がその人格に感服し、選挙戦も順調に見えていた。運動員が気を許したのが敗因ではないかと分析した。

関和知は『東西事報』へ「興味ある米国の政戦」と題した論考を寄せ、「吾《われ》が国民に見せたいものは政見の力、言論文章の力」であると書いて、票が売買されないアメリカの大統領選をうらやみ、政策の内容で投票しない日本の選挙を嘆いた（⑨28）。

また、雑誌『大国民』で「自分は今度千葉県で失敗した候補者の一人である」と告げ、理想的な選挙運動を行ったと胸を張った（⑧17）。しかし、運動屋が横行し、金なしでは容易に有権者は投票せず、「政治演説或《あるい》は新聞位で之《これ》を教えて見た所で、恰《あたか》も一時に風の吹き去る様なもの」であると記して、立憲政治の経験に乏しい国民の現状に落胆した。他方、自らの意志で選挙を応援してくれた青年たちを取り上げ、候補者の人格、技量を見極め、信頼を置いてくれたと評価し、彼らを導くためにも、少壮政治家は立憲政治の教育に努めねばならないと次世代へ期待をかけた。

そのうち、同じ国民党の松本剛吉に選挙法違反の疑いが出てきた。松本はそもそも兵庫県出身で、神奈川の県会議員からやって来た輸入候補であった。すでに選挙戦の終盤から警察が動き出しており、『千葉毎日新聞』（五月一六日）は投票日の翌日、「官僚候補松元《ママ》剛吉氏の運動者推薦者の多数が選挙法違犯の廉《かど》を以《もっ》て突如其《その》筋の選挙《ママ》を受け火の手は漸次に高まりて底止《ていし》する処なからんとする状況」と報じている。五月二〇日頃には君津郡全域で検挙が相次ぎ、千葉地方裁判所などから司法当局の関係者が出張してきた。松本の選挙運動を支援した鈴木久次郎など、次々に喚問され取り調べを受けた。

松本が有罪となった場合、当選の事実そのものがなくなるため、補欠選挙ではなく議員は次点者から補充されることになる。つまり、関和知が当選することになる。前回も補欠当選していた彼には、落選に対する周囲の同情もあいまって、もしかすれば幸運がめぐってくるかもしれないと噂が立ち始めた。

松本は同じ選挙で、神奈川県の木村省吾を応援する際にも違反行為があったとして起訴されている。松本は警保局長である古賀廉造を怪しみ、彼が選挙干渉を行った結果、起訴されたのではないかと考えていた。また、関和知が松本の失格をねらって新聞に中傷記事を掲載したと非難した。経済的にも追い詰められ、何度か自殺まで考えたという。

神奈川県の違反行為は、八月五日、横浜地方裁判所で判決が下り、松本は禁錮三か月の有罪を言い渡された。上告して大審院で係争中に、明治天皇の崩御にともなう恩赦の可能性が出てきた。鵜澤総明は松本に衆議院を退いて上告を取り下げ、恩赦を求めることを勧めた。こうして一一月二七日、松本は衆議院議員を辞職し、その補充者として一二月一二日、関和知が議席を有することになった。

3　第一次憲政擁護運動

閥族打破官僚全滅

一九一二年一二月五日、西園寺公望内閣が総辞職した。陸軍が強く求めた二個師団増設を拒んだため、上原勇作陸軍大臣が辞職し、後任も推薦しなかったためである。当時は現役の大将か中将でなければ陸海軍大臣を務めることはできなかった。

山県有朋を中心とする藩閥・官僚閥が政党による政治を妨害しているとして、第一次憲政擁護運動が開始された。議員と新聞記者が集まり憲政作振会の発足を決めると、一二月一三日、会合で次のように決議した。長州閥の陸軍が国民の輿論を無視して増師案に固執し、後継内閣は元老などがほしいままに決めている。こうした状況を打破するため国民の輿論を指導していくと。そして、一九一三年一月一八日午後一時より、神田青年会館で憲政作振会の発会式が行われ、約五〇〇人が参集した。関和知はここで「時局と青年」と題する演説を行った。

また、一九一二年一二月一四日、交詢社を中心に憲政擁護会が成立していた。国民党の犬養毅もこれに参加した。一二月一九日午後一時より、憲政擁護会は歌舞伎座で憲政擁護連合大会を開催する。関和

▲場外の演説會
▽不良老年を検擧せよ
午後二時場内は正に熱狂沸くが如き演説の最中である、夫にも劣らず歌舞伎座前には入場しそこなつた連中が二百人餘り
會場前の大雜沓（昨日の憲政擁護大會）
東京より同車し来りし尾崎テオドラ夫人は下京區新門前大和小路東へ入る貿易商谷口藤太郎方に立寄り骨董品を見
▲浮世又兵衛の筆と稱する土佐繪四季行事の圖六枚折の小屏風一双價格千圓を大使夫妻の家土産に贈らばやと

図3-3　会場前の大雑踏（『東京朝日新聞』1912年12月20日）

知も発起人に名を連ねた。当日の空は雲が垂れ込めていた。歌舞伎座は二〇〇〇人を超える聴衆がつめかけ、入場を断らざるを得ない大盛況となった。入れなかった人々が場外にあふれた（図3-3）。

登壇者も閉め出されてしまい、佐々木到一はステッキをふり上げ「発起人を入れんちウ法があるか、此《この》馬鹿野郎共」と怒鳴った（『東朝』一二月二〇日）。関和知も弁士だと告げたがなかに入れてもらえず、小久保喜七、東武らとともに足止めを食った。門前の警官が苦笑するなか、彼らはなんとか中へ潜り込んだ。

入場料は三〇銭、日本酒が二合配られ、すでに酔いが回っている者もいた。歌舞伎座のなかはすさまじい熱気であふれており、歓声とともに開始を求める拍手が鳴り響いたが、赤黒の幕はなかなか上がらない。ワーワー騒いでいるところへ幕が上がり弁士、発起人が現れると、ゴーというどよめきが会場を揺さぶった。国民党の関直彦は挨拶に上がったものの、どよめきは収まらず、壇上に突っ立ったままである。しばらくして、開会の辞を簡単に述べ座長の推薦に移る。そこへ血相を変えた観客が外套を脱ぎ捨て何やら叫びだし、大騒ぎが始まった。ようやく落ち着き杉田定一が座長席へ進む、会場から万歳が連呼される。

当時の聴衆は黙って聞いていない。「ヤレ〳〵」とか「何を云《い》ふかア」と声をあげたり、意見を言ったり、騒ぎまくって演説に参加する。フロックコートを着込み壇上に登った尾崎行雄が話し始めると「イヨーッ」「左様々々」「前の文部大臣閣下ッ」「深酷《しんこく》な処は犬養に頼みますッ」などと、応援というか野次というか、聴衆は一体となって演説に参加してきた。

しかも場外に閉め出された人々が多数いて、外は外で騒ぎをやらかす。会場内の拍手や歓声を聞いていても立ってもいられず、警備の巡査が押さえようとしても言うことを聞かない。そのうち、門前で入れ替わり立ち替わり演説をぶつ。場内の演説が終わってもまだやっている。そのうち、ぞろぞろと人が出てきたのを見て、ようやく解散となった。

地元千葉県でも、関和知は一九一三年一月五日、午後二時より千葉町の梅松別荘にて憲政擁護県民大会に出席した。「閥族打破官僚全滅」を標榜《ひょうぼう》して政友会と国民党の連合で催したものである。尾崎行雄、犬養毅も駆けつけた。『新総房』社長の宇佐美佑申が開会の宣言を行う。座長には板倉中が推薦され決議文を朗読した。その後、演説が行われ一五〇〇人の聴衆が集まった。彼らは解散となれば現代議士を再選することを確認した。千葉県内では政友会の吉植庄一郎と鵜澤総明、そして国民党の関和知が「房総の三人男」と呼ばれ、政友会と国民党が協調して憲政擁護運動を盛り上げた。

地方への応援では、たとえば一月一二日、滋賀県愛知郡における演説会に派遣され、関和知は関直彦とともに壇上へ登り熱弁をふるった。翌日は国民党の京都支部が河原町の共楽館支店で午後四時から会合を開き、関和知も参加した。その二日後、一月一五日午後一時より前橋市で政友会、国民党連合の憲政擁護大会が開かれた。国民党からは関直彦、関和知、政友会から江原素六らが出席する。聴衆は三〇〇〇人を超え、「近年未曾有《みぞう》の盛会」と『東京朝日新聞』(一月一六日)に報じられた。

国民党分裂

ところが、一月一九日に開かれた国民党の代議士、党員の連合協議会は、不穏な空気をかもしていた。政権に近づけない焦燥から非政友系の官僚と手を組もうとする改革派と、あくまで民党の立場をつらぬき政府との妥協をよしとしない非改革派の対立が、抜き差しならない事態にまで発展していた。地方の党員も、国民党の方向性を見定めるため駆けつけた。警察は万が一を想定して国民党本部に人を配置した。

島田三郎が座長になり、武富時敏が宣言案を提案した。すかさず、野村嘉六がこれに異議を唱えた。宣言案は改革派の武富を中心に起草され、桂内閣への言及が控えられた。一方、非改革派は政府を攻撃する宣言案を別に用意していた。閥族打破、憲政擁護を含まなければ意味がないと野村は憤慨し、用意されていた非改革派の宣言案を関和知が修正案として朗読、提案することになった。我が党以外に政府を攻撃できる政党はないと声高に読み上げ、大きな拍手と声援を受けて非改革派への支持を取りつけた。

その場にいた伊東鳳南《ほうなん》は「関和知君其《そ》の説明演説をしたが、実に雄勁《ゆうけい》壮烈近来の上出来で、其の天下何人が我が党を措《お》いて青天白日の下堂々として真に憲政擁護閥族打破を絶叫し得る資格ありや、と論断せるの時、満場感極つて涙下るものもあつた」と記している(伊東:132)。

その後、どちらを採用するか、委員を決めて検討することになり、修正案を出した関和知はもとより、ほか数名を選んで話し合いを行った。その結果、非改革派の修正案が採用されることになった。協議会は大きな歓声に包まれ、この修正案を受け入れた。

午後一時から大会が開かれ、非改革派の宣言が披露された。そこには次のように記されていた。「閥族打破憲政擁護は我党本来の主義本領なり之《これ》を離れて我党の主義なく之を措《おい》て我党の本領なし」(『東朝』一月二〇日)。山本四郎は「宣言案は拍手と怒号のうちに可決された。それは全く改革派への面当てであり、改革派の怒号も当然である」と記している(山本：408)。翌日の『東京朝日新聞』(一月二〇日)は「国民党内官僚分子の狂奔《きょうほん》」と報じた。常議員の選出でも非改革派は優勢となり、国民党はこれまでの路線を堅持する。改革派の領袖はその後、脱党し、桂が立ち上げた新党へ乗り換えた。

一九一二年一二月二一日、第三次桂太郎内閣が発足した。政党からの支持を得るため、翌年一月二〇日、彼は自ら新党を立ち上げる計画を発表し、参加者を募って他党の党員に鞍替えするよう呼びかけた。しかし、国民からすれば、桂内閣もまた山県系官僚閥や陸軍に通じるものと映っていた。

一月二一日、時間を稼ぐため桂は議会を一五日間の停会にする。表向きの理由は、予算案の印刷が間に合わず、施政方針を説明することができないためであった。衆議院内、議長室に集合した各派は対策を協議した。尾崎行雄は、予算案の印刷が間に合わないのはやむを得ないとしても、施政の方針は発表するよう求めるべきだと提案した。関和知はただちに賛成の声をあげた。尾崎の提案は受け入れられたが、停会の詔勅が下り、議場で反論することはできなくなった。

翌日、国民党は正午より築地精養軒で同志議員の懇談会を開き、関和知も参加した。犬養毅は議員たちを激励する簡単な演説をして、その後、歓談の機会をもち午後五時頃に散会した。一月二三日の時点で、桂新党に参加するため国民党を脱党した者は一五人となっていた。桂新党の成立がどうなるのか不明であり、当初予想されたより、この時点での脱党者は少なかった。そして同日、国民党は常議員会を開き常務および幹事の選出を行う。常務は当面、置かないことになり、関和知は幹事の一人になることが決まった。

図3-4　新富座前の光景（『時事新報』1913年1月25日）

一月二四日は新富座で憲政擁護会主催の国民大会が開かれた（図3-4）。尾崎行雄、犬養毅、花井卓蔵らが壇上に立ち演説を行った。午後二時には国民党本部の幹事室に新任の幹事である関和知、増田義一、綾部惣兵衛、横田孝史が集まった。しかし、幹事長の関直彦が大会から戻らなかったので、仕事の割りふりは後日に回し、午後四時頃に散会した。改めて関和知らは一月二八日に幹事会を開き、すでに常任幹事とされていた彼らに服部綾雄を加え、遊説の計画などを話し合った。

一月三〇日、関和知はさっそく埼玉県大里郡の憲政擁護大会へ派遣される。落ちついた態度で演説にのぞみ、政友会と国民党が勢力争いに傾注して閥族がこれを操縦するにいたったと成り行きを説明し、国民に政治参加への自覚を促した。

富田幸次郎が脱党組の使者として二月二日、本部へ挨拶に訪れた。政治上の相違から袂を分かったが、私的な交際については続けていきたいと伝えた。また、その夜、坂口仁一郎、藤澤幾之輔、鈴木寅彦、野村嘉六が桂新党への参加を決め、三日の朝にその旨を通告してきた。

同日、国民党は結束を固めようと代議士の懇親会を開いた。日本橋亀島町の偕楽園で正午から集まることになった。党員のあいだには脱党者が相次いだことに対する不安がみなぎっていた。犬養毅、関直彦らとともに関和知も参加した。三〇人ほどが集まった。東北出身の代議士はほとんど新党に赴くことに決したと犬養は報告した。そして、「此《こ》の際党の旗幟《きし》を鮮明にし同志の結束を鞏固ならしむる必要上各自、遠慮なく意見を吐露せられ度《た》し」と発言を促した（『東朝』二月四日）。なかには武内作平のように、近々、脱党する予定であると、その場で宣言する者もあった。

千葉県改進党系においても、国民党から鵜澤宇八、小林勝民が脱党して桂新党に入った。この分裂はその後も争いを招き、年末の『東京朝日新聞』には千葉県での国民党と新党の地盤争いが報じられている。国民党の千葉支部が解散して新党へ移るべきとの決議を採択すると、関和知はこれに憤慨し、非政友合同を旗印に運動を開始した。その結果、決議の取り消しが宣言され、同志会へと鞍替えした鵜澤宇八は驚いて、一二月五日、千葉県へととって返し、取り消しの宣言をした覚えはないという県会議員九人を引き連れ新党へ入党させた。そのやり方は卑劣で、壮士などを用いて策略を巡らしたという。

関和知の声望は高まった。彼は一二月七日、地元の政治結社・長生倶楽部で政談演説会を催し、東京から犬養毅を呼んでテコ入れを行った。演説会は二五〇〇人が集まる大盛況となり、場所を移しての宴会も二五〇人が参加して大いに盛り上がった。

鷺城学人の「政党人国記」によれば、当時の鵜澤宇八は「極端に千葉気質を露出せるは、鵜澤宇八と称する没人格の宿屋議員」とあまり良く思われておらず、小林勝民は「特色の見るべきなきも、人格を以《もっ》て勝り、随《したが》って守る処も固し」と評され、関和知は、選挙民が腐敗して金力さえあれば当選するという千葉県で「清濁流れを換へたる感あり」と記され、品性や弁力は最上の部類に属すると高評価だった。今は国民党内で三流の議員だが、将来を嘱望されるまでになっていた(137)。

国論の大激昂——桂太郎内閣退陣

衆議院で過半数の議席を占める政友会は、一九一三年一月中旬には桂太郎内閣に対抗する方針を定めていた。二月五日、議会が再開され、政友会と国民党は内閣不信任案を提出する。桂は再び議会を停会し、政友会に撤回を求めたが、総裁の西園寺公望は応じようとしなかった。

二月九日には、両国国技館で憲政擁護大会が開かれ一万三〇〇〇人の聴衆がつめかけ、翌日、政友会が全党一致で不信任を維持する方針であることが伝わると犬養毅は感激した。再開する議会を群衆が包囲、桂は三度、停会を宣言するはめに陥った。すでに辞職を決めていたが、議会が開かれないことに激昂した人々は、交番や政府寄りの新聞社などを焼き討ちにした。

その頃、国民党幹事の関和知、服部綾雄、大内暢三の三人は政友会の本部を訪れていた。原敬、松田正久など幹部と面会し、桂太郎内閣を総辞職へ追い込んだことを感謝した。政友会からも幹事が国民党本部を訪れ、感謝の意を伝えている。二月一一日、午前一一時半から憲法発布紀念会が国民党本部に催され、犬養毅ら約六〇人が参集した。関和知がかしこまり、憲法発布の勅語を奉読する。万歳三唱のあと冷酒がふる舞われ、引き続き代議士会を開き、衆議院周辺で警官が民衆に暴行を加えた昨日の事件を取り上げ、調査のため委員を選抜することになった。

同日、桂太郎内閣は総辞職した。関和知は「革新的運動の意義」と題し、雑誌『国家及国家学』に次のような論考を発表した（⑪8-11）。今回の政変は政党の駆け引きではなく国民の意志に基づくものである。新党を結成し政権を維持しようと考えた桂首相は、ことごとく失敗し「国論の大激昂」を招いた。国民党を脱党して桂新党へ走った人々は、党派的駆け引きという旧式の政治にとらわれた。憐れむべきである。再び藩閥内閣が成立しようとも、国民がそれを認めないだろうと彼は予想した。

ところが、二月二〇日、山本権兵衛内閣が成立した。山本は薩摩閥の海軍有力者で、政友会の支持を得て組閣した。原敬は内務大臣に、松田正久は司法大臣に、元田肇は逓信大臣として入閣した。関和知は『日本及日本人』に「大正維新の頓挫」と題する短い記事を寄せ、「憲政の美花を期待して、甘藷蔓《かんしょづる》の跋扈《ばっこ》に終る」と書いて嘆いた（⑭34）。

同日、国民党は代議士と院外団の協議会を開いた。前日、三縁亭で政友会と話し合いをもった犬養毅は、松田正久から中立の態度を要請されたが「余は断じて拒絶せり」と、受け入れなかったことを報告し、「今後の政友会の為《な》すことに就《つい》ては責むべきは責め咎むべきは咎むべし」との方針を示した（『東朝』二月二一日）。政友会のなかにも健全な議員がおり、しばらくは様子を見守りたいと犬養はなだめたが、政友会を敵視する声は大きく、服部綾雄は国民党の立場を鮮明にする必要があると強固に主張した。そこで常議員会を別室に開き、「山本内閣の組織は政党内閣の本義に反するものと認む」「我党は此際《このさい》政友会との提携を断絶す」との決議を採択した。

そして、報告書の起草委員として、関和知、増田義一、村松恒一郎が選ばれた。二月二二日、関和知らが起草した報告書を検討するため、代議士会が開かれた。その起草案を元に、今後の党運営について話し合いがもたれた。その結果、尾崎行雄ら政友会からの脱党者を好意をもって扱うことで一致する。翌日、関和知らは報告書を脱稿し、国民党各支部に向けて発送の準備にとりかかった。その内容は次のようであった（『読売』二月二四日）。

「国民三十余年来の積憤」によって桂内閣が崩壊した。立憲政治を確立するという目標において、政友会とは同意見だが、実際の政策については隔たりがある。彼らは「動《やや》もすれば妥協苟合《こうごう》を事とし多数を擁して横暴を恣《ほしいまま》にし」閥族に乗じてきた。とはいえ、近年は政策も似通っており、桂内閣の打倒では結束することもできた。「然《しか》るに何事ぞ政友会の所謂《いわゆる》幹部なるもの此《この》千載の好機を逸し復《ふた》び閥族の一部に苟合して」大義を忘れてしまっている。こうして国民的運動を無意義なものにしてしまったことを、われわれは痛憤していると報告書には記されていた。

一九一三年三月二日、国民党は本部で代議士会を開いた。犬養毅総務、関直彦幹事長、もちろん関和知も参加した。犬養は政友会の発表した報告書に虚偽の点があると主張し、国民党から弁駁《べんばく》書を発表することになった。起草委員には、先の報告書を起草した関和知、増田義一、村松恒一郎があげられたが、このとき関和知は辞退している。また、傍聴席の院外団から、佐々木安五郎、松村雄之進らが内閣不信任案を提出するよう議員らに訴えた。しかし、犬養はこれを総務一任とし、政友倶楽部と協議したいので、しばらく預からせてほしいと回答する。それでも院外団は要求をやめず、関和知と西村丹治郎があいだに入って取りなした。議員の出席が少ないので、後日、代議士総会で協議するということにし、その日は散会となった。

憲政の本義より見たる選挙権の拡張

さて、内閣は替わったが第三〇議会は続いている。ここで関和知が取り組んだ問題に選挙権の拡張がある。すでに前年の秋、一〇月一一日、国民党は選挙法改正調査特別委員会を開き、検討を行っていた。そして、改正案の起草委員に関和知と斎藤隆夫を指名した。彼らは一〇月一九日の起草委員会で草案を披露し、その場にいた党員を交え議論したが成案にはいたらなかった。その後も検討を続け、国民党の選挙法中改正法律案は年明け、この第三〇議会で委員会に付託されることになった。

一九一三年三月六日午前一一時より、衆議院議員選挙法中改正法律案委員会が開催された。委員長を務めたのは、政友会の鵜澤総明である。すでに高木益太郎が本会議において説明していた。提案者は相島勘次郎で「説明が要《い》りませうかどうでせうか」などと言っているうちに、関和知が「それではちっとばかりやりませう」と言って、この法案改正の必要性を訴えることになった。

第一に選挙権を拡張することであると関和知はいう。現行は二五歳以上だが、これを二〇歳以上に拡大する。この年齢なら能力知識のうえで選挙権を与えても問題はない。納税資格については一〇円以上の直接国税を、五円以上に改めて参政権を多数の国民に与えるべきだろう。加えて「中学程度以上の学力智識を有する者」にも選挙権を与えたい。ここで言う「中学程度」は、文部省の徴兵猶予の認可を得ている学校を指す。被選挙権も三〇歳以上に拡大したいと、彼はその主旨を説明した。

これに対し武満義雄が、なぜ二五歳以上と制限するのか、また、刑の執行が終わった後、五年間は被選挙権がないという部分に説明がほしいと発言した。

日本人の現状から考えて二五歳までは、まだ被選挙権を与えるのに穏やかではなく、かといって三〇歳では「遅きに過ぎる」として二五歳にした。また、刑罰を受けた者がただちに議員になるのは、道徳上、良いことではない。社会的制裁の意味でつけ加えたと関和知は回答した。

一方、政府委員の水野錬太郎は、年齢や納税資格については慎重な審議が必要であると述べ、「大体に於《おい》ては此《この》案に今日に於ては遺憾ながら同意を表する訳には参らぬのであります」と国民党の提案を否定した。

斎藤隆夫は政府に対し、選挙法改正について調査中というが、「今日俄《にわか》に賛否の意思を表白せらるゝことが出来ぬ程、それだけ錯雑したる込入ったる事柄ではないと思ひますが」と告げ、どれだけ調査しているかを問いただした。政府委員の水野は、条文を変えることは単純だが、その結果については不明なので慎重な調査が必要であると繰り返し、「必ずしも急に改めねばならぬとは考へて居りませぬ」「先《ま》づ現状を以《もっ》て相当と認めて居ります」などと突っぱねた。

また、学歴については質問が相次いだ。津末良介が、現在の教育方針は政治に関与させない方針をとっていると反対し、これに対し関和知は、「非常なる御小言《おこごと》のやうでありまするが」と前置きしたうえで、中学校では政治経済についての科目があり、憲法や選挙についても教えている。常識もあり学校も卒業して、年齢もそれなりに達しているのであれば、選挙権を与えてよいのではないかと反論した。

それでは、学校に入っている人に選挙権を与えないのはどうしてなのか、と武満義雄が問うと、相島勘次郎は「別段に理由と云《い》ふことも考はない」などと回答し、関和知は学問を修めている最中の人には、「学生としての本分を守り」、その目的を達することが大切だから選挙権の行使は猶予すると説明した。

三月二四日に開かれた四回目の委員会では、冒頭から横田千之助が、中学校卒業程度の範囲は明確に定まるのかと尋ね、内務省地方局長の湯浅倉平は、定められるのかどうか疑問であると回答した。関和知はすかさず、定まるだろうと主張する。そこに小泉又次郎が、独学の場合はどうなるのかと問いただし、またしても相島勘次郎が、言われてみればそのとおりであるが、そこまで考えていなかったと答えてしまう。関和知も、不公平は避けがたいが「遺憾ながら仕方はないと思ひます」と答えるしかなかった。

政府も反対しており、会期もないので今回は否決し、さらに慎重な審議を重ねるべきであると小泉から提案がなされ、結局、法案は賛成者少数にて否決されてしまった。

それでも関和知は、持てる機会をすべて用いて、果敢に国民党の主張をアピールする。三月二六日の本会議は、すでに重要な議案が終了しており、傍聴席はほとんど空席であった。議員たちものろのろと着席し、あまり意気込みが感じられない。鵜澤総明が委員長として、国民党の衆議院選挙法中改正法律案が否決されたという報告を行う。改正案の精神は了解するが、選挙法は極めて重要な法律のため、研究調査がさらに必要という結論になったと説明した。

ここで関和知が「選挙権拡張の必要であるかと云《い》ふ主張を天下に徹底したい」と述べて登壇した。第二七議会で普通選挙に関する法律案が通過した。しかし、貴族院の「固陋《ころう》なる閥族政治家官僚政治家、而《しか》して曲学阿世《きょくがくあせい》の論者」によって、二度とこのような案を送ってくるなと否決された。そのときの憤りを、この衆議院で再現するのは遺憾であり、驚かざるを得ないと彼は皮肉を述べた。そして、世界の一等国は普通選挙に移行しており、国民の大多数に選挙権を分配するのは当然のことであると主張し、それでも「急激なることの其《その》目的を達するに於《おい》て、聊《いささ》か不利なることを感じましたが故に」穏健なる拡張にとどめたのであると法案の方針を改めて説明した。

そもそも、第一二議会で政友会の伊藤博文も、かなり緩和された改正案を提案していたと関和知は指摘する。現状は納税資格によって制限されており、これは立憲政治というより階級政治である。議員の年齢も徐々に上がってきて、議会の活動は「鈍り来りつゝある」と述べると、拍手と「ノウ〳〵」という声が入り乱れた。さらに、政友会は「動《やや》もすれば妥協政治若《もしく》は情意投合或《あるい》は聯合と云《い》ふが如《ごと》き閥族に代る閥族内閣と相結んで、一時の権勢を苟《いやし》くもすると云ふが如き嫌を招く」と徐々に彼の議論は熱を帯び、政友会批判へと進み、改革の精神が老人ばかりで衰えてしまっているなどとこき下ろし始めた。

政友会の原敬内務大臣は、昨年の議会で選挙法の改正を企てた。それは選挙区割りの問題を扱ったわけだが、選挙権の拡張についてはどのような考えをもっているのかと尋ねられ、拡張の必要は認めないと言っている。今回の委員会でも政府委員は拡張の意味で調査しているのではないと答えている。政友会の議員は、選挙権の拡張という精神は了解しているのだから、「原内相の選挙権に関する固陋なる偏見を改めて」、政友会側でも改正案を出してほしいと訴えた。

『東京朝日新聞』（三月二七日）の記者は「関和知君の原案維持演説は堂堂たる者だ、態度も宜《よろ》しい、弁も荘重だ」と褒め、続いて行われた斎藤隆夫の演説は、非常にくどく長々しいもので、「政友会側よりは分りました助て呉れと叫ぶ者あり散々議場を悩まし折角の名論も贔屓《ひいき》の引き倒しとならんとす」と報じられた（『東日』三月二七日）。結局、彼らが起草した法案はものにならず、廃案となった。

二人はまだあきらめていない。翌年も第三一帝国議会で、再び、関和知の提出した衆議院議員選挙法中改正法律案が委員会で審議されることになった。一九一四年一月二八日のことである。委員長には例によって鵜澤総明がついた。すでに本会議で説明がなされていた。ほぼ昨年同様の内容であった。

関和知は昨年主張していた犯罪者の資格制限を削除した。この法案の主たる目的は選挙権の拡張にあり、些末な条項で議論を紛糾させないためである。斎藤隆夫はこうした妥協に納得しなかった。「それが為《た》めに条項を削ったと云《い》ふ御説明のやうに承りましたが、是《これ》は甚《はなは》だ感心をしない」と不満を述べた。理由があって犯罪者の資格を制限するとしていたのだから、初志貫徹せよと関和知に迫ったのである。

土方千種《ちくさ》は、選挙権の拡張を目指して改めて提案したのであるから問題ないだろうと、助け船を出した。政府委員も昨年同様、内務次官の水野錬太郎が登場し、政府としてただちに同意することはできないと反対を繰り返した。いつも調査中を理由に同意できないというが、この一年でなにを調べたのかと水野は逆に追及される。彼は「諸種の問題を講究するの必要がある」と述べ、それは選挙区の範囲をどうするかということであり、「選挙資格に付ては政府は現状を以《もっ》て相当と考へて居ります」と回答した。選挙区の問題だけ調査するというのは初めて聞いたことだと、すかさず斎藤隆夫が非難した。内務省地方局長である小林一太は、政府は選挙権を拡大する必要を認めていないのだから、その点については調査などしないと強引に突き放した。

それでは逆に、なぜ政府はこの選挙権の範囲で適当だと考えているのかと、関和知と斎藤は問いただした。水野は「是《これ》は絶対の原則のあるものではない」と開き直り、理由も説明せず、現状で問題ないと無意味な答弁を繰り返した。そこへ岡田泰蔵が、拡張するなら普通選挙でなければならないと割り込み、制限選挙の範囲を問題にするのはどういうわけかと提案者の関和知らに問いかけ、話をややこしくさせた。もし制限選挙の範囲を問題にするなら、その根拠が必要だろうというのである。

関和知は「制限選挙を覆《くつが》へして、直ちに普通選挙にする、斯《こ》う云《い》ふ主義ではありませぬ」と答えた。そして、その範囲を広げるのは今日の民度からして適当であると回答した。岡田は普通選挙という考えはもっていないが、どのような民情によって拡張を主張するのか、政府のほうでもしないという根拠はないだろうが、提案者にもないと追及した。中流までなら認めるなど、基準が必要であるという。関和知が、もし五円に拡張することが、調べてみた結果、中流の範囲内に入るのであれば同意するのかと岡田に尋ねると、彼はそうですと回答した。そして、改正案のとおりになった場合の人数を、政府のほうで調査するということになった。

関和知は改めて雑誌『新日本』に「憲政の本義より見たる選挙権の拡張」と題する論文を発表する（図3-5）。ここで彼は普通選挙の主張を前面に押し出す。憲政擁護、閥族打破の国民的運動は結局、失敗してしまった。その原因は藩閥政治家の狡猾さと、政友会の不信にあるが、そもそも日本の政治制度が根本的な欠陥を抱えているためである。「憲政の本義は政権の分配をして公平ならしむるに在り立法府の組織をして国民全階級の代表的機関たらしむるに在り」と書いて、国民の意志を政治に反映できるようにしなければならないと訴えた（⑬88）。そのためには制度として、普通選挙が必要であると主張する。憲政擁護は普通選挙の実現にかかっている。彼は欧米各国の人口に占める有権者数を一覧に示して、日本がいかに後れをとっているか明らかにした。代議士のほとんどが地主や資本家によって占められ、労働階級に属する者はほとんどその代表者を国政に送り込んでいないと日本の現状を批判し、「現行選挙法の如《ごと》く選挙者の年齢、財産に関する極端なる制限は一日も速《すみやか》に撤破《てっぱ》して、可成《なるべく》多数の国民に参政の権利を与ふるの極めて緊切急要なるを信ずる」と記して、選挙権の拡大を訴えた（⑬89）。

憲政の本義より見たる選擧權の擴張

代議士　關　和　知

図3-5　憲政の本義より見たる選挙権の拡張（『新日本』3巻5号・1913年）

大日本青年協会

桂太郎は退陣したが、国民党は分裂し多くの党員が新党へと流れ、協力関係にあった政友会は続く山本権兵衛内閣の与党となって提携が解消され、国民党は野党のまま勢力を半減させてしまう。こうしたなか、犬養毅は次世代に期待をかけ、青年への働きかけを強めていく。「政治」は資産を食いつぶす危険な活動とみなされ、世間は自治や憲政をよく理解していない。まずは青年を教育し、政治に関与することを促さねばならないと考えた。

一九一三年の秋、犬養は大日本青年協会を立ち上げる。大正政変において彼らの政治的関心は高まりつつあった。「愈々《いよいよ》国民の脳裡に立憲思想を浸潤せしむるの必要を感じたと同時に、近世流行の偏狭なる道徳論を打破して、古今内外に通ずる真道徳の樹立、即ち其《そ》の徳性の涵養《かんよう》を急務と考へた」と設立の趣旨が説明された（犬養：1）。会長は犬養本人が立ち、理事に関和知、鈴木梅四郎、相島勘次郎を用いた。芝区桜田鍛冶町に本部を置き、会費は年一円五〇銭、「立憲的智徳を涵養し、増進し、以《もっ》て善美の新国民」を作ることを目的とした（犬養木堂先生伝記刊行会：147）。鈴木が会計を担当し、関和知と相島が機関誌『青年』の編集を行った。

一九一四年の『青年』（二巻三号）を見ると、鷺城学人《ろじょうがくじん》が国民党のホープに関和知、相島勘次郎、増田義一、村松恒一郎、高木益太郎の五人をあげている。討論家としてまだ認められてはいないが、知識も抱負もあり、将来、大成するだろうと期待がかけられた。関和知については、「用語がレトリカルで声調が荘重で、如何《いか》にも上品に出来て居るのは関和知氏の演説である。随《したが》つて弁難攻撃には不向であるが、

図3-6　国民党本部にて、前列右端が関和知（鷲尾義直編『木堂先生写真伝』木堂雑誌社出版部・1932年）

襟を正して傾聴せしめる処に氏の人格が映じ、独り国民党のみでなく議会の青年政治家中、氏の演説が一番物になつて居る」と評価している（117）。

一九一四年一月二四日、国民党は常議員会を開いて、総務に犬養毅、幹事長に関直彦、そして幹事として石田仁太郎、大口喜六、村松恒一郎、青地雄太郎、前川虎造らとともに関和知を選んでいる（図3-6）。

帝国議会にデビューを果たし、国民党のホープとして期待をかけられた彼の下に青年たちが訪れた。彼らはしばしば自宅へ上がり込み、酒瓶二本を空にして歌を歌い蛮声を張り上げた。関和知もせがまれてその輪に加わった。また、近くに人力車を引いて苦学する早稲田の学生がいた。朝早く出かける際にはいつも彼を呼び、ひいきにすることで応援した。牛乳配達をしながら一高へ通う苦学生が、地元のよしみで購入を依頼すると関和知は快く引き受け、事情を話してあちらこちらの人を紹介した。

あるとき、築地精養軒で演説会が開かれ、一人の青年が飛び入りで壇上に立ち、必死の思いで熱弁をふるった。そのときの様子が次のように記されている。「私が演壇を降りてくると、会場内の窓ぎわで、程よいところに腰をかけていた紳士が、私をさし招くので、そばへ行ってみると、君はどこからきたかという。千葉県の九十九里近くからですと答えると、重ねて「村は」と聞く。東陽村ですといったら、それでは向後四郎左衛門さんと同じところだね、といわれたので、実は親類関係になっております、といったら、そうであったか、私はこういうものだが、いつでも遊びにきたまえ、といって、一枚の名刺をくれた。見ると代議士の関和知さんであった」（越川：69）。

4　アメリカの排日運動と議員外交

カリフォルニア州外国人土地法

青年を含め、国民の政治参加は、関和知にとって生涯を貫く重要なテーマである。国民の意志を反映する衆議院に基礎をもつ政党から首相を輩出するという慣習や、納税資格を撤廃した普通選挙は、いまだ確立されていなかった。内政におけるこうした課題の一方で、外交における彼の取り組みがある。ここでは、アメリカの排日運動を中心に、その議員外交の一端を明らかにしよう。

一九〇六年四月にサンフランシスコ地震が起きたとき、教室が足りないとの理由で、学務局は日本人生徒を公立学校へ通学させない決議を行った。セオドア・ルーズベルト大統領の働きかけで、その決議は撤回されたが、日本人への排斥運動は収まらなかった。こうした事態を受け、西園寺公望内閣は駐日米国大使とのあいだに日米紳士協定を結ぶ。日本は新たな移民を送らないと約束し、アメリカに差別的立法を行わないよう求めた。

アメリカへの移民渡航禁止について、国民党は一九一一年三月一八日、屈辱的外交であるとして反対する決議案を検討した。しかし、関和知は対米問題をますます紛糾させるとして、この提案に反対した。しかし、彼の意見は通らず、小さな修正をほどこして代議士会は原案を採用した。

その後も問題はくすぶり続け、一九一三年四月八日になって関和知は高木正年、服部綾雄とともに、カリフォルニア州外国人土地法案について外務省へ松井慶四郎次官を訪ねた。これは帰化できない外国人の土地所有を禁止するものであった。

一昨年はウィリアム・タフト大統領の尽力で事なきを得たが、いよいよカリフォルニア州議会は法案を通そうとしていると、松井は関和知らに状況を説明した。大統領や国務長官と連携して対応しているとのことであった。翌日、国民党は常議員会を開き、土地所有禁止法案は日米の親善を阻害するものであり、通過した場合は日本において報復措置をとるべきであると決議した。

同日、関和知はこの問題について話し合うため、服部綾雄、相島勘次郎、頼母木桂吉らと対米相談会を帝国通信社に開いた。さらに四月一二日も対米相談会を続けることを決め、島田三郎、竹越与三郎らと発起人を務めることになった。

一方、東京商業会議所の中野武営《たけなか》は、島田三郎、菅原伝《つたう》、竹越与三郎、そして関和知らに会い、対米問題を話し合うため、全国六大商業会議所の会頭を集めて集会を開く相談をした。そこで対米同志会を組織することになり、決議の草案も作成した。

一九一三年四月一二日、彼らは築地精養軒に集まり相談会を開く。中野武営が座長につき、島田三郎が排日問題について演説を行った。会長に渋沢栄一、副会長に中野が推薦された。関和知を含め、新聞記者、実業家など約一〇〇人が駆けつけた。

南カリフォルニアの日本人会は、四月一四日、法案の形勢が不穏になっていると新聞社や政治家に訴えた（『新世界』四月一七日）。渋沢栄一に宛てた通信には「当局を督励し輿論を指導し十分の援助あらんことを懇請す」と記され、関和知や服部綾雄などにもこの電報を伝えてほしいとの伝言が託されていた。

四月一五日に法案は州議会下院を通過し、事態はいよいよ切迫したものとなった。

四月一七日には、対米問題演説会が国技館において催され、関和知も登壇者の一人となった。春の冷たい風の日、両国橋を渡る電車は満員、人々は続々と会場へ押し寄せた。「立憲青年独立党主催、対米問題国民大会」の看板が立ち、紅白の垂れ幕が飾られた（『東朝』四月一八日）。聴衆は数千人を集めた。午後一時、けたたましい爆竹の音とともに、森田義郎が壇上へ上がり開会の挨拶が行われる。続いて、三宅雄二郎、山口弾正、斯波貞吉らが次々と熱弁をふるった。

関和知は次のような演説を行った。日本人は偏狭な愛国心をもっているとアメリカ人はいうが、移民を受け入れないアメリカ人こそ偏狭な愛国心の持ち主である。平和的解決を望むが、外交任せではだめである。国論を喚起する必要がある。アメリカ当局に悟るところがなければ、「遂《つい》に最後の手段に訴ふる外無かる可《べ》し」（『東朝』四月一八日）。

当日は学生のほか、角帯、雪駄《せった》履きの番頭から前垂れ姿の小僧までが参加し、アメリカの横暴に憤慨、演説に歓声を浴びせ、絶叫し、爆竹を鳴らして大騒ぎを繰り広げた。

五月七日、関和知、高木正年は再び外務省を訪れ、午前一一時頃、松井慶四郎次官からカリフォルニア州の排日法案について説明を受けた。ワシントンにはいまだ日本大使から正式な抗議は行っていないという。まだ連邦政府から大使へ通告はない。最恵国条款を理由にするのでは弱いので、政府としてはあくまで条約違反として抗議する予定である。財産の相続を禁止するような法律は、財産権を侵害するものであり現行の条約に反している。それはそれとして、根本的な解決は難しく、今のところ日本人には帰化する権利も与えられていない。会談の内容は高木により、同日開催の国民党常議員会で詳細に報告された。

オランダのハーグへ

この頃、東北方面を遊説していた犬養毅は、青森から秋田に入り、山形へ向かう予定であった。国民党本部はこの遊説を応援するため、関和知を派遣する計画を立て、五月下旬に石川、福井など北陸で合流することになった。

東京では五月一四日、列国議会同盟会議の日本議員団評議員会が開かれた。ヨーロッパへ派遣する代表者の選出が話し合われ、派遣委員は四人、うち政友会二人、同志会一人、国民党一人に決定した。カリフォルニア州の土地問題を議題にあげたいという思惑があった。

国民党は六月二日、午前一〇時より会合を開き、関和知を派遣することに決めた。また、同日午後四時に茶話会を催し、末広重雄博士を招いてカリフォルニア州外国人土地法についての講義を聞いた。彼は条約違反というより、アメリカ憲法の問題であると語ったが、関和知には人種の問題であるように思えた。

そして、雑誌『雄弁』に「日本人の亜米利加《アメリカ》に発展すると云《い》ふことは、日本人としては民族の発展であるが、同時に亜米利加人から見ますれば、是《こ》れは恐ろしき一種の民族的侵略であるのだ」と書き、かたくなな忠君愛国が現地で恐れられていると指摘した(⑮64)。

さて、第一八回列国議会同盟会議には、関和知、斎藤隆夫、堀切善兵衛、清水市太郎、神藤才一が出席することになった。日本側から排日問題を議題にすべきという考えもあったが、ほかの国から動議があるまでは提案を見合わせるという方針に傾いていた。しかし、六月二〇日、清水が提案すべきと声を上げ、衆議院における送別会で賛同を求めた。それを実際、行動に移したのは神藤才一であった。もちろん、清水も賛同した。しかし、関和知、斎藤隆夫、堀切善兵衛は穏やかでないとして難色を示した。結局、提案が会議の表に出ることはなかった。

一九一三年七月一二日、午前八時半の汽車で新橋を発つ。関和知は斎藤隆夫とシベリア鉄道でヨーロッパへ向かった。朝鮮半島に渡った二人は、鴨緑江《おうりょくこう》の鉄橋をまたぎ中国東北部へ入った。彼はプラットフォームで「敷島」というたばこを八銭で買い、ロシアに入るまで大事に吸うことにした。鉄橋を守備しているのは日本兵であり、「帝国主義の発展、如何《いか》にも愉快を覚えた」との感想をもった（⑱154）。鶏冠山《けいかんさん》駅では日本式の弁当も売っていた。餞別にもらったウィスキーを飲みながらそれを食べた。

七月一五日に長春へ到着し、ここからロシアの勢力圏に入る。「外国人となる訳で、何となく初めての旅の心細さを感じた」という（⑱155）。彼らは二等切符でシベリアを横断した。同日、午後二時にはハルピンに到着し、斎藤隆夫と列車を降りて待合室で休憩をとり、その後、ハルピンの市街を視察に出かけた。ロシアの東方経営が進んでいるとの印象をもった。ソーダ水を飲むにも代金以外に手数料を取られ、待合室で椅子に座るにも席料が必要というので彼らは驚いた。食堂車の料理も高いので、途中の駅でオレンジやパン、ソーセージを買い求めたが、オレンジは食べられたものではなく、パンも高く、あまり節約にならなかったという。

イルクーツクまで来て、彼らはモスクワ行きの列車に乗り換えた。それ以降、頻繁にすれ違う列車には三等車にシベリアへ向かう移民が満載しており、兵士などが送られる様子を見て、日本はまだ安心できないと感じた。七月二一日頃、ウラル山脈に入る。列車は森林のあいだを突き進んでいく。ボルガ川の大鉄橋をまたぎ、七月二三日、彼らはようやくモスクワへ到着した。

翌日、首都ペテルブルクで大使館から出迎えがあって、ホテルアスターに荷物を下ろし、昼食を取るため馬車で移動する。日本料理をふる舞われ、関和知は日本酒の味に喜んだ。午後からは大使館員の案内で宮殿などを見て回る。市内は開放的で往来も自由であることに驚いた。とはいえ、流行遅れのファッション、身分別の車両などロシア的に感じた。

七月二五日の午後六時、彼らはベルリン行きの列車に乗り込み、ペテルブルクをあとにした。関和知と斎藤隆夫、六〇歳くらいの老人、三〇代半ばの若者が一室に乗り合わせた。若者は英語ができたので話をした。スウェーデン人でイギリスへ向かう途中であるという。関和知は思うところがあり、この若者を警戒した。果たして、ドイツ国境で彼がパスポートを持っていないことがわかり、警察に引き渡されるという一幕があった。

駅で警備に当たっていたドイツ兵の厳めしさ、また税関の厳しさに関和知は注目した。「一線の国界が、斯《か》くも相違を示さんとは、実に意外に感ぜざるを得ぬ。粗大にして不秩序、陰鬱《いんうつ》にして遅鈍なる、露国を去りて、一歩独逸《ドイツ》に入れば、万事万端、規律あり、秩序あり、快活、敏捷、勤勉、精致、一寸の抜目も無く、半点の油断も無く、生動活躍の気、如何《いか》にも気味気味《きびきび》して居る」(⑲95)。関和知は食堂車でドイツのビールを楽しみ、酒の飲めない斎藤はソーダ水で昼食を取った。彼らは無事、ベルリンに到着した。

ベルリンでは、自分たちで行動することにした。ともかく当地にある松下旅館を目指した。自動車が行き交う秩序だった町並みに彼らは驚いた。旅館には留学生や会社員、役人がたむろしていた。旅行シーズンで空き部屋がなく、二人は向かいの下宿屋に落ち着いた。そしてベルリン周辺を見て回ることにした。ポツダムでサンスーシ宮殿を見学し、郊外の遊園地に立ち寄り、大使館を訪問した。斎藤の希望で裁判所に出かけ、民事事件を傍聴した。宮殿で衛兵交代を見た関和知は「挙止進退、規律、訓練の過度なるは軈《やが》て機械的人形の様にて滑稽的に見えた」と感想を記している（⑳105f）。

その夜、杉村虎一《こいち》大使に招かれ、先に到着していた政友会の堀切善兵衛らと夕食をともにした。話題が日米関係に及んだ。杉村はアメリカが孤立しつつあるという。関和知や堀切は人種間の衝突に目を向けるべきだと語った。その点では、日本が孤立することもあるだろう。帰りがけ、堀切の案内で一行はカフェ・ナショナルを訪れた。娼婦が媚びを売る姿に「風教上より見れば一種の魔窟《まくつ》」と関和知の目には映った（⑳109）。とはいえ、カフェが手軽な社交場ともなっており、料理屋で時間のかかる日本より、話をするには手軽に済ませられると感じた。

その後、関和知はハンガリーを訪れ、東洋的なところから「欧洲の日本」と呼び、居心地の良さを感じている。また、イタリアのベニスへ足を伸ばし、ローマでは古代文明の偉大さに感心した。彫刻、絵画などを斎藤隆夫と語り合いながら見物した。ただし「同君の法律眼一点張りには殆《ほとん》ど閉口」とも記している（『早稲田学報』二二八号）。ミラノから北上してパリに着いた関和知は、同郷の石井菊次郎らに会っている。パリでは一〇日間ほど滞在し、グランド・オペラでファウストを見たりしてくつろいだ。ベルギーのブリュッセルでは、ワーテルローの古戦場を見学した。こうして彼らはシベリア鉄道でロシアを横断し、ベルリン、ローマ、パリなどを巡って一九一三年八月三一日、オランダのハーグへ到着した。

第一八回列国議会同盟会議

第一八回列国議会同盟会議は一九か国二八二人の議員が参加し、一九一三年九月三日から九月五日に開かれた。中立国の権利や戦費の借款、国際平和事業などが話し合われた。日本からは先に紹介した五人が出席する。関和知は「五人の議員何《いず》れも特色ある連中のこととて随分喧嘩もやらかし候《そうろう》」と記している（『早稲田学報』二二八号）。

ハーグに集まった日米の代議士たちは、両国の問題を平和的に解決することで一致し、日米部会を作って相互に覚書を交わすなど議員外交を行った。九月五日、その創立会がハーグのビネンホフで催された。政府からの依頼でこのような接触を試みたのではない。議員たちの自発的な行動によるものであった。とはいえ、覚書などは双方の政府に送付し、新聞社にも説明を試みている。日米の親しい関係を継続し、非公式だが問題の検討を進めたいという。部会長には清水市太郎が選ばれた。

日本の議員団評議員会は、一九一四年四月二〇日、この日米部会を正式に承認している。そして、六月二二日、アメリカ下院からウィリアム・エイニーが来日した。接待委員として関和知、清水市太郎、堀切善兵衛が選ばれた。六月二七日に列国議会同盟日米部会が衆議院の図書館に開かれ、エイニーは「上下両院各派の有力なる議員諸君より熱誠なる歓迎を受け感謝に堪《た》へず」と謝辞を述べた（『東朝』六月二八日）。

関和知がヨーロッパにいたとき、他方で国民党の服部綾雄は、排日問題をめぐる在米同胞慰問のため、政友会の江原素六とともにアメリカへ派遣されていた。ロサンゼルス、テキサスを視察し、ハーグからアメリカへやって来る関和知を待って、ともに帰国する予定を立てていた。関和知はハーグでの会議が終わったあと、イギリスに立ち寄り、ロンドンで「アン女王の館」というホテルに二週間ほど滞在していた。

そのときの様子を、彼は『実業之世界』へ書き送っている。「市中到る処遊惰の気風が漂ふて居る。即ち夜は芝居とか、寄席とか或《あるい》は宴会などが、各処に其《その》幕を開いて居る。政治家も実業家も皆此《この》夜の歓楽に酔ふて居る」（⑫31）。イギリスは絶頂から衰退へ向かっているのではないか。

しかし、アメリカに発つ三日前、駐英大使の井上勝之助に、マンチェスターやリバプールを見なければ英国を理解できないと諭された。彼はマンチェスターへ視察に向かった。そこでイギリスの基礎が盤石であることを知る。ロンドンとは異なり、会社の重役から職工にいたるまで規律正しく働いており、「流石《さすが》に世界工業の中心地」との感想をもった（⑫32）。日本製品に対する信用が低いことを教えられ残念に思い、まがい物を輸出しないよう品質管理の徹底を読者に訴えた。

在米邦字紙『新世界』は早くも六月四日、「国民党代議士関和知氏は在米同胞慰問を兼ね排日実相の調査のため近く渡米する筈《はず》」と期待を寄せていた。九月二九日、大西洋をまたいだ関和知は堀切善兵衛とニューヨークに到着し、日本倶楽部に滞在したあと、一〇月八日、ワシントンへ向かい、ホワイトハウスと上下両院を訪問した。列国議会同盟で親しくなったアメリカの議員たちにより議会で紹介され、大統領にも会うことができた。

その後、シカゴへ立ち寄り、グランドキャニオンを観光して、関和知と堀切善兵衛は西海岸へと向か

図3-7　サンフランシスコの日本人会、前列中央が関和知（『日米』1913年10月22日）

図3-8　ハワイに寄港した関和知（『日布時事』1913年11月5日）

う。サンタフェ線で一〇月一八日午後二時、無事、ロサンゼルスに到着すると、日本人会の人々が迎えてくれた。彼らは太平洋ホテルに宿泊し、一〇月二一日の午前九時、サンフランシスコへ向かった。宿泊先の小川ホテルには、日本人会の関係者らがつめかけた（図3-7）。列国議会同盟会議でカリフォルニア州の土地問題を議題にしようとしたが、結局、アメリカの議員をはばかって揉《も》みつぶされてしまったと彼らに報告した。とはいえ、日米部会を発足させ、両国で新聞雑誌などを通じて輿論を善導し、議会内で尽力することを申し合わせたと説明した。

一〇月二二日の午前中、彼らはカリフォルニア大学バークレー校を参観し、日本人学生倶楽部でヨーロッパについて話をした。午後は領事館からの招待を受け、夕刻にはサンフランシスコの千葉県人会がサター街みどり亭で関和知の歓迎会を開いてくれた。堀切善兵衛は一足早く一〇月二四日の香港丸で帰国する予定であり、関和知は一〇月三〇日に春洋丸を使うことを考えていた。

現地の新聞『新世界』は、一〇月二四日に学生会が関和知を招き、講演会を開く予定であると報じている。一〇月二七日は、サンフランシスコの早稲田大学校友会に招待された。翌日は有志らと午後六時からフレンチの店で食事をともにしている。これはサクラ会の招待で、関和知はヨーロッパの情勢などを二時間半にわたって説明した。

予定どおり春洋丸でサンフランシスコを発った関和知は、途中、ハワイに立ち寄った（図3-8）。一九一三年一一月五日、午前六時半頃、春洋丸がハワイに現れると、現地の新聞『日布時事』（一一月五日）の記者が駆けつけ、彼にインタビューを行った。関和知はアメリカ留学からの帰り、ハワイでその記者の家に泊めてもらったことがある。彼は「イヤ、お久し振《ぶ》り」と握手し再会を喜んだ。談話のなかで彼は、人の死を喜ぶわけではないが、「桂公爵の逝去は我国政界の為《た》めには歓ぶべき事に属す」と述べ、やはり民党で大同団結を目指すべき、との考えを示した。「大隈伯を総裁とし政友会に対抗する大政党を組織する機会の到来を予期するもの也《なり》」。犬養毅と加藤高明、尾崎行雄は接近できないわけではないとし、新党の結成を熱心に説いたという。一一月一六日、春洋丸は無事に横浜へと入港した。

さっそく、関和知の談話が『東京朝日新聞』に掲載される（一一月一七日）。ニューヨークなど東海岸の資本家、政治家は排日問題に関して日本に同情的である。現地の新聞も同様である。なんらかの条件をつけ帰化権か土地所有が許されるのではないか。そのように楽観的な見通しを語り、また、アメリカの関心が東洋ではなく南米にあると在米日本人の有識者は信じているが、むしろアメリカは中国に市場を求める野心をもっていると感想を漏らした。

国民党は彼を慰労すべく、一一月二八日、木挽《こびき》町の万安楼に宴会を企画した。一二月一日は、話を聞こうと、早稲田の明治二八年卒業生たちが発起し、招待会を催している。渡辺外太郎をはじめ、郷里で『新総房』を立ち上げたときの仲間が集まり、亀島町の偕楽園で楽しいひとときをすごした。

翌年、一九一四年一月発行の『実業之世界』で、関和知は改めて排日問題を論じている。外交や経済の問題もさることながら、感情の行き違いが誤解を生み衝突を引き起こす。日露戦争後の武力拡張に対してアメリカ人が猜疑心をもつようになり、また、一等国民という自負を日本人が抱くようになったことも原因の一つである。なかでも、支那に共和国が樹立されたことでアメリカ人の関心は一変している。関和知は「将来と雖《いえど》も東洋の覇者《はしゃ》となるべきものは日本であつて、支那共和政治の前途は実に悲観すべきもの」との考えを示しつつも(⑰28)、日本からアメリカへの留学生が減り、交流が停滞している現状に危機感を示した。そして、常日頃から人を送り、互いの理解を深めるようでなければならないといましめた。

ウッドロウ・ウィルソン『新自由主義』

関和知がアメリカに立ち寄ったとき、ウッドロウ・ウィルソン大統領は任期一年目だった。ニューヨークで本屋を訪れた彼は、店員の勧めでウィルソンの『新自由主義』を買った。「読み行くに従つて予は電気に打たれたるが如《ごと》く、巻中に漲《みなぎ》る自由と平等と公正との力に動かされて、是非之《ぜひこれ》を和訳して日本人に見せ度《た》いと思つた」という(『読売』四月七日)。そこで、ホワイトハウスで大統領に会ったとき、彼はこの『新自由主義』を翻訳したいと願い出て、ウィルソン本人から快く許しを受けた。さっそく、西部へ向かう列車のなか、そして、サンフランシスコから日本へ向かう船のなか、コツコツと翻訳作業を行い、帰国後、一九一四年三月、勧学社より『新自由主義』を出版した。駐日大使のジョージ・ウィルキンス・ガスリーが推薦文を書いた。

かつてプリンストン大学に在学中、関和知はウッドロウ・ウィルソンの法理学、立憲政治論の講義を受けた。情実で動く日本の政界に比べ、能力と人格で大統領になったウィルソンは、彼にとって理想の人であった。関和知は「白館の主人公」と題して、ウィルソンの伝記を冨山房の雑誌『学生』に掲載し、近日中に訳書を出版すると宣伝した。これは『新自由主義』の巻末にも収録されている。「聴け!!!隣邦大元首の一大獅子吼《ししく》を!!!」と一九一四年三月の雑誌『青年』に広告が打たれている（図3-9）。訳書はサンフランシスコの書店、青木大成堂よりアメリカ大統領に届けられた。

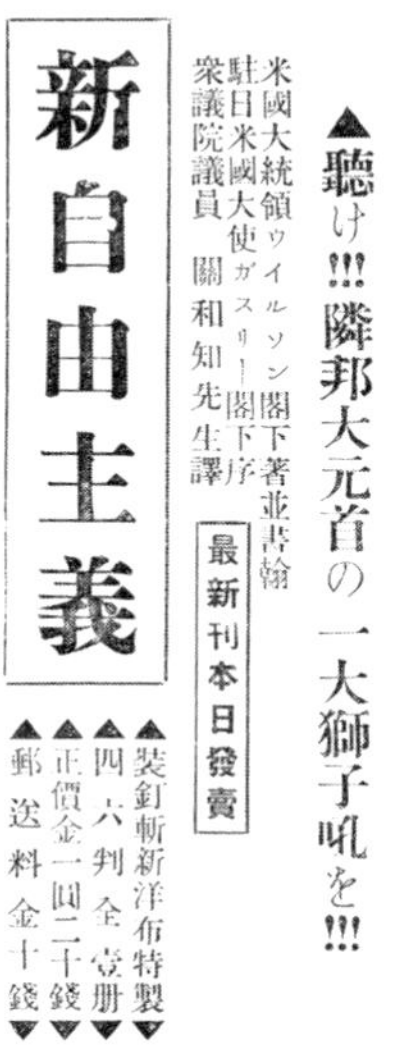

新自由主義
米國大統領ウイルソン閣下著並書翰
駐日米國大使ガスリー閣下序
衆議院議員　關和知先生譯
▲聴け!!!隣邦大元首の一大獅子吼を!!!
最新刊本日發賣
▲装釘斬新洋布特製▼
▲四六判全壹册▼
▲正價金一圓二十錢▼
▲郵送料金十錢▼

図3-9　『新自由主義』広告（『青年』3月号・1914年）

『新自由主義』はウッドロウ・ウィルソンの選挙中の演説をまとめたものである。ウィルソンは雇用に関する法律が古くなり、大会社に雇われる人々の問題に対処できていないという。「何故《なぜ》に労働問題は起るのであるか？　この理由は単純且《かつ》明白である、即ち労働者と雇主とが昔日《せきじつ》の如《ごと》く親和的関係を有してゐないからである」（⑯7）。大会社の力が強すぎて新たな起業が阻害されている。自由放任では個人が事業を興すことは難しい。大企業の経営者という一部の人々だけでなく、国民一般の利益を目指す政治を主張する。保護関税もまた特定の人々にのみ利益を与えている。勝手に価格を設定して競争をなくし、事業への新たな参入を不可能にしている。関税は公共の利益をもたらすよう定めねばならない。そして、大企業のトラストを批判して、「余は、私的な独占業は弁護する余地なき者であり、又許すべからざる者であると云《い》ふ主張を確く守つて動かない」という(⑯179)。関税やトラストは自然の進歩を阻害し、発明的天才を抑圧していると訴えた。

『東京経済雑誌』は、『新自由主義』が企業のトラストを攻撃し、保護関税を非難しているとし、「米国産業の因襲的弊害」を知ることができると評価した(秋村:28)。また、『国民経済雑誌』(一七巻一号)は、現職大統領の政治社会に対する考えを知ることができると書き、「昨今欧羅巴《ヨーロッパ》でも流行の民主主義の色彩が、著しく漂ふて居る」と紹介した。

関和知はウィルソンから学んだこと、欧米を視察した経験をふまえ、一九一五年一月一日、『警世新報』に「国民の覚悟を望む」と題する論考を掲げた。日本は欧州大戦で世界の注目を浴び、一等国の地位を占めるようになった。これまで欧米の国々にとって謎であった日本は恐れられ、嫉《ねた》まれ、卑《いや》しまれてきた。それは日本を誤解してのことである。大戦に参加したのは「世界共通の幸福を目的」としたものであり、この機会を利用して支那を処分したり、南洋を占領するような目先の利益を主張してはならないといましめた。そのようなことをすれば、「火事場泥棒の根性」と見られ、かえって国を害することになろう。欧米の信用を高めて、人種的な感情を打破するには慎しみが大切であると述べ、一等国民としての覚悟を読者に訴えた。

政治参加の拡大とソフトパワーによる外交

さて、ここで本章までの歩みをふり返っておこう。

関和知は改進党系の第一世代が果たせなかった政論新聞の経営を軌道に乗せ、新聞社という拠点を築くことに成功した。そこに出入りする人々との交流が、改進党系の人的ネットワークを構築し、さらには早稲田出身という先輩、後輩、同窓の関係によって、そのつながりを強固にしていた。

彼はそのネットワークの中心に位置することで構造的な優位を獲得し、経済資本の乏しさを、社会関係資本、すなわちソーシャルキャピタルで補っていく。やがてアメリカ留学というチャンスをつかみ、知識や技能といった人的資本を積み増しする。帰国後には、中央のメディアである『萬朝報』『東京毎日新聞』へ進出し、政論記者として知名度を向上させ、それでも二度の選挙戦では次点を取るのが精一杯であった。「人事を尽くして天命を待つ」といえば大げさかもしれないが、補欠として国会議員になれたのは幸運である。

そして犬養毅の下、国民党で若手代議士として活躍する彼の取り組みは、言論の自由、選挙権の拡張、政治的意識をもつ青年への働きかけであった。そこで用いられた「閥族打破」というスローガンは、国民が選んでいない政治家、すなわち薩摩閥、長州閥に連なる重臣、官僚、軍人の排斥を意味し、選挙によって国民が選んだ政治家が、政権を担当するようでなければならないという方針を示している。

他方、外交面ではソフトパワーを用いた長期的な展望をもち、列国議会同盟会議に出席してアメリカの議員との交流に努め、東海岸における政治家や資本家が排日問題に同情的であることに期待を寄せた。また、日米両国民の感情に注目し、その行き違いが誤解を生み出していると考えた。政治システムの違いもその一因であった。アメリカに比べ民主化の程度が低いことを嘆き、その理想を大統領、ウッドロウ・ウィルソンに見た。

かろうじて国政への進出を果たし、少壮議員として内政、外交に取り組み始めた関和知が、衆議院議員として確乎たる地位を築くには、さらなる出世が必要であった。そして、ここに新たな幸運が舞い降りる。彼が私淑する御大、大隈重信が突如、最前線へ出陣すべく動き出したのである。

第四章 早稲田の人的ネットワーク

早稲田大学創立 30 周年で演説する大隈重信
早稲田大学写真データベース

「清水氏曰《いわ》く「君……大隈侯は偉いよ、誰が何と云《い》ふても日本の世界的人物と云へば大隈侯だ。此《こ》の難局に当つて兎《と》に角《かく》切抜けて行く手際は老侯にして始めて為《な》し得るのだ。個人としてはやはり大隈侯に今少しの内遣《や》つて貰《もら》ふ外ないさ……」関氏茲《ここ》に於《おい》て得たりや応と、大隈内閣の功績を挙げて嘍々《るる》数千言、帝国の容易なさざる際是非《ぜひ》大隈侯を頼むに如《し》かざるを説述したりと云ふ」

(『一大帝国』一巻九号・一九一六年)

1　思いは同じワセダニアン

山本権兵衛内閣の崩壊

大隈重信内閣が成立する前の第三一議会は、一九一三年一二月二六日から開始されていた。この議会での大きなできごとは、シーメンス事件で山本権兵衛内閣が崩壊に追い込まれたことである。日本海軍の収賄を示す文書を盗み、恐喝したことにより、シーメンス社の社員がドイツ法廷で裁かれ、事件が明るみに出た。報道をきっかけに、同志会の島田三郎をはじめ、多くの議員が追及に乗り出した。一九一四年二月二一日の本会議で、関和知もそれに連なった。海軍大臣はこの事件に関するドイツ法廷の資料を取り寄せているというが、二〇日ほど経って届いたのかどうか。届いているとすれば、なぜ報告しないのかと矛を突きつけ、この問題を軽く見ているのではないか、予審中であることを理由に、首相、大臣が責任を取らないのは問題であると山本首相を非難した。山本は「此事柄《この》の所謂《いわゆる》真相を待って自《おのずか》ら分ること」と述べ、答える必要はないと突っぱねた。

次に関和知が議会に登場するのは、三月三日の本会議である。政府より提案された相続税法中改正法律案の検討が開始された。議場は空席が多く、議員も眠そうに見えて惰気満々であったが、傍聴席は大入り満員となっていた。

まず、委員長が結果を報告する。一九〇四年制定、一九〇五年から施行されており、当時は戦時で高い税率が設定されていた。その後、一九一〇年にいくらかの減税となった。今回、政府案はさらに減税したいという主旨であった。そこへ花井卓蔵が、家族制度を破壊するという理由で、将来的には全廃を希望するという演説を行った。花井は「相続税は社会主義の税であります、社会主義は我が国体、我が国史、我法制と両立すべきものでないのであります」と述べ、相続税に反対した。委員会の提案は減税ということで全廃ではなく、花井の演説は将来に向かって希望を述べたにすぎなかった。

しかし、関和知の考えは違っていた。法案はただちに第二読会へまわされ、彼は立ち上がって登壇し、この報告に修正案を突きつけた。彼は花井の説に真っ向から反対し、「然《しか》らば相続税を廃すれば家族制度と云《い》ふものは必ず安心に持続するものであると云ふ結論が出来まするか」と問いかけ、相続税が家族制度を破壊することにはならないと主張した。さらに関和知は、金持ちの相続については政府案より増税を、少ない相続については減税をするよう要求する。しかし、三谷軌秀《のりひで》がずさんな修正案であると横やりを入れ、結局、関和知の修正案は受け入れられず、委員長の報告どおり可決された。

一方、シーメンス事件の余波は収まらず、三月八日の午後一時から、全国記者団主催の内閣弾劾演説会が歌舞伎座で催されることになった。聴衆は朝から弁当を持参して駆けつけ、正午には満員となり入場が締め切られるほどの盛況となった。なかへ入れなかった群衆は扉を叩いて「開けろ入れろ」と殺気立った(『東朝』三月九日)。近くを走行していた電車は、この騒動から一時、運転を見合わせた。「警戒の警官も只《ただ》呆然として為《な》す所を知らず」といったありさまであった。そこで蔵原惟郭《これひろ》が二階から外へ向かって演説を試み、一〇〇〇人の群衆がこれに喝采を送った。場内では関和知も絶叫した。海軍収賄によって忠愛の心と廉恥心を傷つけられた。現内閣が亡びない限り、日本国民は新たな生命を見いだせないと訴えた。

こうして第三一議会は終了し、国民党は三月二七日、政務調査総会を開き、議会報告書の起草委員を指名した。選ばれたのは、関和知、鈴木梅四郎、古島一雄、増田義一、村松恒一郎である。四月二日は神田青年会館で演説会が催され、関和知も登壇する。全国記者連合会が、次の内閣をにらみ、清浦奎吾が組閣するようなことがあってはならないと企画した。聴衆は満員で大混雑のなか、大正時代において議会の意思を顧みない超然内閣など「大なる変態」だと関和知は叫び、政党が無気力に陥ってはならないと叱咤激励した（『読売』四月三日）。

内務大臣秘書官

一九一四年四月一六日に第二次大隈重信内閣が成立する。関和知は喜び、「よし草履採りになつても老伯を援《たす》けて憲政樹立の犠牲とならん」という意気込みであった（『房総日日新聞』一九一五年二月二一日）。関和知は鈴木寅彦、森田勇次郎、西村丹治郎、大内暢三、柏原文太郎、増田義一、水野正巳らとともに早稲田出身の青年代議士の一人に数えられていた。彼らはまだ若く陣笠《じんがさ》の域を出ず、また国民党に連なる者も多く政権に近づくことはできないと考えられていた。しかし、その機会が訪れたのである。ところが、犬養毅は閣外協力を約束するのみで入閣を拒み、国民党は与党として活躍することができなくなった。

一九一四年四月一八日午前、関和知は国民党本部に脱党届を提出した。「関和知氏は大隈内閣成ると聞きて逸早《いちはや》く猟官運動を開始し」と『東京朝日新聞』(四月一九日)に報じられた。国民党の代議士会で「告別の辞にも均《ひと》しき演説」をして、犬養毅に翻意を迫ったがその効果もなく、いよいよ内務大臣秘書官に内定したので、政党を離れることになった。

彼の態度について疑問の声があがった。地元千葉県の佐生親次は「依然として其《その》地位に在《あ》るに至ては公人として君の心事に疑なき能《あた》はず」とし、大隈の恩顧に報いるものではあるが、官僚に居座るのは良くないとして国民党への復帰を勧めた(佐生:156)。雑誌『青年』(二巻七号)の読者欄にも「旧理事関和知氏足下、足下は国民党脱党以来今日に至る何等《なんら》の意見をも発表せず。特に青年協会を退去したるも何等の挨拶するあるを見ず。かくて政治的徳義を履行し得るや、小生判断に苦しむ」との意見が寄せられた(79)。鵜崎鷺城は『野人の声』で「関和知も国民党に我慢して居れば、立派な少壮政客《せいかく》として前途のあるものを、纔《わずか》に一箇月百両足らずの収入増加の為《た》めに、内務大臣の高等ボーイになつて得意の色あるは志小なりだ」(259)と書き、いっそ同志会に入ればよいのに、無所属で世間を誤魔化していると非難した。

犬養毅は五月四日の朝、大隈に会い、関和知の脱党について、「成程《なるほど》伯は此際《このさい》成るべく早稲田学園関係の青年に対して進路を開拓せんとの単純の考ならんも、這《これ》は手続に於《おい》て動《やや》もすれば誤解を生ずるの虞《おそれ》あり、苟《いやしく》も一党員の進退に関する行為は、今後予《あらかじ》め予《よ》に相談あるやうに致されたし」と釘を刺した(犬養木堂先生伝記刊行会:245)。

在米邦字紙『日米』（四月一九日）は「木堂の入閣せざるは吾人甚《はなは》だ解するに苦しむ所」と書き、犬養の偏屈であることを主張して、党員の苦衷を察している。そして、関和知の脱党を伝え、「隈伯《わいはく》に仕るは木堂に伺候《しこう》するより厚きは師弟の関係上已《や》むなき事」と擁護した。『日米評論』（四月二六日）は、官僚系の同志会と手を組めない犬養が入閣を拒んでも不思議ではないと説明し、関和知の秘書官就任も自然の成り行きであると記している。『読売新聞』（四月一九日）の「時事小観」には、「犬養の門下中関は温厚の長者として知られたる人」と紹介され、脱党は奇怪に思えたが、内務大臣秘書官になったことが面白いとの感想が寄せられている。

関和知は脱党の理由を『世界之日本』誌上で説明した。大隈重信は国民党と直接の関係がないとはいえ、遡れば「開祖たり本尊」ともいえ、日頃の主義主張も多く異なるところがない。加えて犬養毅との関係は師父、門弟子たる深きものがある。「故に今や大隈内閣が成らば、我が国民党は当然其《その》基礎ともなるべき必然的関係があるものと思惟した」（㉑45）。犬養も率先して献身的な尽力を惜しまないと信じていた。だが、入閣を拒んでしまった。国民党の多くが犬養の入閣を希望していた。しかし、彼は採決も行わず聞く耳を持たなかった。しかも、「党員を入閣せしめず」と、代議士会で決まっていないことまで強要した（㉑46）。関和知は不快に感じたという。政友会と提携できたにもかかわらず、同志会とは提携できないという考えは納得できない。やむを得ず国民党を去り自由の身になったのだと、彼は釈明した。

こうして、一九一四年四月一八日、関和知は大隈重信内閣の内務大臣秘書官となった（図4-1）。高等官三等である。児玉亮太郎に代わり任ぜられた。「貧乏代議士」のため、箕浦勝人から大礼服を譲ってもらい任官式へ出席した。そして、内山下町の官舎に一家で移り住んだ。長女夫妻も同居した。

関和知は「学問もあり弁舌もあり、どんな問題にも意見を立て得る人」として実力を認められながらも、「土百姓のやうな風采《ふうさい》」と、見た目はあまりパッとしなかったようである（二宮：133）。大隈重信が総理大臣秘書官にしようとしたところ、参内《さんだい》のときに関和知の風貌では困ると綾子夫人が反対し内務大臣秘書官に回されたのだという噂話まで広まった。彼は性格もおっとりしていて物事にせかず、交際しやすい人柄で敵がいないと見られていた。

図4-1　内務大臣秘書官（杉謙二編『日本有名誌』1914年）

そんな彼を早稲田の校友たちが励ました。五月三日、上野精養軒に関和知を招待し、大隈を支えるため国民党を離れ、官職に就いたことを応援した。先輩、後輩に囲まれ、政局の様子を大いに語り合った。勇気づけられる会合だった。

大隈重信とのつながり

ここで少し大隈重信と関和知の関係をふり返っておきたい。

郷里でまだ新聞『新総房』を切り盛りしていた頃のことである。同紙に「大隈伯」と題する論説を載せ、彼を初めて訪ねた思い出を語っている。早稲田を卒業して二年ほど、一八九七年四月、関和知は門馬信義と上京し霞ヶ関の官邸へ会いに行った。

控えの部屋で待っていると、続々と来訪者が行き来する。お茶も出されないまま、ある者は明日に、ある者は明後日に会う約束をして退散する。その様子を眺めていると、やがて関和知と門馬は呼ばれて応接室へ通された。大隈は杖をつき左手を腰に立っていた。挨拶をして椅子に座る。両足に杖をはさみ、右手にパイプを持って、いろいろな話をしてくれたという。国民が政治家を信じて任せているだけではだめで、国家のために自ら考えるようでなければならない。「国民は御者《ぎょしゃ》にして、政治家は馬の如《ごと》きもの」であると大隈は彼らに説いた（②26）。また、日本における急務は教育であり、学問がなければ立憲政治を運営することはままならないと語った。大隈の話は尽きなかったが、登省するため係の者がよびに現れたため、関和知と門馬はその場を辞したという。

また、一八九七年八月一八日発行の『新総房』八号では、「隈板《わいはん》二伯と青年」と題して、板垣退助と大隈重信を論じている。豪傑が青年に与える影響は大きいという。板垣は「政治家としての資格に於《お》いて全く無能力者」であることは世の中が認めているが、維新の功績と「自由の文字を抽象せる、一知半解の民権論者」としての影響力はもつ旧時代の豪傑である（③12）。今もその大言壮語に踊らされる青年がいる。関東自由党青年大会の暴れぶりにそれが表れている。関和知は彼らを「狂痴者《きょうち》の群」と呼び、非常に野蛮な運動であるとこき下ろす。しかし、今時、過激な青年を煽動しても憐れに思うばかりである。一方で大隈は、関東自由党青年大会の三日後に、東京専門学校で青年に次のように述べていた。社会に出れば失敗することも多いだろうが、それに負けず、それを元に経験を積んで成功を目指せばよい。「複雑なる社会の大洋に於《おい》て航海の羅針盤は何であるか、学問だ」と語った(③14)。同じ豪傑でも大隈の影響は板垣とは異なるという。

卒業後も関和知は早稲田とのつながりを大切にした。一九〇九年一一月六日、暖かな秋の日和、早稲田大学学術講演会を千葉町の衆楽館に開いた。約二〇〇〇人を集め大盛況となった。当日は浮田《うきた》和民《かずたみ》、塩沢昌貞、島村抱月らが招かれ、校友として関和知、そして浦辺襄夫《たかお》が出迎えた。一行は梅松旅館でしばし休憩の後、会場へ入り、続々と押し寄せる聴衆は廊下や場外にあふれ出した。関和知も「保護国関係」と題して演説を行う予定であったが、時間がなく挨拶と概要を述べるにとどめた。講演会が終わると場所を移して宴会となり、校友を代表して吉田銀治が挨拶をした。彼もまた早稲田の政治科を卒業後、関和知に協力し『新総房』を支えた改進党系の同志である。

翌年一二月一一日にも、早稲田大学千葉県校友会が講演会を開いている。国民新聞記者の野城久吉や、東京通信社の吉田五市などメディア関係者も訪れた。例によって梅松別荘に集まり宴会となった。『新総房』の経営を助けた同窓の浦辺襄夫が進み出て挨拶を行い、関和知ら代議士の当選を祝った。

大隈はこの年、一九一〇年九月発行の『Japan's Industries』という七〇〇ページほどの大冊を後援している。日英博覧会を機に日本の産業を世界に向けて紹介しようと、大阪の工業之日本社が企画したものである。巻頭には英文で大隈の論文が掲載された。「余の監修の下に美文「日本之《の》産業」之著述を補《たす》け」とあるように、関和知にその編集を手伝わせた（一宮町教育委員会：204）。

早稲田といえば、恒例の擬国会にも参加している。政治科に所属する学生の演習として行われた模擬議会である。一九一一年三月一八日は学生のみ、翌日は政界の名士を呼んだ。首相は犬養毅、内務大臣に箕浦勝人、大蔵大臣に加藤政之助らが就いた。議長は高田早苗である。急進党の総理は島田三郎、保守党の総理は長谷場純孝《はせばすみたか》だった。保守党役が提案した海軍拡張案に対し、欧米に追随した狂者の論であると急進党役の粟山博《もみやま》が猛烈に反論する。さらにパナマ運河や諸国の形勢について論じだしたので、「大風呂敷！」と野次が浴びせられた（風塵郎：204）。逆に関和知は保守党議員として海軍拡張案を建議した。サザエを例に「熱火の上の栄螺《サザエ》が危機刻々身に逼《せま》るを知らず尻の熱さに蓋《ふた》を開けて初めて熱火の上に在るを知るの愚」と、戦争が始まってからでは遅いと拡張案を支持し急進党をなじった（『早稲田学報』一九四号）。その演説は荘重にして滑らかな論調であったという。

また、大隈重信は一九一三年五月一七日、千葉県の早稲田校友会の招きに応じて、午前八時三〇分、両国駅発の列車で浮田和民、田中穂積らと来葉した。もちろん、関和知も大隈に随行した。校友会を代表するのは『新総房』をになう同志、浦辺襄夫と吉田銀治である。九時三〇分に千葉駅へ大隈が到着すると、告森良千葉県知事らが出迎えた。そのほか五〇〇人ほどが改札口へ詰めかけた。そこから千葉中学校へ向かい講演会を催した。来場者は生徒を含め約二〇〇〇人が集まっていた。大隈は「世界の大勢と日本の進歩」と題して熱弁をふるい、会場を医学専門学校へ移して約一〇〇〇人に迎えられ、そこでも約一時間の大演説を試みた。一行は梅松別荘にて記念撮影を行い（図4-2）、そこでは田中、浮田ら

図４−２　梅松別荘における千葉校友会（『早稲田学報』220号・1913年）

が演説を行った。引き続き、官民合同歓迎会が午後五時より開かれる。三五〇人が参集する大宴会となった。『新総房』代表の佐瀬熹六の姿もあった。

　このように関和知は東京専門学校を卒業後も大隈重信を慕い、早稲田の仲間を大切にしてその人的ネットワークを維持することに努めてきた。ついに国民党を抜けることになったが、それはやむを得ないことであった。大隈は一九一四年五月二一日正午から無所属代議士となった関和知を、浜岡光哲《こうてつ》、中辰之助、星野錫《しゃく》らとともに官邸に招待し、茶菓をふる舞って懇談する機会を作った。六月四日には大阪で大隈伯後援会が結成される。第二次大隈内閣は同志会や中正会を与党として成立したが、議会の多数は政友会にあった。来たるべき選挙戦を見据えつつ、早稲田関係者は大隈を支える組織の構築を考え始めた。

大隈伯後援会結成

　一九一四年六月一四日、大隈重信の総理大臣就任を祝うため、午後二時三〇分より大隈邸の庭で早稲田大学校友有志大会が開かれた。当然、関和知も出席した。一〇〇〇人に近い人々が参加した。大隈は

「諸君吾輩が七十七の老軀《ろうく》を提《ひっさ》げて天下に呼号せる所以《ゆえん》のものは身を以《もっ》て憲政有終の美を実現せんが為《ため》であるんである」と叫んだ（『東朝』六月一五日）。割れんばかりの拍手喝采が捧げられた。

同じ千葉県出身で関和知と学生生活を共にし、彼の同志でもあった実業家・浦辺襄夫が立ち上がった。「茲《ここ》に校友の有志を中心として広く同志を集めて、及ばずながら後援を致したい」と述べて大隈伯後援会の設立を、その場にいる聴衆に訴えた（黒川：21）。千葉県からはほかに中村尚武や、梅松別荘の主人である三和弥三郎なども駆けつけた。

浦辺襄夫は一八七三年、千葉県夷隅郡に生まれた。一八九七年に東京専門学校政治科を出て、西村勝三が経営する皮革業の桜組に事務員として就職した。月給一三円の最下級から辛抱強く勤め上げ、日露戦争で軍需品を一手に引き受け、資金を得ると株式に投資して財を作り、その後、副支配人に昇進して経営者となった。「友誼《ゆうぎ》厚く後輩の青年を引立て寔《まこと》に其《その》慈愛の念に深く、又同志は君をして県会議員衆議員たらしめんとして屢々《しばしば》候補に推薦さるゝも名利は其欲するところにあらずとて屢々之《これ》を辞退せり」と、自らは政治の表舞台に立つことなく、千葉県改進党系を支えてきた（木村：25）。

六月一九日、大阪に続き、東京にも大隈伯後援会が結成された。この組織が地方の後援会を束ねる本部として機能した。当初、麴町《こうじまち》にある浦辺の事務所を本拠地とした。彼は会計担当として幹事を引き受けた。大隈伯後援会は校友有志大会の模様を冊子にまとめ、全国約八〇〇〇人の校友に配布した。六月二八日は、日比谷大松閣に早稲田出身の代議士を招待して協力を求めた。

その一か月後、一九一四年七月二八日、第一次世界大戦が始まった。イギリスとの交渉を進める外務大臣・加藤高明について、遅々として参戦が進まないことにいらだった人々は、関和知に大隈重信を訪ね内情を聞き出すよう促した。大隈は関和知に、「加藤が平常無愛相なる為《た》め、種々疑惧《ぎぐ》の念を抱く者もあるが、加藤の政治的力量、外交的手腕は斯《か》かる難局に当つて、初めて能《よ》く発揮せらるゝのであつて、毫《ごう》も憂ふるの要はない。此機《この》に於《お》ける帝国の外交方針は、既《すで》に確定して動くものでない。安心して然《しか》る可《べ》しである」と語り(78)158)、八月二三日、日本はドイツに宣戦布告する。

九月一五日、大隈伯後援会は中正会、無所属の代議士らと懇談会を催した。また、九月一六日には関直彦ら国民党の代議士、九月一七日には同志会、無所属の代議士らと集まり、連携を維持するよう努めている。一〇月一〇日、後援会は第五回の委員会を開き、関和知も出席して種々の意見を交換した。そして、一〇月一七日、大隈の自邸で第一次発起人会が開かれ、六七人が出席した。浦辺襄夫が開会の辞を述べた。

一一月一九日、千葉県に大隈伯後援会が組織される。役員は憲政本党時代からの仲間で、『新総房』主筆を務めた吉田銀治が引き受けた。後援会の千葉県における拠点も吉田にあった。一一月二九日には佐賀県でも後援会が組織され、関和知は内務大臣秘書官・代議士という肩書きでその発会式に出席している。午前一一時より佐賀市公会堂で行われた。霜の降りる寒い日であったが、参加者は午前一〇時のときすでに二八〇〇人を数えていた。会則などが読み上げられたあと、関和知は登壇して、大隈に代わって謝辞を朗読した。なかには涙を流して聞き入る老人の姿もあった。その後、山道襄一《やまじじょういち》、小山谷蔵らと大隈内閣を応援する演説を行い、午後二時に閉会、午後六時より一行は二八〇〇人が参加する大懇親会に招かれた。こうして一二月までに地方へ三三か所の後援会を設立した。

国民党を脱党した関和知、高木正年、紫安新九郎《むらやすしんくろう》、金尾稜厳《かなおりょうごん》、市川文蔵ら衆議院議員は、進歩倶楽部を結成し、一二月五日、議会終了後に集合して、大隈内閣の施政に賛成する宣言書を発表した。また、一二月一九日は、神田青年会館で都下各大学の学生団体である丁未《ていび》倶楽部の主催による、現内閣擁護、政友会攻撃の演説会が催され、関和知は高木とともに招待された。さらに、雑誌『新総房』以来の同志であり、記者も務めた渡辺外太郎が一九一五年三月、『大隈老伯』を出版する。渡辺自身、早稲田の出身で、この機会に関和知ら友人とはかってこの本を作ることにしたのだという。

第一二回総選挙――トップ当選

一九一四年一二月二五日、政友会と国民党の反対により二個師団増設案が否決されたことにより、首相の大隈重信は議会を解散した。総選挙は翌年一九一五年三月二五日と決まった。

関和知は脱党してからも国民党の態度を賞賛していた。犬養は政友会と親密ではなく、与党に近いものと思っていた。ところが、自らのメンツを立てるため、一年兵役論などという奇妙な案をもち出し、政府に敵対して衆議院を解散へ追い込んだ。「勿論《もちろん》国民党が政友会といふ尨大《ぼうだい》党を引摺《ひきず》つて、到々断末魔の淵に飛込んだ事は、結果から見れば感謝すべき事だが、其《その》動機なるものを考ふる時には、実に愛想もこそも尽《つ》き果《はて》たる政党である」と述べ、関和知は現実の政治を見ようとしない頑迷な国民党を批判した（㉓38）。

この頃、千葉県の政友派、非政友派は拮抗しており、県会議長を交互に選出するなど僅差で争っていた。「壮漢を駅内外に配置し、停車場に下車したる者を暴力によりて事務所へ拉《らっ》し去る」ようなことも起こっていた（細井：152）。こうしたなか国会が解散され、千葉県の政界は一気に色めき立った。

関和知の本拠地、千葉県長生郡は、板倉中《なかば》が政友会から離れ、その票の行方がわからなくなっていた。関和知について、当選間違いなしという者もいたが、油断なく地盤を守ることが第一と慎重な声も上がっていた。彼自身も国民党を脱党したばかりであり、地元の政治結社・大成倶楽部など非政友派の支援をあてにした無所属での出馬であった。

当時、同志会から勧誘を受けていたが入らなかった。一方、国民党から同志会に転じた鶴澤宇八や小林勝民も大成倶楽部をあてにしていた。地元の政治結社が公認するのは七人に対し、それを欲する者一六人という盛況ぶりで、紛擾は避けられないことから、同倶楽部は東京において秘密裏に公認候補を検討した。

大成倶楽部は解散に先立つ一一月二三日、午後一時半から千葉町の梅松別荘で演説会を開いている。五〇〇人の来場者を集め、「本倶楽部創立の趣旨に基き大隈伯後援会と一致の方針を執る事」を決議し（『東朝』一一月二四日）、浦辺襄夫が大隈の謝辞を朗読していた。また、同志会の加藤高明、大浦兼武、大石正巳、島田三郎からの祝電も披露され、当日は大蔵大臣の若槻礼次郎が出席して演説を行ったほか、関和知をはじめ小林勝民や鶴澤宇八など非政友派の議員が演壇に立ち、午後六時に閉会したのち懇親会を催している。

若槻は当時をふり返り、「選挙事務の方は、安達謙蔵が東京にいて、元締めをやっており、あっちへ行ってくれこっちへ行ってくれと注文する。「おれだって動物だから、そうはゆかん」と言ったくらい、私など席の温まるいとまなく全国的に駆け回った」と多忙な選挙戦について語っている（若槻：209）。そもそも、閣僚が遊説のため全国を駆け巡るようなことは、これまであまりなかったことであり、まして総理大臣の大隈重信自らが最前線に出陣し、列車から演説まで行うというのは前代未聞のことであった。

図4－3　大隈伯後援会全国大会（黒川九馬編『大隈伯後援会全国大会記事』大隈伯後援会・1915年）

一九一五年一月一七日には大隈を筆頭に各大臣が出席する大演説会が上野精養軒で開催された。入り口には紅白の幕が張られ、花を胸に挿した委員たちが右往左往していた。演壇には梅松の鉢が飾られ、大隈の席、閣僚の席、代議士の席が設けられた。参加者二〇〇〇人以上の大盛況である。「関和知、蔵原惟郭《これひろ》などといふ代議士連中も俺等の天下だといふ顔をして揚々として乗り込んで来る」と『東京朝日新聞』（一月一八日）に記されている。大隈は顎を上に向け、拍手と万歳を浴びて意気昂然《こうぜん》と入場した。尾崎行雄、若槻礼次郎、加藤高明などが壇上で演説を行い、最後に大隈が「得意満面で十八番の広長舌を振《ふる》ひ二千の会員を煙に捲いて終つた」という（『東朝』一月一八日）。翌日は午後一時より大隈伯後援会の全国大会が大隈邸の庭で催された（図

4-3)。ここでも三〇〇人ほどの来賓、八〇〇人の参加者がつめかけ、いよいよ総選挙に向けての旗あげとなった。浦辺襄夫は委員を代表して会務の報告を行い、関和知は大隈伯後援会から専属で推薦を受けた。

一方、千葉県では一月下旬に非政友派が梅松屋に集まり、公認候補を定める予定であった。すでに一月中旬、泡沫候補の整理を終えており、関和知は「真面目なる候補者」の一人に数えられていた(『東朝』一月一四日)。そして、一月二四日、午後四時半から開かれた大成倶楽部の代議士公認候補選定会で、関和知、鵜澤宇八、小林勝民が問題なく選ばれた。ほかの四人については議論が噴出し、後日、選定委員を選んで決定することになった。

地元長生郡において、関和知を推薦することに躊躇はない。一月四日、白井喜右衛門が茂原町の武田楼に国民党系の幹部を集めて協議し、一月一〇日に大会を開いて決めることにした。白井は長生郡豊栄村の出身で、千葉県の改進党、進歩党、国民党と改進党系の領袖として長年活動してきた人物で、しばしば県会議員としても当選し、また佐原町長も務めた地方名望家である。非政友派の地域内政治団体である長生倶楽部は、予定どおり、茂原町蔦屋において選定大会を開き、関和知を推薦することに決定した。そして、中央の大隈伯後援会、千葉県の大成倶楽部と協同して政友会を排斥するという決議を採択した。

長生倶楽部の支持をもって地元は押さえた。しかし、前回、匝瑳《そうさ》郡で関和知を支援した向後四郎左衛門翁がもうこの世にいない。夷隅郡は金綱丞《かねつなすすむ》など有力者によって後援を得られるだろう。ともかくあと五〇〇票は欲しいところであった。

『東京朝日新聞』(二月二一日)の関和知への評価は「人格、学識に不足なく、一定の主義政見を有して、口に筆に遺憾なく国民の意見を代表し得る者」であった。もし輸入候補が当選するようなことがあれば、それは関和知のせいではなく、選挙民の判断が不名誉なのだという。ただし、彼には金がなかった。前二回の選挙は次点であり、補欠によって幸運をつかんだにすぎない。同情する県民は多くいたが、黄金によってなびく者も多かった。

千葉郡は二八〇〇人ほどの有権者を擁するが、特定候補の地盤として確立されておらず、熾烈な選挙戦が予想された。非政友派では榎本次郎右衛門、中村尚武、関和知、無所属の板倉中などが進出している。山武郡は政友会の鵜澤総明《ふさあき》、非政友派の関和知、中村が争う場であるが、ほかの候補も切り込んでくるに違いない。

こうしたなか、匝瑳倶楽部が関和知を支持することに決めた。もともと、国民党を支えてきた政治結社で、柏原文太郎に加え、関和知にも公認を与えることにした。もっとも、彼は柏原に遠慮してこの公認を辞退している。それでも、有志は一度決議したのだから関和知も応援すると意気込んだ。

一方、山武郡の非政友派は一月下旬、まだだれにも公認を与えていなかった。君塚順之助か、関和知かどちらを推薦するかで決めかねていた。山武郡の非政友派は、関和知を応援する者を「理想派」と呼び、君塚を応援する者を「現実派」と称していた。理想派はもとより理想選挙を実現しようと画策しており、そのための演説会まで準備していた。もともとは青年会が発端で、山武郡理想団として結成され、青年会長の石井貫一が運動を取り仕切っていた。当初は政派の別なく理想選挙を行わせるところに目的があった。

のちに関和知は「青年団と修養」と題する一文を『大町大正青年読本』に寄せている。地方の青年団はこれまで、産業の振興や農業の改良を目的として組織されてきたが、道徳上の修養も必要であるという。「道徳上の修養ある国民として、欧米諸国民に対等の地歩を占めることは、なか〳〵容易の業《わざ》ではない」と記し(㉙150)、理想選挙を目指す青年たちに期待を寄せていた。

いよいよ出陣のときである。一九一五年一月三〇日午後二時より、千葉町千葉寺において、関和知は第一回政見発表演説会を開いた。二月五日は印旛郡八街《やちまた》村、二月六日は長生郡茂原町で演説会を開く予定であった。司法大臣の尾崎行雄、高木正年が応援に駆けつける手はずとなった。

予定どおり、二月五日は午後一時より、印旛郡八街公会堂において政見発表演説会を催した。尾崎行雄は「議会解散の意義」、高木正年は「選挙の責任」と題して応援演説を繰り広げた。二月六日の午前は山武郡の東金町、午後は長生郡の茂原町で同様の演説会を催すことになっていた。さらに夷隅郡でも演説を行った。そこから二月中旬にかけ長者町、勝浦町、国吉村、大多喜町などを遊説する計画を立てた。また、山武郡松尾町の公会堂にて二月一六日に開く予定の政見発表演説会には、『萬朝報』から黒岩周六が駆けつける手はずとなった。

中央ではすでに大隈重信の自邸にて、一月一二日、大隈伯後援会全国大会が催されていた。その席上、遊説部の発足が発表された。彼らは全国を六区に分け、四名一隊、全三三九回の応援演説を展開した。

個別の応援も二月から三月にかけて行われ、関和知の元には都筑懋績や比佐昌平ら計七人が派遣され、一〇回の演説が大隈伯後援会から与えられた。彼らは千葉県における非政友派の中村尚武や鈴木久次郎、鵜澤宇八、小林勝民、榎本次郎右衛門らも応援し、遊説部から千葉県へ二〇人の弁士と三四回の応援演説が投入された。関和知はそのうちの約三割を受けており、いかに大隈伯後援会が彼に力を入れていたかがうかがえる。

公認候補を決しかねていた匝瑳倶楽部は、二月二〇日の午後一時から総会を開き、改めて関和知を推薦することで一致した。関和知は山武郡から急行し、同日午後七時に八日市場駅に到着、後援者らに迎えられ今後の方針を協議した。こうしたなか、尾崎行雄は千葉県の非政友派に引っ張りだこであった。二月二〇日は安房郡北條町で演説会を開いて約二〇〇〇人を集め、二月二二日は誕生寺を参詣し、一行は関和知を応援するため大原町へ向かっている。

また、中央では同志会、中正会、大隈伯後援会において、与党の候補者を調整すべく、二月二三日、帝国ホテルで会合が開かれ、関和知も出席した。大隈伯後援会の全国における立ち上げは加速し、二月の時点で二五か所、三月には三〇か所に達していた。早稲田大学出身の有志は二月二一日午後二時より、東金町八鶴館に集合し、校友の関和知、中村尚武を応援することを宣言する。とりわけ、理想選挙を求める人々が関和知を支持し、同じ山武郡でも藤の家に集まった非政友派は同志会の中村を助けたが、後者は候補者を多く立て、この機に乗じて政友会に打撃を与えたいと考えていた。

一九一五年二月二四日、二五日の両日、大成倶楽部は会合をもち、代議士候補として関和知、鵜澤宇

八、小林勝民の前代議士らに加え、鈴木久次郎、榎本次郎右衛門、君塚順之助を公認候補として推薦した。三月一五日付『東京朝日新聞』に各候補の当落予想が掲載された。そこではすでに「当選確実の人」と関和知は報じられている。「今日の形勢を以《もつ》て推さば当選者と見ざる可《べか》らず、殊《こと》に政友の鵜澤総明氏と無所属の関和知氏とは共に高点の競争者と目せられ居れり」と予想されていた。鵜澤総明、中村尚武、関和知の争う山武郡では、鵜澤が約二〇〇〇票、関和知が七〇〇から八〇〇票と見られ、中村が苦戦を強いられる展開となっていた。

潤沢な選挙資金を標榜した君塚順之助は、非政友の各郡地盤を脅かすものと見られ、敵視されて逆に引きずり下ろされつつあった。他方、関和知は各郡から歓迎され、二人分の票を集め、ますます意気盛んとなり、「非政友公認候補間の憎まれ者となり不徳義なり友情なしなどの悪口を浴びせられ」ていたが（『東朝』三月一八日）、人気は高まる一方であった。とはいえ、「碌々《ろくろく》たる秘書官の地位を得たいばッかりに歴史ある国民党を去るとは見下げた奴だ」と、裏切り者であると考える人々もいた（『東朝』三月二〇日）。

三月一七日午前一〇時より、関和知は長生郡一宮町において政見発表演説会を開いている。ここでも『萬朝報』の黒岩周六らが駆けつけている。終了後、関和知は黒岩らと長生郡本納町へただちに移動し再び演説会を催した。同日の『東京朝日新聞』は、関和知が長生郡に一四〇〇か一五〇〇票、山武郡に一〇〇〇票、香取郡に五〇〇票と予想する。

ここにきて印旛郡和田村の有力者である円城寺栄亮が、関和知を応援することになり、同郡の得票は五〇〇票を超えるのではないかと噂された。円城寺も東京専門学校出身で地方政治につくし、村長や郡会議員を務めてきた。同年九月には千葉県会議員となる。彼はもともと国民党を応援しており柏原文太郎の後援者だったが、自身が県会議員の当選とともに同志会へ入ることになった。今回の選挙でも「支那浪人上りの柏原君と亜米利加《アメリカ》帰りの関君との間に劇《はげ》しい綴引《しころびき》の幕が演ぜられた」というように（『東朝』一一月二九日）、どちらを応援するかに注目が集まっていた。関和知は秘書官になったことなどを逐一、円城寺に電報で伝え、手紙を送るなどして懇意となるよう努めてきた。

そして、最後の演説会が三月二四日、午後一時半より千葉町の梅松別荘に開かれた。泡沫候補を除き、千葉県一七人の候補者が繰り広げた演説会は、全部で一九〇〇回にのぼる。うち三〇回を催した政友会の吉植庄一郎が一位で、関和知は二一回の二番手、国民党の柏原文太郎が二〇回を催した。関和知はそのうち山武郡で七回、夷隅郡で六回、長生郡で五回と集中的にこれらの地域を攻めている。そして、三月二五日、投票が行われた。

『東京朝日新聞』（三月二五日）は次のように報じている。「関和知氏は長生、山武を主として各郡に同情を有し最高点候補者の一人として算《かぞ》へられつゝあるも氏の地盤は鞏固なるものに非《あら》ず、只《ただ》弱きを援《たす》くる人気に投じたるものなれば若《も》し氏の勢力にして優れんか再び此《こ》の人気を失ふが如《ごと》き有らんかと機関紙は頻《しきり》に油断のならぬ戦況を報じつゝあれど実際の形勢より見るに鵜澤総明氏に亜《つ》ぐ者は氏を措《お》いて他に求むる能《あた》はず、されど本日の狩出し如何《いかん》が結果に大なる変動を生ずべき事勿論《もちろん》なり」。この日の朝、関和知はダメ押しで千葉町の有権者全員に「クセンタノム」と電報を打った。

あれだけ頑張った山武郡だったが、開票結果を見ると一六七票しか取れておらず、一四四八票の同志会・中村尚武が一位、次点が政友会・鵜澤総明で一二一一票だった。しかも、関和知の選挙運動を手伝った運動員の御須兵三郎が選挙法違反で取り調べを受けた。もっとも、違反の嫌疑は彼の陣営だけでなく、ほかの候補者においても同様である。そして総合結果は、関和知のトップ当選だった。速報では四二三四票をとって一位、二位は中立の加瀬喜逸《きいつ》で四〇〇五票、三位が同志会の榎本次郎右衛門の三六六七票だった。最終的に関和知の得票数は五一六五票、二位の榎本次郎右衛門三六六七票に対して一四九八票の大差をつけた。

千葉県でこれまで多勢であった政友会も、今回の選挙では当選者一〇人中二人とふるわず、同志会が四人、国民党が一人、中正会が一人、関和知と板倉中は無所属で二人という顔ぶれとなった。大隈内閣は第一党の同志会に加え、中正会、無所属の連立で支えられることになった。そして、一九一五年四月一日、大隈伯後援会は無所属団を結成する。関和知ら国民党を脱党した議員たちが作った進歩倶楽部も、この無所属団へ加わることになった。そして、同年の暮れ一二月二七日にこの無所属団は公友倶楽部へと改称する。

一九一五年四月二四日、早稲田大学の千葉県人会は、卒業生、新入生の歓送迎会を兼ね、午後五時より日比谷松本楼で当選代議士を祝った。関和知も中村尚武とともに出席し、約六〇人と歓談のひとときを過ごし、早稲田の人的ネットワークと地元のつながりに心を配った。また、五月二一日には、校友二水会の例会にも来賓代議士として招かれている。午後五時より日本橋の偕楽園で催され、議会開催時ということもあり多数の参加者を得た。

そして、五月二八日には午後五時より築地精養軒で、高田早苗の貴族院議員勅選を祝う校友大会が開かれ、あわせて校友の衆議院議員当選を祝うというので関和知も出席した。ほかに早速整爾《はやみせいじ》、大隈信常、田川大吉郎、頼母木桂吉、小山松寿《こやましょうじゅ》、小山東助など、その後も関和知と戦線をともにする人々が集まった。「学校直系の早稲田出では降旗が一番先輩で、その次は早速、関和知」と報じられるように、関和知は早稲田系として世間に認められていた（『羅府新報』一九二六年六月一〇日）。『早稲田学報』（二四四号）には「思ひは同じワセダニアン（略）奮闘努力の甲斐《かい》ありて議政壇上の人となつた同窓の光栄を賀せんとて、定刻前より接踵《せっしょう》来会せるワセダニアン堂に満ち」と記されている。

『大学と人物』のなかで錦谷秋堂は、早稲田の活躍の舞台は言論界と政界だというが、「不幸にして政治舞台に於《お》ける早稲田軍の活動振《ぶ》りは未だ容易に世人の注目に値ひするの域に達しない」と記している(165)。とはいえ関和知と山道襄一に対する評価は高く「僕の見る所只《ただ》早大出身と云《い》ふ許《ばか》りでなく同志会内の有力者として将来大に望みある二人者であると思ふ」と記し、雄弁家で機略に富み学識ある点などでは少々軍配を関和知に上げたいところだが深く探ってみると花たり難く月たり難いと記している(166)。関和知も早稲田人脈とのつながりを大切にしており、校友大会にも積極的に参加し、また、大隈提唱の社交クラブ、早稲田倶楽部などにも顔を出してネットワークを維持するよう努めてきた。

一方で、参政閑人編『列伝シクジリ代議士』には、関和知の風貌が「質屋の番頭」のようでハイカラにはなれないと書かれ、犬養毅を棄てて大隈についたことで秘書官になることができた、選挙運動では

「大々的上等の紙に大隈伯の大々的推薦の文字を書いて選挙民へ配つた」ので、ふだんは貧乏な彼が奮発してこのようなものを配ることができるのだから、大臣も近いのではと選挙民のほうもだまされたのだろう、などといわれている。もっとも、最高点で当選したと聞かされても、関和知自身が半日は信じなかったという（172）。

2 司法省副参政官

島田三郎を守れ！

選挙後の特別会、第三六議会は一九一五年五月二〇日に開会する。その最終日、六月九日の本会議は、衆議院議長・島田三郎に対し政友会と国民党が不信任案を突きつけるというので、開会前から殺気立ち、傍聴席は人で埋めつくされていた。

政友会の斎藤珪次が議長不信任動議を提出した。すかさず中正会の田川大吉郎が発言を求め、速記録ができてから議論してはどうかと提案し一時延期となった。一方、同志会の小林勝民は、昨日の議場における斎藤の暴言や議案書類を散乱させた態度について、懲罰委員会に付すべきであると怒りの声を上げた。また、政友会の蔵内次郎作が指名点呼中に閉鎖を破って退場し、制止しようとした守衛を蹴倒したことも懲罰の対象に加えられた。

そこで、田川大吉郎は懲罰委員会開催のため日程は変更されるのかと質問した。議長である島田三郎はまごついた。そこへ小林勝民が日程変更も含まれていると発言し、島田もそれを追認したため、政友会、国民党は「議長無能」を絶叫して抗議し、議員たちは扇子などで机を叩き、床を踏み鳴らし、「ノーノー」「ヒヤ〳〵」の大騒ぎを繰り広げた。

田川はさらに政府案の日程はどうなるのかと問いかけ、島田はしどろもどろとなり、議場は「混乱又混乱鼎《かなえ》の湧くが如《ごと》く蜂の巣を崩したるが如し」となった（『大朝』六月一〇日）。とはいえ、懲罰委員会の動議をなんとか成立させ、衆議院議長・島田三郎は一時三〇分にやっとのことで休憩を宣告した。午後に再開すると日程変更の動議がとおり、島田は降壇して副議長で和服姿の花井卓蔵に席を譲った。斎藤珪次は議長不信任案を改めて提出した。これに対し、無所属団の津原武が島田は公正を期していると主張し、一方、国民党の望月長夫《おさお》は単に不慣れというのではなく、議長としての能力がないと非難した。

ここで関和知が立ち上がる。国民党を裏切ったとして、議席からは「男子恥を知らず」「厚顔驚くに堪《た》へたり」との声があがった。彼は次のように発言した。議長・島田三郎君に対する不信任案に絶対反対である。政友会、国民党の提出したこの不信任案は「議員全体の品位名誉に関する重大なる問題であります」と叫んだ。すると、「其《その》品位を上ぐる為《ため》の問題なり」「喧《やか》ましい黙れ」などと野次が飛んだ。国民党が不信任案を出したとき、政友会はいつも無責任の言論などと反駁してきたではないか、しかるに政友会が野党になれば、毎日、不信任案を出して議場を混乱させようとする。議長の島田君は政友会の望月圭介君が「議場に於《おい》て、聞くべからざる不穏の言葉」を発しても、寛大に公平に扱ったではないか。

昨日は斎藤珪次君が議事録について「三百代言人が、字句の末、末節に拘泥《こうでい》して」いるかのような軽躁にして、仰々《ぎょうぎょう》しい議論を展開していた。「党派の心を離れて議会の面目を重んずる心あるならば、議長に於《お》いて多少遣《や》り違ひがあったと雖《いえど》も、己れ自らの平生の品位、又昨日来の行動に顧みて、斯《こ》の如《ごと》きことは退いて自ら戒《いまし》むれば議場の秩序は立《たち》どころに恢復《かいふく》し、帝国議会の品位面目は大に茲《ここ》に揚《あが》るのでありま す」と関和知は島田を擁護した。

その後も、中西六三郎が不信任案に賛成し、片岡直温《なおはる》が反対の演説をして、「衆議院は議長島田三郎を信任せず」という決議案に無記名投票を行った結果、投票総数三二七、否とするもの二一一、可とするもの一一六で議長不信任案は否決された。島田はようやく打ち解けた顔となり、ただちに副議長の花井と席を替わって議長席に着いた。

とはいえ、武藤金吉が演説を禁止されて退場を命じられ、自席にかじりついて守衛の言うことを聞かないなど、与野党の議場における混乱は続いた。すったもんだの波瀾のあげく、午後七時五五分、紛擾を極めた第三六議会（特別会）はようやく最終日程を終えて幕を下ろした。『大阪朝日新聞』（六月一〇日）は「殊《こと》に島田議長に対する政国両党の態度の如《ごと》き、寧《むし》ろ卑怯の沙汰なり」と書いて、島田が公平な態度をとっているのに乗じて政友会や国民党が議場を混乱におとしいれたと批判した。

政務官に就く

一九一五年四月三〇日、勅令第五七号で明治神宮造営局官制が公布されていた。関和知はこの造営局に五月一日から七月一八日まで参事として任命された。参事は内務大臣の奏請により内閣において任命されることになっていた。これは大隈重信が参政官の制度を整備するまで、関和知に与えた仕事であった。

新聞においてはすでに、人事の予想が報じられていた。内務大臣は大浦兼武であり、下岡忠治が代議士として当選したので、内務省の参政官に就くだろうと考えられ、秘書官であった関和知は内務省の副参政官になるのが筋であるが、「関氏は大隈伯直系の人物にて大浦内相とは親分児分《こぶん》の関係なく且《かつ》又其《その》の思想の経路に於《お》いて大なる懸隔《けんかく》あり」と『東京朝日新聞』は記し、それでも関和知の任命は確実だろうと伝えていた（四月二二日）。

どうやら逓信大臣の武富時敏が関和知を気に入っていたようで、当初、逓信省の参政官にという声もあった。『東京朝日新聞』によれば、関和知は逓信省の参政官となる予定であったが、国民党を脱党して自由にやりすぎであるとのことから、千葉県の同志会支部員が反対して任命が見合わされたという。無所属のくせに出世が早すぎるという意見もあった。しかし、第三六議会における島田三郎を擁護したときの演説や、「頭脳の明晰なる点に於《お》いて未来ある党人の一人に数へられつゝある事なれば」（『東朝』七月四日）、何とかして副参政官にしたいという閣僚の意向があり、当たり障りのない司法省へ回されることになった。

参政官の猟官運動は激しいものがあり、照りつける太陽のなか、田川大吉郎、早速整爾ら議員たちは夏の東京を狂わんばかりに駆け回ったという。田川は司法省参政官、早速は海軍省参政官となっている。

関和知は最初から正副どちらかの参政官になると見られており、内務大臣官邸を訪れた人に次のように語った。「イヤどうも恐縮だね新聞の辞令丈《だ》けは沢山《たくさん》頂戴したが真物《ほんもの》の辞令は怪しいものだ、兎《と》に角《かく》なつてもならんでも早く決定しないと毎度新聞紙上に晒物《さらしもの》になるので閉口だ」（『日米』七月七日）。

七月二日の閣議において正副参政官の任命が決定した。関和知は内務大臣秘書官から司法省副参政官へと任命された（図4-4）。それにともない、八月二日、従五位から正五位に叙せられた。参政官は一九一四年に各省官制通則、および特別任用令を改正して勅任官として設けるよう定められた新設のポストである。政党員に政府委員として議会で答弁を行わせ、経験を積ませることが目的であった。また事務官が議会での答弁に多忙を極め、事務が滞ることを解消する狙いもあった。

図4-4　首相官邸における参政官招待会（帝国歴史編輯部編『日本事蹟写真宝鑑』帝国出版社・1917年）

当時も後世も参政官への評価は低い。先行研究では、制度それ自体のもつ意味や、意義、制度設計など大きな枠組みにおける政策の位置づけが明らかにされてきた。内閣改造で党人派が参政官に就いたことや、続く寺内正毅政権下でこのポストが用いられなかったことなど、総じて効果はなかったという。とはいえ、制度として実績を残せなかった参政官も、少壮議員に官僚としての経験を積ませるという貴重な機会を提供した。それは政治家のキャリアにとっては実績となり、人的資本の蓄積につながった。

また、関和知は「政界切つての貧的で関君の夫人などはいつも自ら質屋の門口へ大風呂敷を抱へて現れた」といわれるように、政務官として俸給がもらえるのはありがたいことであった（『読売』一二月一七日）。内務省の官舎を出て、小石川久堅町に家を借りて移った。いずれにせよ、司法大臣の尾崎行雄の下に、「酒も飲まず、煙草《たばこ》も喫《す》はぬ野暮天の基督教徒《キリスト》」である参政官の田川大吉郎、「敦実却《とんじつかえ》つて優《まさ》れる」副参政官の関和知という組み合わせで司法省は進むことになった（山口：139）。

この頃の関和知の評価を少し伝えておこう。山口孤剣は「政治的清教徒」と表現する。犬養毅の歓心を買うよう御殿女中式に努めてきた。千葉県という党弊が多い場所にしては珍しい議員だと記している。また、国民新聞記者の杉中種吉は、「関和知君は、重厚質実の人、其《そ》の器は大ならざるも、相応の学識もあれば品格もあり、其弁《その》や達者と云《い》ふにあるらざるも、鋭気もあれば重みもあり」と見ていた（杉中1915：320）。

新聞との関連で言えば、尾崎行雄、田川大吉郎、関和知はいずれも新聞記者を経験した議員である。大隈重信内閣は大蔵大臣の武富時敏、逓信大臣の箕浦勝人、文部大臣の高田早苗などメディア業界に関与した人物が多かった。参政官で新聞にたずさわったことのある人物はほかに、町田忠治、安達謙蔵、早速整爾、大津淳一郎、加藤政之助《まさのすけ》がおり、副参政官には柴安新九郎や荒川五郎なども新聞業界出身の議員であった。

また、東京の有力な新聞代表者が視察のため一九一五年一〇月に渡米した際、関和知は大隈重信にこの計画を伝え、大隈は松井外務次官を呼んで便宜を与えるよう指示し、関和知はほかにも逓信省や農商務省とかけ合って、彼らが渡米できるように計らった。もちろん、排日問題も含めた日米の問題解決に向けた活動の一環である。帝国ホテルで九月二四日に盛大な送別会を催し、参政官の田川とともに彼も日米問題解決の希望を語って送り出した。また、サンフランシスコの記者団にも応援を頼んでいる。

無所属団の代議士として

関和知と高木正年、紫安新九郎、金尾稜厳は、一九一五年五月二九日、無所属団の公友倶楽部のうち与党合同に賛成するものと見られた議員二〇人に連絡を取り、翌日の午後三時から大井町の川崎屋で会合をもった。一二人が出席した。合同に反対する者もいて、この日は議論が百出し、意見はまとまらなかった。

六月一九日、議会報告を地元で行う大隈信常の応援で、関和知は島田三郎と前橋市へ向かっている。また、七月二五日には、若槻礼次郎、大津淳一郎らと神戸商業会議所で午前一〇時より立会発会式に参加し、午後から聴衆一五〇〇人の前で演説を行った。無所属の代議士ではあるが、関和知は他党との連携のなかで活動を進めていた。

八月三日、午後四時から帝国ホテルで無所属団が代議士会を開いた。無所属団として声明を出すべきとの意見もあったが、少数にて否決され、第三党へ流れるも自由だがほかを勧誘してはならないとの申し合わせがなされた。八月一〇日、大隈重信は内閣を改造する。関和知は司法省副参政官として留任した。その翌日、八月一一日午後三時より、公友倶楽部は政務調査会を開き、農商務省から事務次官を招いて予算の説明を受けた。

また、一一月二五日、東京の千葉県人が発起して、石井菊次郎の外務大臣就任祝賀会を築地の精養軒で催した。関和知も参加して演説を行った。石井は太田和斎の芦村塾《あしむらじゅく》における先輩であり、アメリカ留学中や列国議会同盟会議の折、同じ千葉県人として交流があった。

控訴院移転問題

さて、第三七議会が一九一五年一二月一日に始まる。まず、司法省副参政官として、関和知の仕事には裁判所の移転や設立への要望があった。一二月二〇日の審議に政府委員として出席し、長崎控訴院の移転などについて説明を行った。九州の控訴事件を扱うには長崎は地理上不便であり、また建物も老朽化していることから、福岡に移転したいと提案した。まず、佐賀のほうが交通の中心であるという異論や、広島の控訴院も廃止するのかとの質問、そして熊本に対する統計的資料の要望など、議員それぞれが発言を行い、その日は終了となった。

翌日は午前一〇時八分に開会する。本田恒之が次のように質問した。長崎控訴院を移転する理由に建物の老朽化があげられているが、実際に行ってみるとそうは思えない。福岡の裁判所は最近に建てられたもので、そこへ新たに控訴院と合併した建物を造るのは無駄ではないか。福岡はその費用を寄付すると申し出ているが、役所の建物を寄付でまかなうような競争は良いものではない。「司法省の便利であれば、金さへ持って来ればどこへでも持って行くと云《い》ふ非常に誤った方針になって居らぬか」と問いただした。関和知は長崎の建物が老朽化していることは事実であると説明し、福岡への移転は事件数や利便性から判断していると回答した。

しかし、誘致合戦は収まらない。長崎選出の議員たちが党派を超えて移転案に反対し始め、それに対して福岡選出の議員たちが政府案を通過させるための運動を起こし、その争いは熾烈となった。同志会は司法次官の鈴木喜三郎に反発して否決を目指し、政友会も司法大臣の尾崎行雄に不信任を突きつけ、国民党は尾崎を困らせるため否決の方針をとった。もちろん中正会は尾崎を支持して賛成であり、関和知も公友倶楽部で熱心な運動を行い賛成を取りつけるなど、大騒ぎとなった。

一九一五年一二月二二日、正午より院内の控室で公友倶楽部は代議士会を開き、この裁判所移転問題を取り上げた。奥村七郎が賛成演説を行い、関和知が質問に答え、大池忠助、田村新吉を除く全員が政府案の賛成を申し合わせた。こうした関和知の必死の取り組みに与党側の議員には同情する者も多く、他方、司法省参政官の田川大吉郎は、長崎選出議員であるため身動きが取れない状態となっていた。

結局、日程を変更して一二月二三日の本会議にかけられることになり、委員長の鹿島秀麿は政府案に反対の報告を行った。投票総数三〇二、委員長の報告を可とする者一六四、否とする者一三七で、長崎控訴院の福岡への移転は否決されてしまった。

人権保護に関する法律案

次に関和知が登場するのは一九一六年二月二六日の本会議である。高木益太郎らが提案する「人権保護に関する法律案」「刑事訴訟法中改正法律案」について委員会の報告があった。検事や警察官など犯罪捜査に関わる公務員に制限を加え、人権を尊重させようとする法案である。審議の結果、修正案が出された。

高木益太郎は、警視庁の捜査員が報道機関に捜査状況を漏らしたこと、留置場に南京虫が発生している問題、取り調べで拷問など残酷な処置がとられていることについて質問した。そして、かつて「犯罪捜査に関する法律案」を加瀬喜逸らと提案したとき、賛成者の一人には関和知もいたとつけ加えた。高木は登壇前に関和知のところへ行き、こうした事実を突きつけると脅し文句をたれていた。

実際どのような対策を講じているのか、「尾崎司法大臣は民間に居らるゝときには憲政の神様と言はれた人であるが、現在に於《おい》てどう云《い》ふ点が神様としての御利益《ごりやく》であるか」と詰め寄った。警保局長の湯浅倉平は、捜査状況を漏らした点については厳重にいましめている。南京虫の駆除にも努めていると答弁し、議場からは「官権虫を取締れ」などと野次が飛んだ。尾崎行雄も、担当者を集めて懇切に説明を与え、万が一問題があれば処分を行っていると答えた。

ここで関和知が登壇する。「賛成か反対か」と議場から声が上がった。「参政官だから賛成だらう」と野次が飛んだ。彼が卓上に書類を広げると、高木が「警保局長原稿を作る」と叫び、国民党の佐々木安五郎が「関和知之《これ》を読む」と続けたので笑い声が広がった（『東朝』二月二七日）。

関和知は修正案に反対の立場をとった。人権保護は重要だが、法を改めるほどのものではない。捜査員の横暴についてはすでに刑法がその処分を定めている。「提案者は尊敬するところの法律家諸君が多いのであります、其《その》尊敬するところの諸君にして斯様《かよう》なる案を掲げ来って、其目的を達することを所期せられるに至っては、余りに事情に疎《うと》いことではないか」と皮肉をかまし、犯罪捜査上作成した文書は証拠とすることができないという提案だが、「裁判手続の根本的是《これ》は破壊である」と反論し、文書が使えないのでは逐一、裁判所は証人を呼ばなければならない、経費のうえからいっても無理だろう。以前に同種の法案に賛成したときは、巡査が抜刀して人を負傷させるような横暴な時代であったが、現内閣でそのようなことはないと断言した。

さらに、望月長夫が、刑法とこの法案の修正案は異なるのではないか。職権濫用《らんよう》を防止する刑法の条項で、恐喝や詐言《さげん》も適用できるのかと関和知を追及した。彼は刑法と同じであると信じていると答え、「解釈に付てはそれ〳〵の所見に依《よ》るので」などと発言に勢いがなくなり、別の機会に争いたいと逃げた。もっとも、その後、斎藤隆夫が尾崎行雄の無能を主張して与党内に内紛が発生し、関和知の答弁もうやむやになった。

同志会、中正会、公友倶楽部の合同

公友倶楽部の幹事会が三月九日午後三時半から帝国ホテルで開かれ、関和知も参加して今議会の報告書の草案を協議した。大隈内閣を支える与党である同志会、中正会、そして公友倶楽部は合同への動きを模索しつつも、同志会と中正会には反目し合うところがあった。公友倶楽部には同志会や中正会への合同をもくろむ議員と、三党鼎立《ていりつ》を理想として新党結成に反対する議員がいた。中正会の尾崎行雄は、

関和知や高木正年を通して公友倶楽部を引き入れようと画策していた。

こうした与党大合同の動きは、早稲田関係者が集う水曜会にも波及した。しかし、そのようなことに使われる会なら脱会するという議員が多数いて、水曜会の世話人はそうではないと弁明し、これまでどおり開催することになった。このとき合同に賛成したのは桜井兵五郎だけで、関和知や紫安新九郎、小山松寿などはいまだ態度を決めかねていた。

第三七議会が終了し、大隈重信は三月二六日、静養中の山県有朋を小田原へ訪ね、加藤高明を次期首相に推薦した。しかし、四月八日、山県はそれを拒否する。大隈は寺内正毅にも同志会と提携するようもちかけたが、交渉は進展しなかった。七月に入ると、同志会と大隈伯後援会は超然内閣を拒否していると報じられた。八月六日、寺内は同志会との提携は不可能との返事を大隈に返す。

こうして、同志会、中正会、公友倶楽部の三派が合同して新党を結成し、それを基に加藤高明を首相へ押し上げるという構想が動き始めた。ただし、公友倶楽部の一部は八月二五日、合同反対を申し合わせており、他方、大隈は八月二六日、二七日と、公友倶楽部の代議士、約半数を早稲田の私邸に招き合同を勧めた。関和知は高田早苗、下岡忠治、大隈信常らとともに、招待する側に回って接待した。二七日、昼食をともにして、大隈は三派合同の必要を説き、高田は「実業界関係諸君は此際須《このさいすべか》らく政党に力を尽《つ》くし以《もっ》て党弊の打破政界の革新と共に国利民福の増進に尽瘁《じんすい》すべき」と訴えた（『東日』八月二八日）。九月九日の時点で、公友倶楽部のうち北陸組の斎藤喜十郎、横山章《あきら》、今村七平、桜井兵五郎が新党に参加することを決めていた。

九月一八日、高田早苗から加藤高明、尾崎行雄に正式な提案がなされ、三派から合同に向け二人ずつ交渉委員を出すことが決まった。同日午後一時から公友倶楽部、大隈伯後援会の人々が高田の下に集まり、合同に参加する者を確定した。もちろん、関和知もそこに含まれた。

さらに勧誘を進めることになり、高田も個別の説得にあたり、北陸から関西へは大隈信常、頼母木桂吉らが勧説《かんぜい》に向かった。関和知は九州・四国方面を担当した。彼は九州組の吉田磯吉を説得に行ったが、このときは謝絶されてしまう。しかし、奥村七郎、三浦得一郎らは参加することになり、総体として効果は上がっていた。彼は香川県に田淵貞四郎を訪ねて熱心に勧誘し、九月二一日には新党に参加することを決めさせている。九月二四日、大隈重信は高田と武富時敏を呼び、後継者として加藤高明を奏薦することを伝えた。

九月二五日午前一〇時、関和知も含め、公友倶楽部の合同派が高田早苗の下に集まった。勧誘についての報告と、今後の活動を決めたのち、新政党創立準備委員として大隈信常、今西林三郎、高木正年を選出した。翌日、大隈重信は参内して辞意を内奏する。あわせて加藤高明を後継内閣首相として推挙した。そして、一〇月四日に大隈は加藤を推挙した辞表を提出したが、山県有朋はこれを認めず、元老会議は寺内正毅を後継首班に決定した。

こうして関和知は野党生活へと踏み出すことになるのだが、ここで本章での活動をふり返っておこう。

国民党を脱党した関和知に対し、大隈重信は内務大臣秘書官のポストを与え引き立てた。もちろん、国民党は変節だとして彼に罵声を浴びせかけた。関和知は無所属となり、政党というリソースを失ってしまう。

その政治力の減退を補うものは、もちろん、大隈との個人的なつながりであったろうが、それだけと考えるのは早計である。早稲田の有志たちがただちに招待会を催し、脱党した彼を励まし、その決断を応援した。

関和知はこれまで、早稲田の人的ネットワークを大切にしてきた。講演会を地元に企画して大学関係者を招き、恒例の擬国会に出席して在学生との交流に努めた。早稲田出身という学歴は、少壮議員を支える人脈の一つとして担保され、やがて本格的に政治力へと変換される日がやってくる。

大隈の総理大臣就任を祝うため、早稲田大学の校友が集まったとき、関和知の同窓である浦辺襄夫が立ち上がり、大隈伯講演会の結成を提案した。浦辺は千葉県の実業家で、関和知が本拠とするメディア、新聞『新総房』を後援する同志であった。

早稲田の人的ネットワークが起動し、政治力として大隈を支え、その力は第一二回総選挙で余すところなく発揮される。関和知は同志会や中正会と連携しながら、大隈伯後援会専属の推薦を受けて選挙戦に臨んだ。地元政治結社の支援も取りつけ、『萬朝報』の黒岩周六からの支援も受け、彼は千葉県でトップ当選を果たす。当選後に開かれた高田早苗（早稲田大学学長）の貴族院議員勅選を祝う校友大会には、関和知をはじめ早速整爾、大隈信常、田川大吉郎、頼母木桂吉、小山松寿、小山東助など早稲田系の政治家がずらりと居並んだ。

そして司法省副参政官に登用され、彼は政務官として経験を積む機会を得た。制度として確立できなかった参政官も、政治家個人にとっては貴重な実績であり、そこでの経験は短いながらも、少壮議員に箔《はく》を与え、経済的資本に乏しい関和知の人的資本に新たなリソースをつけ加えた。

そして、高田早苗を通して、早稲田の人的ネットワークは関和知を新党の結成へと導いた。ここに苦節一〇年、憲政会における関和知の奮闘が開始される。

第五章 閥族打破から国民教育へ

寺内々閣の迷想

前代議士 關和知

一

寺内々閣の出現に關して、其原因を探究する時は、二個の大なる迷想が、其根本を爲して居るのを發見する。第一の迷想は帝國の歷史上より來たれるものにして、第二の迷想は現代的思想に對するもの之である。

第一の迷想に就いて考ふる時は、元老及び寺内伯一派の愛國心が、極めて偏狹なる所より生じ來つたものであるを知るに足る。寺内伯が動もすれば欽定憲法論を唱ひ、大權侵犯論を振り翳して、議會の行爲を批難する所以は、畢竟するに彼等の腦中に揺ける勤王思想に對して、殆んど不忠不臣の行爲であると速斷せらるゝが爲めであろう。彼等の欽定憲法は、我國體歷史の根底が、假令憲法に依りて議政の權利を國民に與ふると雖も、國家一切の權力は固より皇室に屬するを以つて、大權の發動に依る內閣組織の問題は、素より人民の容喙すべき限りに非ず、之に喙を挾むは我欽定憲法の精神に非ざると同時に、我國體の禁ずる所であると思考せらるゝに相違ない。然し乍ら若し此の限定よりせば、先帝陛下が國民に對して議政の權利と義務とを別ち與へ給へるは、寧ろ我國體上の異例の如く見らるゝの結論に到着しなければならない。國民に向つて國務を擔當するの責任を別ちたる以上、國民の意志能力の徹底を期する上より、其內閣組織の如き、又當然國民の意向如何に委せなければならない。之等の權利と義務とを國民に委托し、負擔せしめ、以て國家民人の幸福を增進するに足るべき、充分なる信任が 先帝陛下の認むる所となり此の信任の上に初めて憲法は頒布せられたのである。卽ち時代の進步と人智の發達とは、國家自治の上に充分なる安心と保證とを認められたる結果である。從つて列聖以來の君臣民心の一致を、成文の上に現はし得べき時代に達したればこそ茲に憲法政治の世の中が開けたのである。

然るに寺內伯一派は國民を信ずること薄くして、國民の意志を國務に徹底するは寧ろ國體に反する危險の所爲なるが如くに感ずるに至り、迷想も亦極れりと云ふべきである。國家を愛し皇室に忠なるの心に至つては六千萬の同胞誰一人として異なる者はない。寺內伯一派は忠君愛國を以て、自己の專賣の如く迷想せる結果、天下多數の國民、殊に議會の多數を以て、恰かも愛國心無く、忠君の念に乏しき非國民なるが如

雑誌メディアで政府を批判
『一大帝国』2巻4号・1917年

「卒然問ふて曰《いわ》く、君の如《ご》き政党の名士が俗吏と卓を共にして政務を講するも不快を感ずることなきかと。氏は之《これ》に答て、否々決して然《しか》らず、僕の如《ご》き、平生落ち着きのなき俗界に奔走する者が、朝夕学者に接して明論卓説を聴くは大に知見を開発し、又精神的修養の益を受くる所以《ゆえん》であると」（鈴木一先生記念出版委員編『鈴木一先生日記及書翰』鈴木一先生記念出版委員・一九三一年）

1　旧式的閥族内閣

憲政会結成

一九一六年一〇月九日、寺内正毅内閣が成立する。関和知は「国民大多数の後援を有せざる旧式的閥族内閣」と位置づけ（㉖87）、武断主義が濃厚で、官僚の私的功名心を満足させたにすぎないと同内閣を切って捨てている。山県有朋が寺内を推して突飛な政権横奪にでたのは、政党内閣の定着、すなわち立憲の常道に帰すことを恐れたからである。「老耄《ろうもう》せる山県公をして周章狼狽、遂《つい》に彼の平昔《へいせき》に似気《にげ》なき胡麻蠅《ごまのはえ》若《も》しくは折助《おりすけ》流儀の暴挙に出でしめた」（㉔17）。寺内内閣は、でたらめ政治家の後藤新平がいるだけで、「時節憐むべき旧思想の犠牲」にすぎない。そして超然内閣としては最後のものになるだろうと宣告した。

一方、同志会、中正会、公友倶楽部は一〇月一〇日、野党として糾合し、加藤高明を総裁に憲政会を結成した。一九八議席を擁する第一党であった。総務は尾崎行雄、武富時敏、高田早苗、若槻礼次郎、浜口雄幸、安達謙蔵、片岡直温である。関和知も含め公友倶楽部から二五人が参加した。

一〇月二〇日、加藤高明は、政務調査会の役員として会長に加藤政之助と一五人の理事を指名した。関和知はその理事の一人となった。さっそく、一〇月二四日午後一時より政務調査会理事会が開かれた。議会に出す議案は、あらかじめ政務調査会を通すよう決められ、加藤政之助は一一月六日、その担当を割りふった。関和知は第二部（外務）、第三部（内務）、第六部（司法）、第九部（逓信）を引き受けた。なかでも、第二部（外務）の主査を任された。

国民新聞記者の杉中種吉は、憲政会の陣容を評していささか貧弱であると述べ、それでも弁論家として通用する者に武富時敏、尾崎行雄、島田三郎、続いて片岡直温、浜口雄幸、そして関和知の名をあげた。「関君の弁は、抑揚波瀾の妙はなきも謹厳重厚、何となく底力のある点に、猶《なお》将来の望みを属す可《べ》きもの」であった（杉中 1916：63）。

一九一六年一〇月三一日、大隈侯後援会が解散式を挙行することになった。午後二時半から始まり、関和知も含め約二〇〇人が出席した。記念撮影が行われたあと、上島長久が開会の挨拶を述べ、市島謙吉が座長席についた。大隈は起ち上がり、「現代の政治は多数政治にして多数国民の政治的自覚に待つにあらざれば如何《いか》なる為政者の出現を見ると雖《いえど》も善政を布《し》くこと能《あた》はず」と宣言し（『憲政』一巻八号）、後援会は解散するが精神的には永く団結して国民のために義務を遂行してほしいと希望を述べた。

大隈は同年七月に侯爵へ陞爵《しょうしゃく》していた。一一月一二日はその祝賀を兼ねた早稲田の秋季校友大会が開かれている。帝国ホテルで午後五時より始まり、詰めかけた人々で休憩室の大ホールは混雑した。関和知は前政権の元副参政官という肩書きで招待を受け、晩餐をともにした。

この時より、彼の苦節一〇年にわたる憲政会での活躍が開始される。一一月五日、山梨支部の演説会に参加するため、関和知は武富時敏、早速整爾、高木正年、斎藤隆夫らと出張した。一行は午前五時二〇分発の列車で甲府へ向かう。午後一時、演説会場へ入ると二〇〇〇人を超える聴衆が彼らを待ち構えていた。夜は午後六時より望仙閣で歓迎会が催された。斎藤はその後、早稲田の校友会にも顔を出している。おそらくは関和知も同席していただろう。

一一月一五日は河野広中、秋岡徳生らと宮崎県を遊説した。一二月三日は北へ転じ、福島支部の発会式に参加する。午前一〇時より松葉館で開かれ、有志一〇〇〇人が集まる大盛況となった。来賓として武富時敏と関和知が演説を行い、河野が万歳三唱を叫んで宴会となった。

一九一六年一二月二八日、関和知は憲政会の院内幹事に指名された。政党における出世の第一歩であった。翌年一月二〇日、日比谷の大松閣にて憲政会の関東会が催される。千葉県選出議員として彼も参加した。加藤政之助が幹部会の議題を報告し、国民党と提携して寺内正毅超然内閣を打破する方針が示された。島田三郎は、解散後の選挙は労多くして功少ないものだが戦わざるを得ず、しかし、国民の政治思想は大いに進歩しているので全力をあげて努力すべしと激励した。

第一三回総選挙――謹直真面目の関和知

その数日後、一九一七年一月二五日、寺内正毅は衆議院を解散した。弾劾決議案への賛成を示す白薔薇を胸につけた議員たちは、そのまま懇親会を予定している築地の精養軒へと向かった。議場で話すことのできなかった尾崎行雄の演説を聞くためである。政敵を前にしていないため「麦酒《ビール》の気抜け」のようであり（『東朝』一月二六日）、彼の演説は今ひとつであった。関和知も立って「憲政の逆転我れ正に二三十年若返りたる心地す」と現政権を揶揄《やゆ》するが（『羅府新報』二月一五日）、会場を取り巻いた物々しい警官隊のわりに、懇親会は物静かに終わってしまう。

翌日は午前一一時より、同所で憲政会の前代議士会が開かれた。まず、第三八議会の報告書を起草するため、選挙を行った結果、委員に関和知、加藤政之助、早速整爾が選ばれた。その後、武富時敏、加藤高明の演説があり、加藤は前代議士を激励して昼食をふる舞った。一月二七日、さっそく午前一〇時半から起草委員会が開かれ、尾崎行雄、武富ら総務と、幹事長の富田幸次郎、そして関和知ら起草委員が協議を行った。おおよその項目を決定し昼頃には散会となった。

一月二六日は午後五時から、新富座で討閥大演説会が開かれる。約一五〇〇人の聴衆が押し寄せ場内は満員である。周辺は警察の提灯で赤々と照らされ、警戒態勢が敷かれていた。入場しきれない人々が扉を破壊するなど緊張感が漂う。そして武富時敏の演説中に、二階席から憲政会を非難する印刷物がまかれた。場内は一同総立ちとなってざわめいた。午後九時三五分、関和知が演説を終えて降壇し、代わって望月小太郎が壇上に登ると、にわかに聴衆が騒ぎ出し「余り内閣を攻撃するな!」と叫びだした(『読売』一月二七日)。そいつをつまみ出せと場内はまたもや混乱に陥る。静粛を乞うため花道へ向かった小林多間治に、一人の青年が短刀で切りつけた。小林は血まみれになり、聴衆がどよめくなか、警官がただちにその青年を取り押さえた。

いよいよ選挙戦に突入する。千葉県知事に折原巳一郎が任命されたことで政友会は意気軒昂であるという。しかし、「兵児《へこ》垂れたるにはあらず関和知、小林勝民、鈴木久次郎氏等は大に奮闘すべし」と『東京朝日新聞』は応援した(二月一日)。激戦となることが予想された。二月三日の『読売新聞』に関和知、小林、鈴木、鵜澤宇八の出馬が確定したと報じられたが、二月なかばになっても正式な立候補の表明はなかった。

千葉県非政友派への評価に、黒旋風「全国逐鹿界評判記（上）」がある。「関和知の才識に富み言論に長ぜる小林勝民の文章を能《よ》くして、計策に巧《たくみ》なる鈴木久次郎の機を見ること敏にして戦ひに勇なる、以《もっ》て政友派を迎へて以《もっ》て雌雄を決するに足りるであらう」（134）。アメリカ帰りであるにもかかわらず、関和知はハイカラというより「敦実な気」の持ち主と見られていた。小林は『朝野新聞』『静岡民友新聞』『台湾民報』などで筆を執ったことがある。鈴木は実業家で、製糸業や文房具を商い、銀行などの重役であった。

また、雑誌『一大帝国』（二巻三号）に関和知は「理想と現実との一致に努力しつゝある謹直真面目の前代議士」と紹介された。秘書官、副参政官を務め、事務的な才幹は凡ならざるものあり。ほかの議員が政権から遠ざかり落胆しているのに対し、「憲政会が成立匆々《そうそう》逆境に立つは之《こ》れ却《かえ》つて其《その》基礎を強固ならしめ、真に立憲的政党の価値あらしむる天の配剤であると喜んだ」。とはいえ、形勢はますます苦境に陥っており、不断の努力が求められるだろうと『一大帝国』の記者は注意を促す。一方、アメリカ帰りの候補者として、彼は在米の日本人からも注目を集めていた。そこでは、「最も当選確実」な候補者の一人に数えられていた（『羅府新報』四月二〇日）。

一九一七年三月五日、千葉県の非政友派は公認候補選定会を千葉町の梅松別荘に開く。関和知、小林勝民、鈴木久次郎、鵜澤宇八、遠山重義、藤井宏基の六人を公認候補と定めた。対する政友会は鵜澤総《ふさ》明《あき》、吉植庄一郎、また、国民党からは柏原文太郎らが出馬することになった。この時点で、優勢な候補者は政友会の鵜澤、吉植、そして憲政会の関和知と鈴木と考えられていた。また、故郷の政治結社である長生倶楽部も、全会一致の決議をもって関和知を候補に推薦することを決めた。彼も支援者への書簡において、「有力家にそれ〲自筆にて依頼状別に差上置き申候《もうしそうろう》」などアピールに努め（一宮町教育委員会：209）、三月二九日は午後一時より一〇〇〇人を集めて、地元で盛大な政見発表演説会を開いた。若槻礼次郎、鈴木寅彦、多田満長らが応援に駆けつけた。四月に入ると「戦局次第に切迫之《の》場合、呉々《くれぐれ》も御高配御尽力之《の》段伏而《ふして》奉願候《ねがいたてまつりそうろう》」と書状を送り支持を求めた（一宮町教育委員会：209）。

投票日は四月二〇日であった。四月二二日の開票結果によれば、千葉県トップ当選は政友会の鵜澤総明で四一二四票、続いて吉植庄一郎三七七七票、木村政次郎三五八六票が続いた。関和知は四位で三二六七票を獲得し当選した。このうち長生郡で一六〇五票を獲得し、約半数を郷里の支持によって支えられていたことがわかる。ほかにその北に位置する山武郡で三〇九票、南に位置する夷隅郡で五八四票を獲得しており、この三郡の支持が七六・四%を占めている。つまり、関和知は九十九里平野、房総半島の太平洋側から国政へ送り込まれたということがわかる。憲政会からはほかに鵜澤宇八が三一八二票で当選したが、鈴木久次郎、小林勝民は落選してしまった。

前回は最高点だった。今回は「政友会一味徒党が大に爆弾を投下し」、関和知の当選は危ぶまれていた。それでも当選したのはいよいよ地盤が固まってきたからではないかと、在米邦字紙『新世界』（四月二四日）は報じている。かつては町内の後家をたらし込んで浮かれたこともあったが、選挙戦で弱みにつけ込むようなことはせず、彼自身も年のわりになかなかの苦労人であり、実力がその報酬を得たものであると評価された。

全国的に見れば、政友会一六五議席、憲政会一二一議席、国民党三五議席で、憲政会は第二党へ転落してしまった。開票当日、安達謙蔵は本部の一室に籠もったまま姿を見せなかった。憲政会の意気は消沈していた。浜口雄幸も落選してしまった。そこへやって来た関和知も、「まあ悲観するもんぢやない、市部は何時《いつ》の内閣だつてその政府党が勝《かつ》んだが、凡《すべ》て政府の役人、政府の事業が多いからね」と嘆息した（『日米新聞』五月一〇日）。夜になって江木翼《たすく》や河野広中らが到着したが、憲政会本部は静まりかえっていた。

とはいえ、彼は雑誌『一大帝国』に「寺内々閣の迷想」と題する論考を掲げ、内閣への批判の手を緩めない。首相は欽定憲法をふりかざし議会を非難する。しかし、憲法は国民にも国政へ参画する責任を与えている。当然、内閣も国民の意向を反映させるべきであると述べ、「寺内々閣を弾劾するは、吾人国民の正当なる権利」と主張した（㉚59）。また、世界的に個人思想や民主主義の勢力が拡大し、日本にも伝わっている。寺内正毅はこうした事態を「頗《すこぶ》る危険なる傾向であるとなし、此《こ》の思想を撲滅するに非《あらざ》れば、国家の安全を期し難し」と考えている。しかしそれは誤解である。個人の思想を押さえつけることなどできないと関和知は考えた。

寺内正毅内閣の言論弾圧

一九一七年六月一一日午後二時半より、憲政会は本部にて幹部会を開いた。そこで、六月一六日の首相官邸における予算内示会に出席する議員一六人を選出し、そこに関和知も加わった。特別会の第三九議会が六月二三日より開始された。

関和知は六月二六日の本会議に登場する。当日の議場は梅雨晴れの恐ろしい暑さで、議席に空席はなく、傍聴席も満員、みな汗を流しながらの討議となった。まずは総理大臣の寺内正毅が短い挨拶を述べ、大蔵大臣の勝田主計《しょうだかずえ》が予算の追加について説明し、外務大臣の本野一郎が方針を説明、島田三郎が質問の口火を切った。次いで望月小太郎が立ち、斎藤隆夫などが質疑したあと、いよいよ彼の出番が回ってきた。

関和知は冒頭から、地方官会議における寺内正毅の訓示にかみついた。首相は国民思想について誤解、曲解している。政権が発足して以降、八か月のあいだに発売頒布を禁止され、起訴され、刑事告発されている新聞雑誌がほぼ三〇〇件に達している。国民が政治に対し自由に意見や思想を発表することを、寺内内閣は危険視し言論を弾圧してきた。「何が故に斯《こ》の如《ごと》き議論、斯《こ》の如《ごと》き文章が、危険なる思想として是《これ》が法律の上に問はれ、是《これ》が発売を禁止せらるるかと云《い》ふことを疑はざるを得ないのであります」と投げかけた。

さらに関和知は、近来、政界の空気は極めて陰険となり、政権の授受は国民に対して公明正大な理義によって行われていない、こうしたなか政治上の意見を戦わすことは、犯罪でもなければ危険でもないと主張した。議場からは「何を言ふのだ」と叫ぶ者があった。彼は続ける。寺内首相は隣国に政変が起こったことを理由に、日本の国体を問題視するが、「此等《これら》の事の為《ため》に露聊《つゆいささ》かも我が国体は動揺すべきものではない」と述べ、国民思想が動揺しているから新聞雑誌を取り締まるという理屈は通用しないと反論し、「此頃《このごろ》は所見を異にして、忽《たちま》ち寺内内閣を信ずるに至った所の其《その》先輩政治家犬養君」でさえ、国民思想は動揺していないと語っている。社会主義におびえるような考えは旧式だと批判した。

これに対し内務大臣の後藤新平が立ち上がる。言論を尊重するのは政府も同じであると述べ、取り締まりに関する統計上の資料はあとでご覧にいれるなどと釈明したため、「何の事だか分らない」という野次が飛んだ。関和知は自席から「時代の思想も文明も解釈することの乏しき、若《も》しくは疑はるゝ所の小官吏、属僚」が新聞雑誌を検閲することを改めるという意味か、と叫んだが、そこで議論は立ち消えとなった。

このやり取りについて、新聞『羅府新報』は「速見整爾《ママ》関和知の新進は大に閣員の揚げ足をとり少からぬ議場に余興を添へたり」と伝え（六月二八日）、関和知自身も改めてこの問題を「我が国体と所謂思想問題」と題し『教育時論』に掲載した。ロシアやドイツで起きた革命の影響を防ぐ手立てを考えるのは大切だが、実際、日本で流行しているわけではない。国体を覆そうなどという者はいない。まして民本的、民主的思想が唱道されても、「デモクラシイの世界的潮流は人類の平和、自由、幸福を目的とするもの」であり（⑤19）、政治や社会に危険を及ぼすものではないと考えた。むしろ危険なのは、国民の思想を圧迫しようとする軍閥や官僚、富豪の不正義である。革命のような考えが起こるのは、そもそも特権階級の専制が条件である。国体の擁護に話をすりかえるのは狡猾《こうかつ》だと政府を非難した。

緊急動議への反論

七月三日の本会議に再び関和知が登場する。政友会の鵜澤総明が、樋口秀雄の提出した質問主意書に対し、秘密会議の内容に及んでいるため議院の信用を傷つけていると非難し、撤回を要求する緊急動議を提案したことが発端である。

樋口は秘密会議の内容は公刊できないが、内容についてまったく議論できないとなれば問題であると述べ、それでは言論の抑圧につながると反発した。そして、「総《すべ》ての問題を此《この》公開の席に於《おい》て攻撃すること能《あた》はざるが如《ごと》き悪辣なる手段を弄《ろう》するやうな政府が無いとも限りませぬ」と警告した。しかもすでに質問主意書は『官報』に掲載されて、その内容は秘密でもなんでもなくなっている。政府はそれを止めなかったではないか。つまり、事実上、秘密にしなくてもよいとお認めになったのだろうと切り返した。

政友会の広岡宇一郎が鵜澤総明の動議に賛成の声をあげた。樋口の質問主意書は秘密会議に触れている。『官報』に載っていることは違法である。公刊だけが禁じられているのではなく、秘密会議の内容は公の場で論じることもできないと彼は主張した。

これに対し憲政会の野村嘉六は鵜澤の動議に反対し、政友会の横田千之助は野村の意見は誤解であると述べ、もはや関和知も黙ってはいられなかった。「本員は親友鵜澤君の動議に対して反対を致し、樋口君の質問を以《もっ》て此《この》議場に於《おい》て十分なる其《その》理由の在る所を明かにし、政府の所信茲《ここ》に外交の方針、延《ひ》いて此《この》質問にある所の出来得る限りの趣意を徹底せしむると云《い》ふことに同意を表する者であります」と宣戦布告した。

はなはだ奇怪なことに、政友会は本日の議論において、演説中の一句を取り上げて取り消しを要求し、さらにその質問に対し抑圧を行い撤回させるべく努めている。こうした行為は、議員自らその権限を縮小しているに等しいと関和知は主張する。また、質問の内容が秘密会の内容に及ぶ恐れがあったとしても、それを指摘するのは総理大臣か外務大臣の務めであり、なぜ政友会が騒ぐのかと問いかけ、秘密会の内容についても「国民をして輿論《よろん》をして疑惑を懐《いだ》かしめて居る点が多いのである」と述べ、政府は進んで国民に向け説明すべきであると訴えた。余計な心配をして議員の権能を自ら辱《はずかし》め媚《こ》びを政府に売るような態度は、憲政に対する道徳上の責任を放棄しているのではないかと語気を強めて非難したが、鵜澤の動議は政友会の起立者多数により賛成の判断が下された。

内務大臣・後藤新平を弾劾

こうしたなか、憲政会は後藤新平内務大臣を弾劾する決議案を用意した。「内務大臣男爵後藤新平は自から反省して速《すみやか》に処決すべし」(『読売』七月六日)。この動議は一九一七年七月五日に提出された。提案者は関和知、富田幸次郎、早速整爾、上島長久、古屋慶隆《ふるやよしたか》、小山東助、横山金太郎、三木武吉《ぶきち》の八人である。説明には早速があたり、関和知、小山東助らが応援演説を展開する手はずとなった。

焦点は昨年八月に後藤新平が配布した印刷物である。内容に軍務当局者への中傷が含まれており、しかも事実無根であったという。審議は七月一一日の本会議にかけられた。傍聴席は満員となった。早速整爾は「後藤男爵の不謹慎、後藤男爵の不誠実、其《そ》の悪徳、其《そ》の濫行《らんぎょう》は我国民として断じて黙過することの出来ない」と断じた。

予定どおり、関和知が登壇し応援演説をぶつ。「諸君、本員は早速君の提出せられたる不信任案に対して賛成を表する者であります」。そもそも後藤内相自身、印刷物で記載された事実について確証をもっていない。大臣就任以前に行われた行為とはいえ、問題は継続している。「自ら信ぜざる所のものを人に伝へると云《い》ふことは、是《これ》は責任ある所の士人の為《な》すべき事であるや否や、又自ら事実と認めざる所の事柄を配布すると云《い》ふことが、是《これ》が果して国家に忠なる者の為《な》す所であるや否や」と問いかけ、糾弾した。

さらに関和知は「寧《むし》ろ諸君の是《こ》れは御笑ひの材料として供すべき所の事柄が一つあります」と述べ、後藤が同年五月二九日に地方官会議において示した訓示をお笑いぐさとして取り上げた。すかさず場内から「御笑ひの材料とは何だ」という抗議の声があがった。関和知は「訓示が実に御笑ひの材料であるから能《よ》く耳を洗って御聴きを願ひたい」と続けたので野次は激昂し、「神聖なる議場に於《お》いて御笑の材料とは何だ」と騒ぎだした。議長の大岡育造が「静粛に願ひます」と注意を促すなか、関和知は声を張り上げる。「内務大臣が国事に対して国家に不忠実なること既《すで》に斯《こ》の如《ごと》くである、而《しか》して……」。議場騒然となり聞こえなかった。議長の大岡も「静粛に願ひます」と繰り返すばかりで効果が見られない。関和知もたまりかねて「静かに聴き給《たま》へ」と声を荒らげた。「御笑草とは何だ」との野次、再び議場騒然となる。大岡もついに「関君に対しても言語を慎しむやうに注意を致します」と告げた。

「宜《よろ》しい、承知致しました、斯様《かよう》な言動を為《な》して憚《はば》からざる所の内務大臣が其《その》地方官に向ひ、及び以下の百僚に向って身を以《もっ》て範を示すと云《い》ふことは是《こ》れ実に天下の笑草である。斯《こ》の如《ごと》き職責を顧みざる所の乱暴狼藉《ろうぜき》を為《な》す内務大臣が其《その》職守に忠実云々《うんぬん》と言って下僚に訓示することが、天下の一大笑草であると云《い》ふのであります」と彼も引き下がらず、憲政会からの盛大な拍手に包まれて降壇した。もっとも、議長の大岡育造について、関和知は俗悪分子を引き連れ利権獲得運動をたくましくする政友会の頭目と考えてはいたが、「議長としての手腕と才能とは、益々《ますます》世の承認する所と成つた」と認めていた（㊹61）。

翌日の『東京朝日新聞』には「関和知君手厳しく後藤内相を攻撃し、最後に「お笑ひの材料を提供しますから、耳を洗つてお聞なさい」と余計な口を滑らしたので、三輪市太郎君其《その》他政友会席で、神聖な議場で、お笑ひの材料とは何ぞやと煮え返る様な騒ぎを惹起《ひきおこ》したのは暑いのに御苦労千万」と報じられた。

2　早稲田騒動と中国視察

母校の調停に乗り出す

その頃、関和知の母校、早稲田大学で騒動が持ち上がり、早稲田出身の議員は少なからず気を揉むことになった。第二代学長の天野為之が、初代学長の高田早苗と次期学長をめぐって争いを始めたのである。天野は早稲田を大隈重信から自立させたいと考えていた。一方、教員、職員の多くは経営に優れる高田を支持した。とはいえ、文部大臣を辞した高田が復帰するのは勝手すぎると考える者も少なくなかった。学生たちは両派に分かれて争った。

一九一七年六月二〇日、校友有志による長文の印刷物が新聞に掲載され騒動の発端を作った。同日、関和知は憲政会本部で代議士総会に出席していた。早稲田に連なる議員たちはその内容に驚き、関和知、早速整爾、斎藤隆夫、小山松寿らほか多数が別室に集まって話し合った。そこで、まずは憲政会総務でもある高田早苗に会見を求めることにし、彼らはさっそく総務室に高田を訪ねた。高田は、天野為之が辞意を表明し若手に学長を譲れというので、高田に復帰せよとの声もあるが、天野の意見を入れたいと語り、いずれにせよ、若手も含めて民主的に運用できるよう校規を改正し、その運用によって早稲田を経営するよう改める方針であると彼らに説明した。その場にいた早稲田関連の議員たちは高田の意見に賛成し、新しい校規についても彼の判断にゆだねることにした。

こうして天野は辞任するだろうと予想され、高田も復帰を辞退したので解決に向かうと思われたのだが、教授会および評議員会での発言に不満をもった天野が学長を辞任しないと言いだした。一方、高田は新しい校規を作り、それは七月一〇日から審議にかけられ、施行されるまで天野を留任させることになった。しかし、即時辞任を求める声も多く、市島謙吉、浮田和民らは大隈重信に天野へ辞職を勧告するよう迫り、このような事態にまで至らせた責任は自分たちにもあるとして、ほか多くの教員が辞表を提出する事態に陥った。

早稲田関連の憲政会代議士は驚き、母校で繰り広げられる騒動を憂慮して、関和知、降旗元太郎、武市彰一を代表として調停に乗り出すことにした。七月二〇日、関和知らは天野を訪問し、また翌日には大隈にも会って、さらに七月二二日、高田を訪ねた。しかし、紛擾は収まる気配を見せず、天野は大隈の辞職勧告を退けた。

八月三一日、天野の任期は切れ、学長不在で理事により学内行政を行う体制が発足する。夏休み明けの九月一一日、早稲田劇場で行われた演説会に参加した天野派の学生、校友らが大学を占拠し、九月一三日から寄宿舎に立て籠もるという事件を起こした。九月一五日は、逆に天野に対抗する母校擁護団が寄宿舎を占拠した。地方から戻った学生たちは寄宿舎を開放するよう迫ったが、瀬川光行や三木武吉、比佐昌平など母校擁護団は、九月二二日の授業開始が無事に行われれば解放するといって譲らなかった。

そこで、関和知や降旗元太郎、小山松寿、柏原文太郎など代議士経験者らが党派を超えて動くことになり、九月一九日午後一時に内幸町の早稲田倶楽部で交渉を行った。同日は早稲田劇場で演説会が開かれていた。天野派の学生たちが終了後に寄宿舎にいる三木武吉一派を掃討し乗っ取るつもりであるという噂が立った。早稲田周辺の警察は非常招集を受けて厳戒態勢を敷いた。関和知らは内幸町の早稲田倶楽部に、天野を応援する石橋湛山《たんざん》、西岡竹次郎を呼びつけ、早稲田の問題は建設的に解決すべき時期に入っており、われわれ早稲田出身の議員も及ばずながら尽力したいと仲介を申し出て、母校擁護団の瀬川、三木からも了解を取りつけて、その夜だけ寄宿舎を解放することを認めさせた。

早稲田大学の評議員、および教授会は幹部の人選に頭を悩ませた。このとき関和知も早稲田の幹部候補として名前をあげられるにいたった。「関和知氏は教授会及評議員中に賛成者多く、早速整爾、豊川良平両氏と共に略《ほ》ぼ確定せるが如《ごと》し」と報じられた(『萬朝報』九月二二日)。その後、騒動は収まり、早稲田大学は理事制で運営を行い、翌年九月、校規を改正して学長に平沼淑郎を選出した

帝国の実力を知る

一九一七年八月一八日、憲政会は午後二時より政務調査総会を開いた。関和知も委員として出席し、アメリカの鉄輸出禁止問題について話し合った。決議を作成し、それを政府に徹底させるため関和知、樋口秀雄、田中善立《ぜんりゅう》が実行委員として選ばれた。

関和知はこれまでアメリカ帰りの議員として、外交面ではもっぱらアメリカを対象に活動してきた。しかし、日本が中国大陸への利権を求め始めるにつれ、東アジアの情勢についても積極的な発言を行うようになる。そのきっかけが中国視察である。大隈信常、頼母木桂吉、桜井兵五郎、横山章、原文次郎

とともに、彼は約一か月、朝鮮半島、中国大陸を見て歩く機会を得た。

秋晴れの一〇月一二日、関和知らは京都の三条花《か》外楼《がいろう》に集合した。洪水のため大阪に向かう列車が不通となり、一行は人でごった返すなか奈良を経由してなんとか梅田駅にたどり着く。大阪で一泊したのち、一〇月一三日は早朝より下関へ向かい、そこから連絡船高麗丸に乗船して釜山を目指した。翌朝、朝鮮半島に上陸した彼らは、汽車に乗り換え京城へと向かう。一〇月一五日は現地を視察に出かけ、夜は早稲田大学校友会の歓迎を受けた。一行は平壌を経てさらに奉天へと旅立つ。

一〇月一八日午前六時二〇分、列車は奉天駅に到着する。日露戦争の戦跡などを見学したあと、南下して午後八時には大連のやまとホテルに投宿した。欧米風の立派な建物で、バルコニーから眺める景色は絵のように美しかったという。一〇月二三日、関和知は旅順を訪問して二〇三高地に登る（図5-1）。また青島を視察するため船で往復し、大連では大豆工場などを見学した。大連を離れて奉天に戻った彼は「寒威烈《はげ》し、零度以下と称す」と記し、寒さに震え上がった（㉜23）。

図5-1　旅順二〇三高地の戦跡、中列左端が関和知（関和知編『西隣游記』1918年）

一〇月三〇日、北京に到着した。「招待又招待、歓迎又歓迎、一日多きに三四回に及ぶ」というように、行く先々で歓待を受けた（㉜132）。関和知も中華料理に精通するようになり、北京料理が第一であると感想を漏らしている。さすがに疲労もピークに達して、一行は相談して終日休養をとることになった。一一月二日、大隈信常、関和知、横山章の三人は日華同仁医院を視察した。一五万円の工費をもって建築した病院は立派だったが、となりにはロックフェラーの寄付による医学校と付属病院があり、一〇〇〇万円を投じた壮大な施設があった。関和知らは「日支の根柢的友誼を鞏固にし百年の大計を策するもの豈《あに》深く考慮する」ことになった（㉜28）。

一一月五日、午前九時二〇分発の列車で一行は北京を発ち、丸二日をかけ漢口を目指した。しだいに風景は高原のようになり、丘陵地帯に田畑が見え、竹林などをとおり抜けると、山間はさらに険しくなっていく。一一月八日は関和知と大隈信常で三井物産の用意した自動車に乗り、漢口の競馬場や租界などをドライブした。そこから一行は鳳陽丸という船に乗り長江を下る。一一月九日午前二時、港に着いてボートに乗り換え、大冶鉄山を視察に向かう。「奇寒骨を刺す。一碗の茶を啜《すす》りて直ちに褥《しとね》に就く」という寒さであった（㉜41）。鉱山の視察を終えて再び長江へ戻り、ゆったりとした船旅を楽しんだ。大隈と横山章は将棋にふけり、頼母木桂吉、桜井兵五郎は船室にこもって昼寝をしているようである。関和知は『報知新聞』宛ての原稿を書いていた。

一一月一二日午前七時、一行は上海に到着した。ホテルアスターに投宿した関和知は旧友の訪問に喜んだ。一一月一三日には上海港に向かい各国勢力の消長について見てまわる。関和知は「英国に対して我が帝国の実力的侵略の状は仲々に括目《かつもく》に値するものあり」と記している（㉜47）。また、この日は岑春煊を訪問して、そこに集う人々と外交問題について盛んに意見を交わした。さらに孫洪伊の自宅を訪れ、関和知は両国の親善が誤解や猜疑に陥りつつあると指摘し、単なる社交辞令ではなく、実際上の交流がなければならないと痛感した。

一一月一五日は晴れて暖かく、大隈信常と杭州へ遊びに行くことにした。汽車が郊外に出ると工場の煙が見え、彼らは上海が発展しつつあることを知る。また、東亜同文書院に対しアメリカのセントジョンズ大学が存在する上海に競争の激しさを感じていた。杭州では昼食のあと西湖に舟を浮かべて景色を楽しんだ。上海に戻ってからも、一行は慌《あわ》ただしく社交に明け暮れ、現地の要人と会見を重ねて交流に努めた。

一一月一七日は晴れ、暖かな日差しのなか関和知らは郵船八幡丸に乗って帰国の途に就いた。一一月一九日午前七時、長崎港へ入港した。「日本の風景、吾人は実に恵まれたる国民なりとの感特に深かりき」と関和知は感じた（㉜57）。一行はさっそく長崎県の憲政会支部に招待され、中国漫遊談を披露する機会を得た。また、『東京朝日新聞』（一一月二〇日）に「南支反日気勢」という記事が載り、関和知の談話が発表された。段祺瑞など北方の軍閥は寺内内閣の対支政策を歓迎しているが、南方の軍閥は日本が紛争に介入していると反発しており、庶民の感情も悪化していると警告した。一一月二一日には列車で神戸に到着し、関和知は神戸神学校にプリンストン大学の旧友、溝口悦次らを訪ねている。その後、先発して京都にいた桜井兵五郎と落ち合い、一一月二二日午前八時三〇分、無事、東京駅に帰着した。

一行は三井物産など在留日本人や軍関係者の接待を受けながら、かなりの速さでこの視察旅行を駆け抜けている。大隈信常もいることから、各地で早稲田大学校友会が歓迎会を開いてもてなした。また、中国の各界名士ら多数と会って意見を交換し、人脈を作るよう腐心したと見える。視察を通じての感想は「支那各地に於《お》ける我が経済的勢力の発展は牢乎《ろうこ》たる基礎を築き得て、外国との競争場裡最優勝の地位を占むべきは独り実業者の自信する所なるのみならず、内外一般の承認する所たり」であり（㉜56）、かなりの自信を得て帰国している。また、関和知は、第二次大隈重信内閣の対華二十一ヵ条要求について、「東洋に於《お》ける帝国の基礎を永遠に確定したる」功績であると考えていたが（㉜103）、現地を視察することで、その考えに確信をもった。

朝鮮半島については、近代化に順応できず没落しており、自動車を珍しがってついて回る子どもたちを見て「亡国民の運命を語るもの」と彼らの目には映った（㉜61）。また中国についても、「名許《ばか》りの共和民主国、統一も無ければ秩序も無し」と書き（㉜153）、眠れる獅子ではなく死せる豚だと言い放っている。

この視察旅行について、一九一八年八月、関和知は『西隣游記』という本を出版した。先述のほとんどはこの記録による。彼はまた一月一日付の『大阪毎日新聞』に掲載した「支那と列国の共同保障」という論文を、同書に収録している。日清、日露の戦争を経て、大隈重信が日支協約（対華二十一ヵ条要求）を締結し、支那における日本の地歩が確立されたと悦びを表した。しかし、排日運動が盛んとなり、今後は支那人の利害を第一とし、親善に努めねばならないといましめた。

そこで、関和知はアメリカの外交を参考にしている。「米人の支那に於《お》ける事業は教育とか、布教とか慈善衛生とか云《い》つた風の、直接の利益には誠に縁の薄いもの丶みであるからこれあるが故に、石油の利権やら運河借款の利権やらが、自ら其《その》手に転がり込む」と考えた（㉜169）。今日なら、さしずめソフトパワーによる外交といったところだろうか。日本も表だって利権を要求することを改め、アメリカを見習うべきであるという。

一九一七年一二月五日、彼は憲政会本部で茶話会を開き、武富時敏、安達謙蔵など議員ら五〇人を交えて、頼母木桂吉、桜井兵五郎と三人で視察について語る機会をもった。また、一二月二八日、憲政会本部において対中国問題に関する有志の協議会に参加し、今後も研究を続けるため、関和知、樋口秀雄、小寺謙吉の三人が委員に指名されている。そこでは、同行した頼母木らが中国視察旅行について感想を述べるため同席していた。

実際、関和知はこの中国視察の成果を踏まえ、外交面で発言の幅を広げた。一九一八年三月二三日の第四〇議会で、彼が提案した「日支文化の施設に関する建議案」が、高橋本吉の「支那人教育に関する建議案」にあわせて付託されることが認められ、三月二五日にその委員会が開かれた。

高橋本吉は友人で以前より一緒に提案することを話し合ったが、二つの建議案になってしまったと関和知は事情を説明した。彼らはプリンストン大学の同窓生であり、二人とも一九〇六年にマスター・オブ・アーツを取得している。高橋は政友会、関和知は憲政会と政党を違えたが建議案の主旨は一致していた。高橋が説明に立ったとき、関和知は反対党の議席から一人拍手して声援を与えた。

関和知はこの委員会で、奨学金を与えて授業料を免除し、宿舎の費用を安くするなど中国人の学生を援助できるかどうか政府に尋ねている。また、高橋は「思想の融和、それからして互に十分の理解に到達したい」と述べ、学校教育が最もよい手段だが、語学の普及や新聞報道などでも両国に誤解がないようにしたいと希望を語った。留学生からお金をとって教育するのではなく、こちらがお金を出して教育を受けさせるというふうでなければならない。「日本人に親しく接触して、帰ってから後に日本は悪い国であったと言はぬやうに教育してやると云《い》ふのが、此《この》建議案を提出した趣旨であります」と説明した。

関和知はさらに、昨年、馮国璋大総統に会ったとき、中国から学生を送ってほしいとお願いし、彼もその考えに同感してくださったと中国視察の成果を披露した。そのとき、日本語を教える機会を中国の学校でも設けたいという話になった。中途半端な語学力で日本に留学しても、高等教育をうまく伝授できない。すでに了解があるのだから政府のほうでも進めるべきであると主張した。

建議に条件をつけるため午前一一時五〇分から休憩に入り、文言を高橋本吉、樋口秀雄で検討して、午後から修正した建議案が提案された。委員会は問題なく満場一致でこれを可決した。

3 軍閥政治批判

明らかに無能なる寺内正毅内閣

先の選挙において、千葉県安房郡の投票に不備があったとして訴訟が起こされていた。一九一七年一二月六日、大審院は上告を棄却し、安房郡の選挙をすべて無効として千葉県下の当選者全員を資格なしとする判決を確定させた。政友会、憲政会、国民党を問わず、すべての代議士が再選挙に追い込まれた。

もちろん、関和知も資格を失い、この事態への対応を迫られた。投票は一二月一八日と決まった。憲政会の鈴木久次郎など、四月の選挙で落選した候補者たちは猛烈な選挙運動を開始した。

再選挙の結果、関和知は無事に三二五三票を獲得し、千葉県第四位で当選を決めた。そもそも彼は安房郡における得票がなく、問題となっていなかった。一方、同党の鈴木久次郎はこの選挙で復活当選を果たした。

さて、憲政会での活動は一二月三日、政務調査総会が本部に開かれ、関和知は選挙法改正案について積極的に意見を述べた。また、一二月二二日、首相官邸における予算内示会に尾崎行雄、武富時敏らと出席した。憲政会は第四〇議会に備え、一二月二四日、議員総会を開く。一〇〇余名が出席した。そこで関和知は、小山松寿、三木武吉らとともに院内幹事の一人に選ばれた。その年の暮れ、一二月二七日に議会が開幕する。

翌年一月一五日、関和知と川崎克《かつ》は静岡県中泉町に特派された。磐田郡の大会に出席するためであり、東京駅午前八時三〇分発の列車で静岡へと向かった。また、一月二四日は、憲政会の関東会が日本橋偕楽園にて午後五時より開催され、島田三郎、小泉又次郎、綾部惣兵衛、関和知など三〇人が出席して意見を交換している。そして、二月九日午後五時より院内控室に最高幹部会が開かれた。尾崎行雄、安達謙蔵ら総務たちや河野広中、武富時敏ら顧問らが集まり、来たる二月一二日に外交問題など総括的な不信任案を提出し、二月一四日の本会議に上程する計画を立てた。説明者として武富、尾崎、望月小太郎、そして関和知が登壇することになった。

当日は早朝から傍聴者が潮《うしお》のごとく押し寄せた。「国政に対する経綸《けいりん》に於《おい》て、既《すで》に明かに無能なることを表白して居る」と、関和知は寺内正毅内閣を批判した。国民からの信用もなく、提案した予算も税制案もことごとく議会から排斥されている。「何ぞ一歩を進めて潔く其《その》職を辞し、潔く台閣を退いて而《しか》して之《これ》を議院の前に提供しないか」と詰め寄った。国防のために増税し、国民に負担を強いるのであれば、政治に対する権利も与えるべきであると選挙権の拡張を訴え、「時代錯誤とも称すべき所の閥族官僚の旧内閣」であり、「治す可《べ》からざる難症を遺伝的に持って居る所の此《この》病的内閣」と、彼は寺内内閣を滅多斬りにする。

一方、関和知は大隈重信内閣の弁護に努める。もし失政があったとすれば、それを攻撃するのはその当時でなければならない。現在それを議論することにどういう意味があるのか。党派間で争うのは閥族政府にとって好都合だろう。憲政会や大隈内閣を批判するというのは、政党がすべきことではないと述べると、議場からは「生意気な事を言ふな」「謹慎して居れ」などと野次が投げかけられた。彼は続けて、政友会も予算や軍事、外交について寺内内閣を攻撃していると指摘する。つまり、政友会も国民党も、寺内内閣を弾劾してしかるべきであり、今日は賛成してくれるものと思っていたなどと皮肉を述べ、「活弁だ」「糞食へ」などの罵声と、憲政会側の大きな拍手を引き起こした（『東朝』二月一五日）。

その後も、望月小太郎や吉植庄一郎の演説があり、最後に「ビリケン」との冷罵を浴びながら登壇した寺内正毅が、憲政会の意見は曲解、誤解に基づくと反論して討論は終結した。投票に向かう政友会議員に対し寺内はニコニコしながら挨拶する。投票総数三五八、可とする者一一七、否とする者二四一で憲政会の内閣弾劾決議案は否決された。もちろん、寺内をはじめ閣僚は国民党の控室にも御礼に参ることを忘れなかった。

その一か月後、一九一八年三月二三日の本会議で、委員長の富島暢夫《のぶお》より決算の報告があった。しかし、報告のみならず、決算委員会から決議案が出された。「決議、大正三年度及四年度の決算を審査するに違法不当の処置頗《すこぶ》る多く秕《ひ》政《せい》の跡歴々見るべし」と読み上げた。つまり、大隈内閣時代の失政であると非難したのである。その様子は「如何《いか》にも皮肉に一句一句を句切り毒々しく」、「態度野卑論調軽浮時々戯謔《ぎぎゃく》を交へ失笑する者多し」と『東京朝日新聞』に報じられた（三月二四日）。関和知はその委員会に補欠で出席していた。

政友会、国民党は攻撃的、詰問的質問を行った。一方で、憲政会の委員は防戦一方であった。製鉄所における払い下げの問題をはじめ、水道および築港補助費など、富島暢夫は大隈内閣の決算を批判するため、委員会での争点を逐一報告し始めた。「前の内閣の為《な》されたる事柄に就《つい》ては現内閣が賛成する事項であればそれ丈は責任を持つ、併《しか》しながら賛成の出来ぬ事項に就《つい》ては責任を負ふべきものでないと考へる」と富島は声を張り上げた。

関和知はここで立ち上がり、まず富島暢夫を「如何《いか》にも其《その》委曲を尽《つく》して居ること詳細丁寧」で、議会開会以来の名委員長であると皮肉って議場からの笑いを誘う。そして、「本員は唯今《ただいま》の委員長の報告に対して、遺憾ながら反対を表するものであります」と宣戦布告した。決算が議会において重要であるのはもちろんだが、「党派的の感情若《も》しくは私心を挟んで審査をすると云《い》ふが如《ごと》きことは」慎むべきだと関和知は語った。拍手が湧き起こった。富島は戦争を仕掛けるがごとく詰問し、委員会の報告を行ったが、第三者が冷静に見れば、党派の感情、私心のためにしていると見えるだろう。しかもその内容は事実に基づいていない。関和知の舌鋒はさらに加速し、寺内政権に対し「慚死《ざんし》して余りあるべきこと」などと徹底的にこき下ろす。議場からは「決算に何の関係が有る」、「此《この》内閣は盗人はせぬ正直だ悪人でない」などとの野次が飛び、それに対して「黙れ」などと議場から怒声が返された。副議長の浜田国松が「静粛に」と呼びかける。

関和知は矛を収めない。そもそも製鉄所の問題についても、発端は西園寺公望内閣のときにある。これを大隈内閣の失政のようにいうのはおかしいと逆に追及し始める。もし失政だというのなら、現内閣に止めさせるよう未然に改めたらよいではないか。「事実の薄弱なる極めて取るに足らぬ問題を、重ね〳〵問題と致して、天下の耳目を欺《あざむ》かむとするが如《ごと》きは、恰《あたか》も古風なる支那政治家が妖言《ようげん》を流布《るふ》して天下の人心を惑はす、若《も》しくは独逸《ドイツ》が毒瓦斯《ガス》を放散して天下の人心を惑乱《わくらん》すると同じ事である」と述べ、政友会に所属する委員長の決議案はドイツの毒ガスのようであると非難した。こうして彼はまたしても、政友会からの怒声、罵声と、憲政会の盛大な拍手を浴びながら降壇した。

その後、政友会から三土《みつち》忠造、憲政会から紫安新九郎が立って決議に賛成、反対の演説を行った。もっとも、多数派の政友会に制せられて起立多数により憲政会は押し切られてしまう。こうして第四〇議会は一九一八年三月二六日に幕を下ろした。

議会外での活躍

翌日三月二七日、午後四時から帝国ホテルで憲政会の議員総会が開かれ、関和知も含め一〇〇余名が出席した。ここで議会報告書の起草委員が選ばれることになり、別室において総務が協議した結果、関和知、町田忠治、古屋慶隆の三人が起草委員に指名された（図5-2）。さっそく、三月二八日午後二時から関和知は本部に、町田、古屋らと集まり内容を話し合った。安達謙蔵、藤澤幾之輔、早速整爾、下岡忠治の総務四人も参加した。その後、関和知は議会報告書の執筆を地元千葉県の茂原にこもって仕上げることになる。

さて、三月二九日、関和知は尾崎行雄、山道襄一と時局大演説会に出席するため、茨城県土浦町へ向かった。四月四日は本部にて午前一〇時より幹部会が開かれ、彼は政務調査会の副会長に選ばれた。その役員会は、四月一八日、物価調整問題について外務大臣、船舶の滞貨問題について逓信大臣を訪問することを決めている。

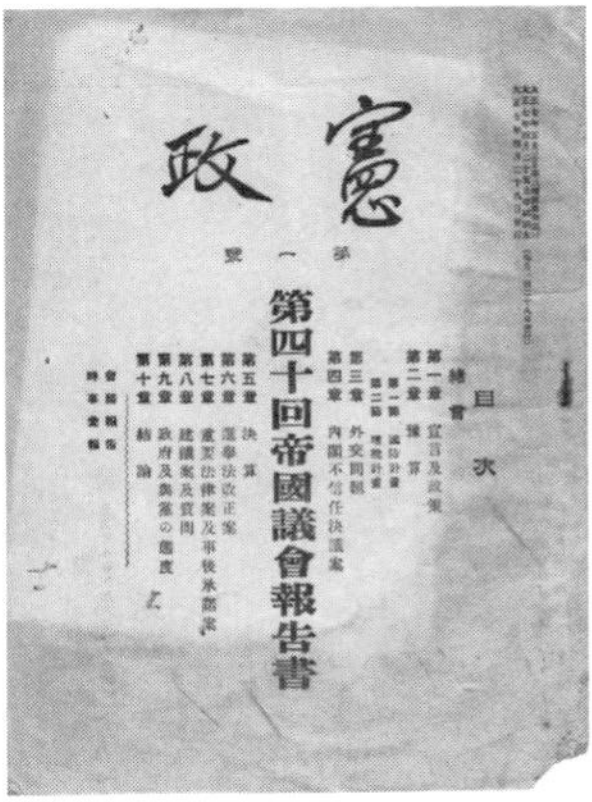
憲政
第一號
第四十回帝國議會報告書
目次
緒言
第一章　宣言及政策
第二章　豫算
第三章　外交問題
第四章　内閣不信任決議案
第五章　決算
第六章　選擧法改正案
第八章　建議案及質問
第九章　政府及與黨の態度
第十章　結論

図5-2　第四十回帝国議会報告書（『憲政』1号・1918年）

四月二四日、関和知は千葉県の勝浦町で議会報告演説会を催した。田中善立や山道が応援として駆けつけた。五月に入り、一二日は栃木県支部の大会に出席、午後一時から宮升座で政談演説会を開き、聴衆約一〇〇〇人に熱弁をふるった。二七日には、若槻礼次郎と西へ向かい、大阪支部の演説会に参加、翌日は、若槻と下岡忠治、川崎克らと兵庫県支部を訪れ、舞子で開かれた評議員会に顔を出した。そこで彼は中国漫遊談を披露し、いったん東京へ戻ったあと、六月九日、再度、関西へと向かった。今度は、尾崎行雄、浜口雄幸と午後七時半東京発の列車で、奈良の補欠選挙の応援である。六月二〇日、若槻と関和知は午後一〇時半、上野発の列車で函館へ旅立った。食事のとれないときは、駅で弁当を買い、おかずを残してご飯をポケットに詰め込み携帯食にすることさえあったという。

このように、党務をこなしつつ全国を飛び回る多忙のなか、関和知は筆禍事件に巻き込まれた。雑誌『青年雄弁』七月号に掲載された「悲痛なる入獄祈禱会に臨みて」という記事である。

特集のタイトルは「時代の犠牲となりし問題の人―田川大吉郎論」で、一九一七年一月一八日、田川が山県有朋など元老を批判した論文を各種雑誌に掲載し、新聞紙法違反により有罪判決を受けたことに対して組まれた。田川は一九一八年四月一六日に市ヶ谷監獄に収監され、六月一二日に出所していた。彼は関和知にとって早稲田の先輩であり、また、大隈内閣時代、司法省で参政官、副参政官として机を並べたこともある。

「田川君は極めて真面目なる、進歩主義の政治家である。我国現下の政局に満足する能《あた》はず、閥族官僚の弊害を打破して所謂《いわゆる》国民的輿《よ》論《ろん》政治の実現に対して、最も忠実なる人である」(43 46)、元老を弾劾したのはその真面目な人格からほとばしり出たものであり、立憲政治家の本分に基づいたものである、と記事において関和知は彼を擁護した。

七月九日に取り調べを受け、結局、関和知自身は問題とならなかった。前日に、『青年雄弁』の主幹であり、早稲田の後輩でもある西岡竹次郎が取り調べを受け、「関和知氏署名のやうにして載せた記事も私が同氏に田川氏の人物論を聞いておき、私が勝手に題を作り掲載したので、特に雑誌に載せるからと申して話していただいたのではありませぬ。従って署名をするとかいふ様なことを話したことは無く、平生御懇意に願っておりますから私が勝手に致したのであります」と供述していたからである（西岡竹次郎伝記編纂会：102）。

関和知の聴取書においても、いつもなら掲載する前に原稿を見直すのだが、今回は原稿が送られてこず、名古屋、奈良の補欠選挙を応援するため出張しているさなか、六月二〇日頃に掲載されていることを知ったと記されている。「私は右記事が私の署名の下に青年雄弁に掲載せらるるといふことに承認を与へておらなかったのであります」と関和知は述べた（同：105）。このような経緯から、彼はおとがめなしとなり、西岡はその後、起訴され、判決で罰金五〇円を言い渡された。

その夏、関和知と川崎克は時局に関する檄文《げきぶん》の起草を憲政会から依頼され、一九一八年八月二三日、幹部と有志で本部に集まり、その草案を午後二時から検討した。具体的に憲政会がとるべき行動を檄文へ盛り込むという方針を立て、午後三時には散会している。その日の午後六時、日吉町の日華亭で開かれた憲政会の関東会に関和知は駆けつけた。現内閣への弾劾決議を採択したのち、有志による演説が行われ、午後九時半に解散となった。

九月二日は午後五時より、寺内内閣弾劾の東京記者大会が開催された。演説において関和知は、寺内内閣が軍閥内閣であり暗黒に生息しており、そこから凡百の病毒が生じていると語り、彼らは民意を代表する新聞の言論を圧迫してはばからないと批判した。これを絶つためには筆政の任にある我らが立たねばならない。自分も記者として努力すると訴えた。関和知は憲政会ではなく、新聞『新総房』を代表する論客としてここに招かれている。

新聞記者として社会に出たと、彼は自認していた。大隈重信を「大なる新聞記者」と論評するなかで、「新聞記者としては啻《ただ》に論議し、批評するのみならず、兼て社会を指導するの力を要す、社会を指導するものは、必ず高遠の理想を有たねばならぬ」との考えを示している(㊺136)。これは一九一八年九月六日、北海道遊説へ向かうなかでの発言であった。

九月七日、札幌の錦座で北海道支部大会が開かれた。関和知は政務調査会副会長として、加藤高明に随行し、聴衆約八〇〇人を前に「軍閥政治論」と題して演説した。

寺内内閣は暗き影から生まれ、病毒をまき散らしている。公明正大な政治を妨げ、政党内閣を阻んでいると述べ、また、大隈内閣の外交を擁護し、むしろ現政権下でこそ、日本は敵視され始めたと主張、加えて、「天下の報道機関、社会の耳目たる新聞雑誌の言論の自由を、全く圧迫致した」と、その弾圧を批判した(㊲24)。逆に、政友会や国民党は与党として軍閥非立憲の内閣を擁護している。彼らも、その罪悪、道徳上の責任を分担せねばならないと告げ、最後にウッドロウ・ウィルソンの言葉をひき、「此《この》軍閥政治の罪悪に対して――其《その》罪悪の由《よっ》て来《きた》る暗黒、秘密の門戸を、吾々《われわれ》が共に力を協《あわ》せて開かうではないか」と呼びかけ、「恰《あたか》も黴菌《ばいきん》が太陽の光に照されて即座に死するが如《ごと》く、国民の公明なる輿論《よろん》の前に、寺内内閣の生命は即時即下に其《その》終焉を告げるのであります」と結んで(㊲28)、盛大な拍手を浴びながら降壇した。

すでに雑誌『一大帝国』に「軍閥打破の急務」という論文を載せていた。政界に勢力を占めた軍閥を、自由民権運動に遡って説明し、薩摩、長州の閥族が軍隊を隠れ蓑《みの》に装いを改めたものであると述べ、「彼等が彼等自身の都合の為《た》めに、国政を賊し、国民を虐げたる実例は枚挙に遑《いとま》がない」と批判した（㉝70）。欧州大戦が終わって国際的に軍国主義が批判されている今こそ、軍閥を撲滅する好機だと訴えている。

さて、憲政会の一行は北海道遊説を終えて帰途に付いた。九月一七日のことである。疲れを感じながらも和やかな雰囲気のなか、車内では書生時代の懐旧談が交わされる。矢野龍渓『経国美談』について、安達謙蔵は当時をふり返り、何度も繰り返し読んで、矢野先生の郷里まで訪ねていったと語った。関和知は小学校で児童に『経国美談』を読んで聞かせたと若かりし頃をふり返った。

九月二九日より原敬内閣が発足する。関和知は雑誌『雄弁』に「頗《すこぶ》る愉快の感じを覚える」と書き、「兎《と》にも角《かく》にも政党を基礎とする内閣の組織を見るは、明かに我政界の進歩を意味するもの」と本格的な政党内閣の誕生を歓迎した（㊽214）。原内閣はジャーナリズムにも好意的に受け止められていた。

とはいえ、村井良太は『政党内閣制の成立』のなかで、「結果として成立した政党内閣」と位置づけ（36）、必ずしも議会で多数を占めた第一党として原が任命されたわけではないと指摘している。そして、「原は自らの後継内閣として、清浦奎吾や田健治郎《でん》といった山県系官僚政治家による内閣を考えていた」と記し（46）、いまだ情意投合路線の延長にあると捉えている。

もちろん、引き続き野党の側に立つ議員にとって、原内閣への移行は手放しで喜べる事態ではない。彼らは時の政権を批判するロジックの再構築を迫られたはずである。寺内内閣を攻撃したように「閥族打破」を旗印に掲げるわけにはいかないからである。それはのちに二大政党の一つ民政党へと成長する憲政会の、政党対政党における最初の挑戦となった。

4 政党対政党

原敬に食い下がる

一九一八年一〇月一日、憲政会は午後二時より本部において議員総会を開き、現内閣に対する態度を鮮明にした。加藤高明総裁をはじめ幹部たちが集まり、関和知も参加した。一〇月七日は政務調査会が開かれ、会長の加藤政之助と副会長の関和知をはじめ、各部の代議士たちが集まった。府県郡参事会の任期について改正案を検討し、また、選挙権の拡大についても話し合った。一〇月二一日は所得税法の改正案などが検討され、府県郡参事会については斎藤隆夫より成案の報告が行われた。

一一月一〇日午前一一時より、憲政会は結党三周年記念祝賀会を本部にて催した。約二五〇人が参集した。加藤高明、若槻礼次郎の演説があり、記念撮影が行われたあと折り詰めと冷酒にて歓談、午後三時頃に散会となった。翌日は午後二時から、政務調査役員会が開かれる。大津淳一郎から教育改善について追加の調査が依頼されたほか、会長の加藤政之助からは相続税法の改正が提案された。一一月二〇日、憲政会は第一次世界大戦の戦捷祝賀会を開いた。本部に紅白の幕を張り万国旗が飾られ、外には大きなテントを張って壇上に松、竹を配し準備を整えた。関和知も胸に菊の花をあしらえ参加した。約八〇〇人が詰めかけ、椅子が足らずに立ち往生するほどの大盛会となった。加藤高明もフロックコート姿で悠然と入場、島田三郎は一時間にわたる長広舌をふるった。

いよいよ第四一議会が一二月二七日に開幕する。奈良岡聰智《そうち》は『加藤高明と政党政治』において、この議会の政友会、憲政会に「決定的な政策の相違はなかった」と指摘する（207）。党勢拡張的な側面に批判はあっても、政友会の積極政策それ自体を否定することはなく、また、普通選挙についても時期尚早で一致していたのだという。つまり、野党・憲政会は政策面においても対抗軸を打ち出せずにいた。

そうであればこそ、実際に衆議院で壇上へ登る野党の議員は、なんとしても批判の足がかりをつかむ必要がある。ただ、呆然と政党内閣の成立を眺めているわけにはいかない。軍閥として正面切って対決すれば済む寺内正毅内閣に対し、本格的政党内閣と歓迎された原敬内閣に対抗する憲政会の批判的立場は、いかにして打ち出されるのか。

関和知の活躍はまず、文官任用令において発揮される。七年前の第二八議会において、当時国民党に所属していた彼はすでに「文官任用令中改正建議案」を提案していた。また、一九一八年二月四日に開かれた請願委員第一分科会でも、「文官任用令廃止に関する請願」の紹介議員として説明にあたっていた。「民間の事情に通じない所の杓子《しゃくし》定規の政治の為《た》めに国民が迷惑を受け、一面に於《お》いては形式上の障《さわ》りの為《た》めに有為の人材が国家の用を為《な》すことが出来ない」と廃止を訴えていた。

そして、一九一九年一月三〇日の予算委員会で、関和知は「陸海軍大臣を、文官を以《もっ》て任用すると云《い》ふことの制度に改むると云《い》ふ御意思がありや否や」と首相である原敬に質問した。「目下調査中でありますから、内容を申上げることは遺憾ながら出来兼ねます」という返答であった。

関和知は「如何《いか》に他の点に於《おい》て調査の必要ありとしても、此事《このこと》を改正をする意思が有る、若《も》くは無しと云《い》ふ位の方針を御明言なさると云《い》ふことは、立憲内閣を以《もっ》て任じて居る所の現内閣の首相としては、是《これ》は当然の事であらうと思ひます」と述べ、政友会の諸君もこの問題については答えを聞きたいはずであるとつけ加えた。しかし、原は単純に「するしない」という問題ではないと答弁し、関和知もそれ以上、追及しようとはしなかった。

今度は、陸軍大臣の田中義一へと矛先が向かう。関和知は軍国主義を理解しているのかと質問した。田中は「如何《いか》なる定義のあるものであるかと云《い》ふ事を、知らないと云《い》ふことであります」と答弁した。関和知は「御職掌柄として白々しいやうに聞えます」と皮肉を述べ、さらに辛辣に、軍国主義の意味すらもわからないような陸軍大臣がいるからこそ、文官任用令の改正は必要なのであると蒸し返した。

そして、高等教育への御下賜について切り込んだ。世間には初等中等教育を優先すべきとの声が上がっている。高等教育に御下賜を賜った経緯を釈明すべきであると首相に要求した。原敬はなにを論じているのかわからないと告げ、高等教育を受けることができない生徒がいて、政府は公債を発行して大学を作る計画を立てた、それをお聞き召された結果、一〇〇〇万円の御下賜が下されたのであると説明した。そして、聖慮を議論することは畏《おそ》れ多いのではないかと警告する。

関和知はそもそもの計画に問題があると食い下がった。議場からは「もう止めにしろ」との声が上がった。御下賜についての議論はしないが、計画には問題があるという主張は強引であり、議場は騒然とし始めた。御下賜を賜ったのは悪くないが、頂戴したのは悪いという意味かと原敬は問いかけた。関和知は頂戴したのも悪くはないと答えざるを得なかった。「それでは何が悪るい」との野次が飛んだ。御下賜の問題はよいとしても、教育施設の計画については国民のあいだに議論が生じている、政府としても考慮すべきであると関和知は主張した。

委員長の斎藤珪次が、それでは御下賜に関する質問から離れることになるとすかさず指摘し、関和知も「さうです」と認めざるを得なくなる。議場からは「委員長余計な事を言ふな」との声が上がるも、原敬は「承れば承る程分らなくなる」と述べて、「明瞭に御説明が出来なければ止めて宜《よろ》しい」とさえ言った。関和知もこれ以上議論を続けられなくなり「止めて置きます」と兜《かぶと》を脱いだ。議場からは「初めから不謹慎な議論だ」などと批判の声が叫ばれた。

翌日の『東京朝日新聞』（二月三一日）は次のように報じた。関和知が「高等学校施設の計画に就《つい》て議論の余地ありといふなりと述ぶるや野次の声四方に起り首相又色を作《な》して逆襲追窮し問題の要点は全く有耶無耶《うやむや》に葬らる」。『大阪毎日新聞』（三月二七日朝刊）には「御下賜金問題について原首相より烈《はげ》しく逆襲せられ、死地に陥りて殆《ほとん》ど脱する能《あた》はざりしが如《ごと》き」と関和知の完敗であったことが伝えられている。

高等教育の拡充は、政友会の四大政綱の一つであり、すでに一九一八年一二月六日に公布された大学令によって、私立大学などの設置が認められていた。これに加えて、原内閣は官立の高等教育機関を充実させる提案を第四一議会で展開した。

それでも関和知は諦《あきら》めない。二月一四日の予算委員会でも、しつこく原敬に食い下がっている。まず、野村嘉六が一般国民教育に関して総理大臣はどのような補弼《ほひつ》を行ったのかと質問した。原は憲法上の責任は十分に尽くしていると回答した。野村は高等教育には御下賜があったが、一般国民の教育について総理大臣から意見を申し上げたことはないのかと質問する。原は「一千万円御下賜金に付ては、私より奏上でも致しまして之《これ》を拝したのであらうかと云《い》ふ御想像が、若《も》しありと致しますれば、それは間違ひであります」と返答した。なにを天皇に申し上げたかは逐一お答えできないという。

こうしたやり取りを聞いて、関和知も黙っていられない。御下賜金については、あらかじめ国務大臣、少なくとも総理大臣に御内意が伝わってから御沙汰があるという手続きでしょうかと質問した。原敬はそのような場合もあるし、そうではない場合もあると回答した。そして「高等機関の拡張を聞召されて賜はる事に相成ったのであります」と断言した。

関和知は続けて、前回、原首相は皇學館への御下賜金、赤十字社への御恩賜を例にあげられたが、それは政府が国務として行うことと同じ扱いなのかと質問した。原敬は軍艦を造る費用にも御下賜があるわけだから同じであると答弁した。関和知は御下賜の範囲を聞いたのではなく、民間との違いを尋ねたのだと指摘したうえで、立憲政治のうえで政府の予算に加えて御下賜のあることを首相はどのように考えているのかと尋ねた。原は「憲政の上に悦《よろこ》ぶのであります」と告げた。

このときの原敬の返答は『原敬全集』下巻に収められている。また、『大阪毎日新聞』(三月二七日朝刊)は「御下賜金問題に関して非難を免れず、首相と文相との口の合はざる説明の下に其《その》内情を暴露し、国民教育と私学助成とを閑却し官学的高等教育に偏したる高等学校増設案」と報じて、納得できない部分があることを伝えている。関和知はもともと原を「口舌の人に非《あら》ず狡才辣手《こうさいらつしゅ》」を用いる人物であると見ていた(⑦45)。堅白同異、詭弁を弄《ろう》して本質的な議論を避けるところが関和知には誠意なきものと映っていた。

翌年、彼はこの問題を改めて雑誌『小学校』において展開している。国民教育すなわち普通教育が大切である。「現内閣が教育の改善を政綱の一と称して専《もっぱ》ら高等教育機関の増設拡張に努め、普通教育即ち国民教育の根本に向つては聊《いささ》か冷淡の嫌あるのは吾人の首肯し能《あた》はざる処である」と政府に不満を述べた(64 719)。

世界大戦による「改造的国家」は少数の階級でなされたのではなく、「多数国民を主としたるもの」である。国民教育は幼稚であり、その改善は高等教育より急務である。パリ講和会議で労働問題が論じられ、世界の労働者階級の知識、能力が向上しているのに、日本において彼らは力を発揮できていない。それは教育の不足による。普通選挙が政治上の問題となっているが、国民の自覚が必要だろう。すべての日本国民が普通選挙を理解しているかは疑わしい。国民を政治に参加させると同時に、知識、能力の向上を図らねばならないと関和知は訴えた。

政友会の積極政策のすべてが悪いというわけではない。急成長する日本経済の産業基盤を整備し、地方へその成果を波及させるという構想は、延《ひ》いては国力を増強させ、広く国民に利益を還元するだろう。地方へ利権をばらまいているという批判について、原敬が「均霑性《きんてん》」を目指し、地理的に公平であろうとしたことは疑いない。

しかし、吉野作造が「断じて平民の友として信頼するに足るものではないと思ふ」(158)と言い切ったように、関和知もこの均霑性という地理的平等に、社会的不平等の問題を強く嗅《か》ぎ取っていた。その利益の享受が旧来の地主に偏りすぎているのではないか、というのである。

雑誌『中外新論』で「如何《いか》にして資本と労働とを調和すべき乎《か》」という特集が組まれたとき、彼は次のような回答を寄せている。「資本家の過大なる利益を成る可《べ》く国家の手に巻き上げ、其《そ》の収入を国家は失業者の保護、労働者の教育、養老、育児等其《そ》の他の救済事業に充《あ》つるの法を講ずべく、特に産業経済上資本労働の利益の分配を平《たいら》にし、利害共通の制を立つることを要す」(㊼53f)。つまり、国家が介入して福祉政策を充実させることで、資本と労働の平等化を目指せという。

もちろん、憲政会とて支持基盤が地主を中心とする地方名望家層であることに変わりはない。その当初の政策には高等教育機関の増設も含まれていた。しかし、実際に目の前に原敬が立つとき、「閥族打破」を超えたその先に立ちはだかったのが階級の壁であり、関和知はその壁の向こうに普通選挙をかいま見た。だからこそ、野党議員として壇上に登る彼が、プラグマティックに政策批判を行おうとすれば、その焦点は戦前進学率が約五%を決して超えることのなかったエリートのための高等教育にこそ合わせられたのである。

ソフトパワーによる外交

では、外交面における関和知の争点とはなにか。次に第一次世界大戦後の動きに目を向けてみよう。

一九一八年一月、アメリカ大統領ウッドロウ・ウィルソンにより十四ヵ条の平和原則が発表され、一一月に戦争が終結したとき、日本の首相は原敬であり、九月より政友会内閣が発足していた。

こうしたなか、以前、関和知が翻訳したウィルソンの演説集『新自由主義』が、縮刷廉価版として天佑社から復刊した。一二月一九日付の『東京朝日新聞』に「苟《いやし》くも国民たるもの「新自由主義」を味読せざれば、現代世界の一大思潮を解する能《あた》はざるべし」と広告が載せられた（図5-3）。翌年の宣伝に「第五版出来発売」とあることから、需要が一気に高まったことがうかがえる。

図5-3　『新自由主義』広告（『東京朝日新聞』1918年12月19日）

雑誌『中外』二月号は「ウイルソンが正義人道自由を口にしながら、汎米主義を盛んに実行しつゝある今日、本書の新自由主義が如何《いか》なるものであるかを知るのも亦《また》一興であらう」と取り上げ(165)、『帝国文学』三月号は「世界の羅針盤を以《もっ》て自ら任じ、今や身を挺して欧洲に赴き着々所信の実現に奔走してゐる」ウィルソンの著書であると紹介した（136）。

図5-4　現代米国の政治家を論じて汎民主主義の将来に及ぶ（『実業之世界』15巻21号・1918年）

また、一九一九年四月、外交研究会編『ウィルソン言行録』が出版された。関和知は序文を寄せ、パリ講和会議において「万邦平和の盟主として一世の仰望を蒐《あつ》めつゝあるものは、実に大統領ウツドロウ、ウイルソン氏である」と書き、新思潮、民本主義、民本政治を理解、体得できると推薦した（序文1）。本書には十四ヵ条の平和原則が収められていた。

関和知は戦争中、「現代米国の政治家を論じて汎民主主義の将来に及ぶ」と題する論文を書き、ウィルソンを賛美していた（図5-4）。ドイツ皇帝の野心はアメリカ大統領の民主的人道主義に屈服しつつある。これは単に幸運というのではなく、ウィルソンが才能により国内輿論《よろん》をまとめ上げた結果である。「民主主義の米国は世界に向つて平和の保証者たる位置に立つべく、独り政治上、軍事上の勝利者たるのみならず精神的、道徳的の一大勝利を以《もっ》て彼は無上の満足とすべきを疑はない」（㊳27）。

そして、雑誌『大観』が「如何《いか》なる条件を以《もっ》て媾和は成立すべき乎《か》」という特集を組んだとき、彼も意見を寄せて、「独逸《ドイツ》の世界人類に対《むか》つて犯せる罪悪を充分に懲罰し永久平和の基礎を確立するを要す」と述べ、十四ヵ条の平和原則を具体化するよう求めた（㊻70）。

国民に向かっては、雑誌『青年』において、日本人は民族として不利な立場にある、講和を契機に白人と協力し、人種的偏見を緩和すべきであると主張した。連合国から疑われるような野心を見せてはならない、さもなくば「第二の独逸《ドイツ》たるが如《ごと》き運命を自ら招く」と注意を促す（㊶11）。

加えて、雑誌『一大帝国』で「世界の大勢に順応せよ」と呼びかけた。国際連盟への加盟で軍備が脆弱になるとの批判に対し、「然《しか》しながら斯《か》くの如《ごと》き議論は、実に時代錯誤の甚《はなは》だしきものであつて、今日の世界思潮の上から考へるときは一顧の価値だもないものである」と反駁し（㉞36）、平和主義が軍国主義を打破したのが欧州大戦であるとの考えを示し、軍閥が政権を取り、軍国的雰囲気をまとうことを改め、日本も平和主義を掲げて列国とともに歩まねばならないと主張した。にもかかわらず、関和知はシベリア、中国における権益は確保せねばならないという。彼の考える「平和」とは欧米列強における関係の内にしかなかった。

翌年も憲政会機関誌に「政治上の道徳的勝利」を掲載した。そこでも大戦の結果、国内外の政治は道徳に基礎を置かねばならないと主張する。これまでの政治は権謀術数《けんぼうじゅっすう》により不道徳の観念が支配してきた。一九世紀の物質主義、科学万能の時代は強者すなわち勝者であった。弱者を食い物にする「適者生存の哲学の横行」があった。こうした野獣的凶暴の文明に心酔したのがドイツ皇帝であり、その野心は大戦によってくじかれた。そして日本をふり返り、元老、軍閥、政友会を批判する。「政権を弄《もてあそ》びて何《なん》等《ら》の抱負無く、無能を以《もっ》て自ら証明する政友会の如《ごと》くして、果して何の為《た》めの政権ぞ」と憤りを隠さない（㊾67）。

一方、議会において、中国人に対する教育を提案した。一九一九年二月一日に開かれた予算委員第一分科会で、関和知は政府に次のように問いかけた。団匪《だんぴ》事件（義和団事件）の賠償金を放棄するらしいが、アメリカはその賠償金を支那人のアメリカにおける教育に使っている。日本における方針はあるのか。外務次官・幣原《しではら》喜重郎は、賠償金の請求権を放棄する内意をもっているが、方法および時期については別途考慮すると前内閣において決められている、教育事業は放棄された賠償金によって経営するのに適当な事業と考えると回答した。

先述のように、一九一八年三月、関和知は政友会の高橋本吉と中国人の教育について建議を行っていた。その際、日本語の教育を充実させ、意思疎通を図れるようにすべきと提案していた。また、留学生の奨学金に進展はあるのかと尋ねた。幣原の回答は、日本語は東亜同文会の事業で教えられており、それに補助を行っている。また、留学しやすいように、同会が学校を設けることになっているというものであった。

関和知は「支那の一種の日本人排斥の思想、是《これ》は支那の到る処に中々其《その》根を持って居るやに承知して居ります」と述べ、現地の新聞はさほどでもないのに、外国人が発行する外字紙で日本の悪口、攻撃がなされている。欧字の新聞をもって対抗すべきではないかと提案し、幣原ももっともであるとその必要性を認めた。

世界的市民としての修養と教育

こうして第一次世界大戦は終わり、関和知はアメリカ大統領ウィルソンを支持して、訳書の復刊に始まり数多くの論説を書いて、欧米列強との協調と、その範囲に限定された「平和主義」を訴え、軍人が首相となる日本の現状を批判した。一方で、シベリア、中国における権益は確保し、高まる排日運動に対して教育や慈善事業など、ソフトパワーによる親善を図るべきであると進言した。もっとも、その見習うべきアメリカでも排日運動は払拭されていない。二月一日の予算委員第一分科会で、彼は次のような発言を行う。

アメリカで移民が受け入れられない理由について、「日本人特有の思想が、それが亜米利加《アメリカ》の国民、亜米利加の政府、亜米利加の政治若《も》しくは社会上の実際から見て、何か妨げになり、向ふの眼から見て頗《すこぶ》る目触りになると云《い》ふやうな点、それが最大原因を成して居るやうに承知を致して居るのであります」と自説を述べ、政府は日本の国体精神というようなものを、移民でも養わねばならないと考えているのではないか。そうであれば、大局から見て逆効果であると指摘した。

外務次官・幣原喜重郎はそのような方針を政府が決めたことはないと否定し、そのうえで、アメリカ人の在米日本人への感情は改善していると説明した。

『実業之日本』で「米人の社会的生活につき何を学ぶべきか」という特集が組まれたとき、関和知も意見を求められ、成功への野心とともに、アメリカ人は博愛や慈善の精神も豊かである。彼らの生活を理解して初めて、人種問題の解決は進むのであり、国家的利己心のみで争ってはならないと回答した（56）170）。

こうした考えは雑誌『太陽』に掲載した「米国の政争と排日問題」や『教育時論』の「米国排日の真

因を論じて教育方針の革新に及ぶ」にも引き継がれている。

まず、『太陽』の論考では大統領選に触れ、選挙のたびに排日問題が争点となり、労働者の支持を得るため共和党、民主党、どちらも排斥を訴えるのはやむを得ないと理解を示す一方、移民から市民権を奪うような主張は行きすぎであると批判する。そして、在米日本人の問題にも目を向け、本国の政治が軍国主義、侵略主義を連想させ、アメリカに疑いを抱かせており、また、「同胞の米国に移住する者の間に依然たる日本的感情を固執して、永久に米国の国民となり、共和国の要素たるべき修養を閑却し、毫《ごう》も同化の精神なき者尠《すく》なからず」と、移民の態度にも問題があると批判した(67 72)。

『教育時論』においては、本国で投票権をもたない者が、アメリカで大統領選に参加するのは無理があると指摘した。日本において言論、集会、労働組合結成の自由が制限されているため、移民がこうした権利を理解することが難しい。日本人は「国際的国民或《あるい》は世界的市民としての修養と教育とに於《おい》ては、殆《ほとん》ど養ふところなく、従つて他国家他国民に対する同情的理解を欠くことは著しい事実」と現状を分析し、単純に移民が職を奪うというような経済的な問題だけでなく、世界的市民たるべき教育こそが大切であると訴えた(63 5)。

そして、たとえば後年のことになるが、議会においても一九二一年二月一六日、憲政会、国民党、無所属倶楽部の三派連合で内閣不信任案を提出したとき、二月一九日に登壇して演説を行い、アメリカの排日問題が再燃していることに注意を促している。講和会議において人種問題を議論するとき、外交的交渉を事前に行うことなく欧米を刺激した。「初めに彼等を刺戟《しげき》して彼等を驚かし其《その》結局に於《おい》て斯《こ》の如《ごと》き所の龍頭蛇尾に終った」と政府の失策を追及している。

もっとも、人種差別撤廃条項を国際連盟規約に入れるよう提案する会議で、全会一致を要求し、投票結果を覆して葬り去ったのは、講和会議の議長であるウッドロウ・ウィルソンであった。簑原俊洋《みのはらとしひろ》によれば、その判断はカリフォルニア州民と連邦議会への配慮にあったという(113)。

その後、一九二一年一一月より開かれた海軍軍縮、極東太平洋問題に関するワシントン会議について、関和知は『教育時論』に「太平洋会議と国民的反省」を発表している。日本を圧迫するためのものではなく、人道正義、平和の理想に基づく会議であると擁護したうえで、彼は日本の外交が欧米の誤解を招いていると説明する。政府は欧米人の性質、気風を理解していない。「自己の所信を卒直に主張して他の疑惑を明白に指摘することは、欧米人の性質気風である」と述べ(⑱4)、無用な遠慮をして互いに憶測し、曖昧《あいまい》のなかに解決を見ようとするのは東洋人の特別な心理状態である。それは断じて欧米人に通用しないと注意を促した。

良心の感じの鈍い国民

このように関和知は、外交問題を表面上に表れる利害得失ではなく、政治制度や対外政策、移民のもつ文化などに根ざすものと捉え、民主化が遅れ軍閥から首相を出し、国体精神に訴える日本の政治にこそ原因があると批判した。その解決策の一つが国民一般の教育であった。

高等教育への御下賜について原敬との論戦に敗れた関和知であるが、高等教育より初等中等教育を重視すべきとの考えは捨てていない。一九一九年二月五日の予算委員第一分科会でさらに細かく追及している。

　当日、開会冒頭から関和知は、立憲思想を国民に振興するため内務省でどのような計画があるのかと質問した。予算総会で内務大臣は取り立てて計画はもっていないと答えた。これは国民の教育に関することなので、文部省にも尋ねたい。文部大臣の中橋徳五郎は、教科書に掲載するか、教員にそのような気風を拡げるべきか考案中であると答えた。関和知は中橋の考えを支持したうえで、教科書に憲法の歴史や精神を載せることが重要だと述べ、小学校の補習教育の現状について尋ねた。

　文部省専門学務局長の松浦鎮次郎《しげじろう》は、補習学校はほとんどの農村にあり、中等教育の実業学校にも補助を与えているが、実業補習教育にまでは手が回っていないと説明した。関和知は、「今日主として大切なる教育上の施設は、矢張《やはり》初等若《もし》くは中等の教育にあることは、切に信じて居るのであります」と自説を述べ、義務教育の延長や、補習教育の完備を訴えた。さらに中等教育機関が足りていないことについて原因を尋ね、中橋は、高等教育機関の拡張計画を立てるにあたって調べたところ、中等教育機関もかなり不足していることが分かったと報告し、中等教育も拡大していきたいと回答した。

　関和知は政治に対する国民の考えが成熟していないと考えていた。そこから上記のように初等中等教育を重視する発言が生じている。一方、国民に向かっても態度を改めるよう批判的な意見を雑誌に掲載する。たとえば、一九一六年に発表した「教育圏外から観た現時の小学校」という論考で、「実に我が国民は、他人の耳目の触るゝ所では正直らしく真面目らしく振舞《ふるま》ひながら、人の見ない所に於《おい》て事を処置するに当つては、狡猾で不真面目で、己れを欺《あざむ》いて恥づる事を知らない、一言にすれば良心の感じの鈍い国民である」と記して(㉕54)、こうした道義的な判断力は義務教育で身につけさせることが必要であると訴えている。政友会が党勢拡張に高等教育の利権をふりかざすことを批判するかたわら、そうした目先の利益ばかりを追求してしまう国民性についても、教育という原因に遡って改善が必要であると考えた。

あるいは『農業世界』に掲載された「自覚せよ農村民」においても、明治以来、青年は農業の実務を嫌がるようになったが、こうしたことを改善するには政策だけではどうにもならず、農民の気風そのものを改善する必要があると述べている。「殊《こと》に欧洲戦後世界の運命に想到する時は、ます〳〵此《こ》の国民的気質の淘治《とうや》の大切なる事を思はざるを得ない」との危機感を抱いていた(㉗181)。

米騒動のときも「如何《いか》に解釈するも文明国民の態度で無い」と批判し、官憲の暴圧、強制をいましめることはもちろんであるが、そもそもこのような不祥事が生じた原因は「一は我が国民性の余りに感情的なると、一は社会上封建的遺風が未だ全く除き去らざるに帰せねばならぬ」と述べ(㊱3)、やはり国民の教育、修養の必要性を論じている。忠孝仁義を教えるにしても感情的に煽るだけでなく、理性的に修得する必要があると訴えた。

また、『早稲田文学』に発表した「正義の自覚に立たざる思想」では、利己心から国家の利益を主張することは世界の人道主義と衝突する恐れがあると警告する。「領土の拡張とか人種の対等とかいふことの主張は、無論それ自身としては悪いことではないが」(⑥0 14)、行きすぎればかえって国威をおとしめてしまう。国民の正義の自覚が鈍っている。ここでも利己我欲に終始する考えをいましめている。

我輩を罵倒する諸君の熱誠を喜ぶ――普選運動に向けて

しかし、こうして修養を促される国民のうち、選挙権はこの時代、直接国税一〇円以上を納める二五歳以上の男子にしか与えられていない。憲法発布紀念三〇年にあたり、大学生たちは普通選挙の導入を訴え、一九一九年二月一一日、日比谷公園に集結した。制帽姿で約一〇〇〇人が音楽堂前にそろい、示威行列によって議会や二重橋付近へ繰り出すことになった。各大学の委員は松本楼で請願の決議を行う計画を立て、応援に関和知、今井嘉幸《よしゆき》、押川方義《まさよし》らを呼んだ。世話役の西岡竹次郎は「吾々《われわれ》は閥族官僚の徒と戦つて飽迄《あくまで》普通選挙の実施を期せねばならぬ」と叫んだ（『東朝』二月一二日）。当日は雪解けの泥道のなか、衆議院の玄関前までデモ行進を行い、今井を通して仮請願書を提出する。

夜には、学生たちの企画により、神田青年会館において普通選挙期成同盟会主催の演説会が催された。尾崎行雄も駆けつけ、関和知も登壇する。会場は「立錐《りっすい》の余地なく、下駄ばき足駄《あしだ》ばきのまゝ折重なつて階段に溢《あふ》れ廊下に溢れガラス窓に溢れる」盛況であった（『東朝』二月一二日）。満員を叫んで入場を拒んでも、雪崩《なだれ》のように人々が押し寄せ、怒号と悲鳴が飛び交った。尾崎は「憲政の神」「宜《よろ》しく頼むぞ」と声をかけられながら大歓迎を受け（『読売』二月一二日）、二時間におよぶ大演説を行って万雷の拍手を浴びた。

関和知は現在の国民に普通選挙を要求する能力があるのかと問いかけ、会衆からの憤激を買った。

「退去せよ黙れ！などの罵声が満場を圧した」という（『東朝』二月一二日）。どうにか切り抜けて弁士室に逃れた。うまく演説を展開することができなかった。「「時代の要求と普通選挙」と題して荘重なる熱弁を振《ふる》つたが、理路整然たる関君の論旨を解する能《あた》はざる聴衆」が騒ぎ始めたのだと『読売新聞』（二月一二日）は報じている。その騒ぎに関和知は両腕を組んで静かに一〇分ほど待ち、「我輩を罵倒する諸君の熱誠を喜ぶ」と叫び、どういうわけか聴衆から盛んに拍手を浴びて、それを機会になんとか降壇した。参加していた宮崎滔天《とうてん》は次のように記している。「関和知君が反対論者の口吻《こうふん》を借り来りて弁じ立つるや、熱狂せる聴衆は普通選挙反対論者也《なり》と早合点して騒ぎ出し、遂《つい》に壇上より撃退せるは滑稽至極」（宮崎：79）。

関和知は雑誌『青年雄弁』に「時代と青年」と題する論説を載せている。「現状を打破して勇往邁進《ゆうおうまいしん》する所に青年の真面目と精力とを認むることが出来る」と褒める一方で（㊻25）、青年の運動は必ずしも彼ら自身の創意から生まれたものではなく、時代の風潮に追随しているところがあると釘を刺す。現在の労働問題や普通選挙も、欧州大戦の結果、刺激されたもので、青年たちはその波に乗り追随しているにすぎない。そして次のようにいましめた。「吾人は青年の特色を認め、其《そ》の熱情と勇気とに対しては多大の尊敬を払ふものである。併《しか》し乍《なが》ら社会の複雑なる事象に対しては、一切を無視して直ちに理想の実現を期せんとする青年者の希望に対して、即時に同意することは出来ぬ」（㊻26）。思慮をつくして順序を踏み、安全なる改革をもって国家国民の幸福とする。革命的手段でなければ目標を達せられないと考えてはならない。なにもかも改造熱に浮かされる現状に彼は危機感を抱いていた。

さらに『教育時論』に「権利と幸福の追求」を書いた。ここでも世界大戦の影響が労働問題、普通選挙の運動を生じさせたと説明する。政治上における権利の分配、すなわち選挙権の獲得は、労働問題を解決する一手段となるだろう。ただし、関和知は「此等《これら》の問題が、国民一般の、深き自覚から出たものであるか否か」と問いかける(⑥16)。流行によって単に感化されただけなのではないかと疑っていた。欧米では政治上の権利、選挙権の拡張がなされたうえで、社会問題として労働を取り上げている。日本の場合は、法律上の平等も達成されていない。国民の健全な修養もなされていない。「所謂《いわゆる》過激思想の発生する原因、及び之《これ》が勢力ある所以《ゆえん》は、其《その》国民に権利思想の自覚無くして、単なる生活上の欲求にのみ耽《ふけ》るところに存する」と書き(⑥17)、政治的権利を獲得し、それを理性によって行使する術を学ぶべきであると訴えた。

落ちついて演説を聞くことのできない国民を憂い、しかし、世界的な趨勢《すうせい》として民主化が進行するなか、関和知は初等中等教育、すなわち国民教育の拡充を訴え首相・原敬に食い下がった。それは野党が政党対政党という現代的な構図のなかで政策を争う、初めての機会でもあった。前政権の寺内正毅に対しては、首相が長州閥の軍人であり、選挙で選ばれた衆議院とはなんら関係のない超然内閣であることを批判すればよかった。しかし、閣僚のほとんどを政党人で占め、首相が衆議院議員である原敬内閣に対し、政治体制を理由に批判することはできない。関和知はこうしたなか、野党憲政会の幹事長となって引き続き衆議院の最前線に立つ。

第六章

憲政会幹事長の政治演説

演説する関和知
関家蔵

「ある時故人になった関和知氏が、北海道遊説に来て苫小牧で演説会を開いた事がある。これまでは興行物には力を入れたが、演説なんてものは聞きに行つた事のないおきよさんは、余り町の評判が高かつたので気まぐれに関氏の演説を聞きに行つた」（清香生「室蘭の女長兵衛」『民政』三巻一一号・一九二九年）

1　外交問責――国民の輿望《よぼう》を裏切った

憲政会幹事長

一九一九年一月二〇日、憲政会は大会を開いた。各支部より総勢約五〇〇人の代表者が参集した。総裁・加藤高明は関和知を幹事長に指名した。常任幹事に戸井嘉作、田中善立、山道襄一、桜井兵五郎、竹村欽次郎がついた。

こうして、関和知は出世の一歩を進めた。政治家への早道を尋ねられて、彼は「否考慮することすら快しとせざる」と答えた（㊴37）。あえて言うなら、先輩への「卑屈なる迎合」以外にないと。有力者の信用を得て派閥に入り、歓心を買って情実的関係を結ぶしかないのであると。「若《も》し先輩に対して迎合せず、党閥の中心勢力に屈伏せざる意気精神を有する硬骨の士にありては、よし政治家としての人格手腕に秀づるものありとするも、容易に盛名を馳せ、功業を立つることが出来ない」（㊴38）。

そして、青年に向け自立を促す。先輩はそうはいっても旧時代の遺物である。彼らに対抗し、彼らを排斥する方法は、先輩より自らが優越することである。外交、軍事、産業、思想、芸術について新知識を身につけ、識見をもって臨めば、先輩や党閥もこれを認めざるを得ない。青年に語られた処世術は、幹事長となった自身へのいましめでもあった。

自立と努力を求める姿勢は、彼のなかで一貫している。雑誌『新青年』に寄せた論考には、次のように記されている。青年が志を抱いて上京するのは良いことである。しかし、先輩や長者の比護を求めすぎている。その援助、誘掖《ゆうえき》が有利をもたらすのは言うまでもない。しかし、関和知のほうから、保護や支援を求めたことはないという。先輩のほうが彼の境遇や希望を認め、手を差し伸べてくれた。「世人は往々私を目して、絶えず先輩に手を曳《ひ》かれて、順調に出世して来た幸運な人間の様に謂《い》ふことがある」、ところがそうではないと否定し、その背後にある自身の修養や努力に注意を促す。有力者に知られるためには、まず自分自身が努力し基礎を築き上げる必要がある。「私の社会に立つ処生の要訣《ようけつ》としては、全くこの自力主義を基礎とする周囲の同情にあると信じて居る」。延《ひ》いてはそれが周囲の関心を集め、支持を得ることにつながるのであると諭した（⑥57）。

こうして関和知は幹事長として表舞台に立つことが多くなった。憲政会は一九一九年一月二七日、亀島町の偕楽園で関東会の懇親会を開く。アメリカとメキシコを視察してきた鵜澤宇八の歓迎会も兼ねていた。関和知も出席し、第一次世界大戦の講和について話し合った。一月三一日、本部で開かれた評議員会では、幹事長として挨拶する。病欠の総裁に代わって、武富時敏が会長、副会長を指名した。

二月一三日、加藤高明は、安達謙蔵の送別会を兼ねた晩餐会を自邸に催した。浜口雄幸、下岡忠治らと関和知も幹部の一人として出席した。そこでは選挙法改正も話題にのぼった。安達は加藤の勧めで欧米を視察し、議会や選挙制度の研究を行う予定であった。彼がロサンゼルスに立ち寄ったとき、「一夕有志の者と会食し、種々談話を交へたがその際氏は口を極めて関君を褒めちぎつてゐた」という（『羅府新報』二月二〇日）。

二月一七日は、憲政会の関東会が開かれ、午後五時より芝の紅葉館に党員が集まった。関和知、加藤政之助、大津淳一郎らの幹部就任の祝宴であった。翌月、三月四日は尾崎行雄の洋行にともなう送別会が、同じく紅葉館で催されている。もちろん、関和知も出席した。

一方、憲政会内では、政策の具体化に向け検討が進められていた。三月四日、選挙法案について態度を決めるため協議を行う。総務の下岡忠治から、政府の改正案には不公平な点があると指摘があり、その点を極力攻撃する作戦を立てた。また、結束を高めるため、三月七日の夜、幹部と選挙法委員らが懇親会を開くことを申し合わせた。

三月五日、衆議院の各派交渉会が午前一一時四〇分、議長室で始まり、関和知は憲政会幹事長として出席した。五月にベルギーで開かれる万国商事会議に派遣する代表者を決める会議であった。三月二七日、憲政会は幹部会を招集し、議会報告書の起草委員に関和知、斎藤宇一郎、山田珠一《しゅいち》、正木照蔵、古屋慶隆を指名した。同日、午後三時からは築地精養軒で議員総会である。幹部会で内定していた関和知ら五人の起草委員が正式に承認された。高木正年が報告書について希望を述べ、その後、加藤高明の演説が行われた。報告書は関和知が中心となって書き上げ、四月一〇日に委員会を開いて詳細をつめた。

これに先立ち、彼は四月二日に幹事会を招集している。連絡を密にするため、月一回、茶話会を本部に開き、幹事会も回数を増やすことにした。同日、午後二時から憲政会は幹部会を開いている。そこで地方遊説の方針が話し合われ、関和知は四月一一日、午後一時上野駅発の列車で、総裁の加藤高明と江木翼、下岡忠治、三木武吉らと東北へ向かうことになった。

国民議会主催の演説会にも顔を出した。四月七日、夕刻より開かれた外交問責演説会は、満場立錐の余地なき盛況で、第一次世界大戦の講和、国際連盟への対応について、関和知をはじめ、弁士たちは声を張り上げ、聴衆もそれに応じて拍手喝采、大いに盛り上がりを見せた。

全国遊説の季節

憲政会総裁の加藤高明は、関和知、下岡忠治、三木武吉らを従え、一九一九年四月一一日、午後一時発の列車で上野駅を発った。翌日、福島公会堂で東北大会が開かれる。宣言や決議を採択したのち、加藤の演説が行われ、一行はさらに場所を移して演説会を開催し、地方党員との交流に努めた。

全国遊説の季節が訪れた。関和知は多忙を極め、月に一〇日ほどしか家にいなかった。息子の和一によれば、「在宅の時は早朝から電話が鳴り、訪問客は跡を断《ママ》たず。取次ぎ案内役お茶運び役、つまり書生と女中の人手必要となる。又この需要に応ずるように、田舎の親類から、有力後援者及びその紹介による青年達が、入れ代り立ち代り詰めかけた」（関 1977：31）という。

五月二日は午後二時より、箕浦勝人、浜口雄幸らと大分支部の大会に出席した。五月六日は、憲政会を代表して宮内省と東宮御所を訪れ、賀表賀牋《がひょうがせん》を奉呈する。五月一五日、今度は長野県上田町へ向かい、小県《ちいさがた》公友倶楽部の大会で演説を行う。本部での政務調査役員会を済ませたあと、六月三日は浜口、九鬼隆一と京都へ向かった。六月七日、岡崎公会堂で京都支部の大会に出席し、「外交失敗の原因」と題して熱弁をふるう。

その内容は、パリ講和会議における外交失敗を非難するものであった。とりわけ人種差別撤廃について得るところがなく、また、五大国として列席したにもかかわらず、重要な場面では議論から疎外され、延《ひ》いては支那における排日運動を助長した。そして、首相である寺内正毅が軍人であり、日本は軍国主義の国であると世界から誤解を受け、これに加担する政友会もその責任は免れないと批判する。一方、彼は大隈内閣時代の対華二十一ヵ条の要求を擁護し、この条約があればこそ、敗戦国ドイツから利権を譲り受けることができたと正当化した。また、原敬内閣の外交が欧米から不信と冷遇を受けていると指摘し、ウッドロウ・ウィルソンにしても、ロイド・ジョージにしても交渉の過程はある程度、本国に報道され国民の知るところとなっているが、日本は「全く秘密を以《もっ》て一貫し来れるは、実に驚くべき変体外交」であると、言論の自由を尊重しない態度をとがめた(53 12)。

大戦中の一九一五年六月、関和知は対華二十一ヵ条の要求について、次のように賛意を表明していた。「我対支外交は、極めて満足である、慾を云《い》へば限り無し、譲歩によりて対手《あいて》の面目も立ち、刃《やいば》に衂《ちぬ》らずして、我の利権を永久に確保し、而《しか》も第三国をして一言の異を挟ましめざるは、帝国の外交近来の出来である」(22 76)。その後も、彼は一貫して第二次大隈内閣の外交を支持し続けた。

また、ドイツの権益を奪取しようとする山東問題について、『東京朝日新聞』(四月三〇日)に談話を載せ、日本全権の無能を批判する一方、「確に彼等の手腕を認めざるを得ず」と中国代表団の外交戦術を評価し、他方で、日本は連合国から誤解を受けていると述べ、その原因を軍閥色の強い首相・寺内正毅の存在に求めた。さらに、雑誌『実業之日本』で組まれた特集「日支親善の具体的方法」において、

「(一) 強力なる高圧主義か、然《しか》らざれば (二) 充分なる愛撫主義の外あるべからず」と答え(57 171)、中途半端な高圧的態度は恨みを買い、いたずらに優しくすれば侮《あなど》られる。はっきりした方針で臨むべきであると訴えた。互いの言語を学ぶように努め、中国に在留する邦人の質を改善したほうがよい。偽善的な態度では、親善は望めないと彼は考えていた。

第一次世界大戦後の改造

一九一九年七月一日、関和知は憲政会幹事長として連合国の大使館を訪ね、対独講和条約締結の祝意を伝えて回った。翌日は午前一一時、平和克復祝賀会で開会の辞を述べ、憲政会を代表して午後一時、宮中に参内し対独講和条約締結の賀詞を述べた。

東京では七月二八日午後六時より、日本橋久松町の明治座で国民議会主催の内閣弾劾演説会が催された。若槻礼次郎、関和知らが出演した。政友会は高等教育の拡張をはじめ、開墾助成法や交通機関、労働問題などで資本家や豪農に媚びを売っている。それは正義、自由、平等といった世界改造の標語に反するものであると、関和知は気炎を吐いた。

大戦後の構想について、彼は雑誌『帝国青年』に語っている。学問や芸術を世渡りの道具とするだけではいけない。現代青年に要求する第一条件は、「国民的利己心を超越して世界的正義の大理想に共鳴」することである。そうでなければ、人種の平等など主張する資格もないと述べ、修養の根本には宗教的信仰があると説明した(59 12)。

かつて『教育時論』に関和知は「国民教育と宗教」という論考を寄せたことがあった。欧米諸国では幼い頃から信仰を育み、教員も宗教心に富んで、大学にもこうした影響は及んでいる。「宗教を離れては決して完全なる教育の目的を達することが出来ぬ」と考えた（㉟3）。ひるがえって日本では、国体に関する偏狭な解釈ばかりが横行し、宗教の研究についてはまったく欧米に追いついていない。そして、国体と宗教は別であると政治批判におよび、理想的な国民を養成するには精神面での成長こそ肝要であると訴えた。

また、『実業之世界』に「労働問題と政府当局の無理解」を載せ、次のように論じている（図6−1）。欧州大戦の結果として労働者の勢力が増大している。「随《したが》つて労働階級の勢力を認め、其《その》権利、利益を尊重すべきは必然の結果にして、国際的に労働階級の福利の向上進歩を企てたるベルサイユ議会の成績は、吾人の特に同感を表する所である」（55 12）。ところが、政府はこうした事態に対応しようとしない。内務大臣・床次《とこなみ》竹二郎は、資本労働の協調、信愛協会の組織に取り組まないばかりか、労働組合を承認しない。「我が産業状態が、未《いま》だ其《その》程度に達せずと云《い》ふ口実の下に、外に向つて其《その》原則の適用を保留し、内に於《おい》ては姑息の手段を弄《ろう》して暗に資本家を保護するが如《ごと》き施設《ママ》を為《な》すに於《おい》ては軈《やが》て奴隷労働の手に製

勞働問題と政府當局の無理解

代議士　關和知

▼勞働者の解放

勞働問題は、近代世界を通じての政治的、社會的、經濟的問題の最も重要なるものである。歐洲大戰の結果として、この問題の實質及び價値は、更に一段の重きを加へて來た。而して國際聯盟の成立に伴ふ國際勞働法の實行を見るに至りたるは、講和條約の副産物として、特に注意すべき點である。近世政治上の變革は、常に勞働者の勢力增大によつて惹起されたるは、今更言を要せざる所なるが、今回の戰爭に就きても有形無形共に大局の上に貢獻したる實力の分量は、恐らくは勞働者の右に出づるものはなからう。現に敵味方の戰線に立てる軍隊の三分の二は、所謂勞働階級に屬するもので、更に其背後に於ける軍需品の製造及び輸送等は、夫々勞働者の手になるものにして、勝敗の數が、元帥大將の戰略若しくは軍資金の多寡に依つて決せられたりと言はんよりも、寧ろ勞働者の實力如何に依つて、決定せられたるものなりと云ふを適切なりと信ずる。

隨つて勞働階級の勢力を認め、其權利、利益を尊重すべきは必然の結果にして、國際的に勞働階級の福利の向上進歩を企てたるベルサイユ議會の成績は、吾人の特に同感を表する所である。

勞働は商品に非らずと云ふ原則の下に、勞働者の姓に關する區別、年齡、時間の制限、並びに最低賃銀等に關する規定を設けたるは、所謂經濟的デモクラシーの眞髓とも云ふべきものにして、進んで將來世界の平和を保證する上に、最も必要の規定たることを認む。

図6−1　労働問題と政府当局の無理解
（『実業之世界』16巻8号・1919年）

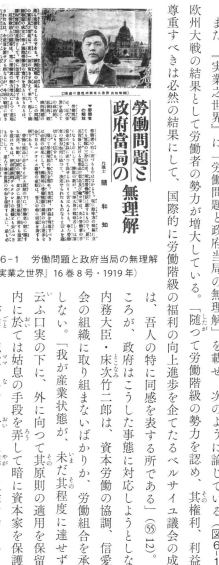

造されたる商品が、聯合国の貿易市場から排斥せらるゝ羽目に陥ることなしとも限られんのである」と述べ、関和知は労働者の権利を法律でもって認めることの必要を訴えた（55 14）。

もっとも、関和知は床次には一目置いており、「原君の如《ごと》き、物質的利害打算以外何者をも顧みざる底の功利主義」とは異なり（42 41）、情実利害に淡泊な人物であると評価していた。関和知は政党を単位に人を見ようとはしない。たとえば、憲政会の高木正年や国民党の古島一雄、政友会の鵜澤総明《ふさあき》、松田源治らと、一九一九年八月に改造同盟という組織を立ち上げ、親睦を深めている。杉村広太郎（楚人《そじん》冠《かん》）や馬場恒吾《つねご》など新聞記者も参加した。八月一八日午後六時、日比谷の松本楼で改造同盟発起人総会が開かれ、五〇人あまりが集まり宣言を採択した。普選断行を第一に、華士族平民の差別撤廃や労働組合の公認なども目標として掲げられた。関和知はその実行委員として名を連ねた。

『教育時論』には「世界改造と国民思想」と題して、次のような主張を掲載した。世界大戦後の改造に際して正義に基づく努力が求められているなか、日本は出遅れている。そして、世界から孤立していると感じるようになった。その原因は政治ではなく思想にある。「従来一般に鼓吹《こすい》せられたる愛国心なるものは、往々にして国家的利己心の養成を意味するものであつたが、今日以後の国家観念は、只《ただ》単に此《こ》の如《ごと》き利己心の根底に立つことを許さない」と述べ（51 4）、国益だけを考えていてはいけないと主張する。

そのうえで、関和知は国民教育の必要を訴える。『教育学術界』に寄せた論考のなかで、これまでは国民的利己主義として国家間に利益の衝突があり、力が権利を生み出してきた。そして、「国民の自由幸福は往々にして之《これ》が目的の為《ため》に犠牲に供せらるゝに過ぎなかつた」と述べ（㊾40）、国際連盟に参加することで各国は利己的観念を抑制するだろうと期待をかけた。そして、国民も自国だけでなく世界のために役割を果たさねばならないとし、「元来教育の意義なるものは各人をして国家社会の組織分子として其《その》時代の共同生活の目的を達する為《ため》に最も適当なる資格を与へることに外ならぬのである」と書いて（㊾41）、世界的な趨勢《すうせい》であるデモクラシーに順応するよう国民自らが変わっていかなければならないと激励した。

現内閣の施政に鉄槌《てっつい》を

一九一九年八月四日の午後一時より開かれた幹部会で、関和知は熊本県補欠選挙に関して政友会が鉄道敷設を票集めに利用していると報告した。この選挙で憲政会は勝利を収め、八月一三日付『読売新聞』に幹事長・関和知の談話が載る。政友会は鉄道敷設や学校誘致など地方の利権に訴えて選挙民を誘惑し、知事も官権を濫用して政友会の候補者を援助した。それでも僅差で憲政会が勝利したのは、国権党の地盤が強固であり、内政や外交上の失敗が選挙戦において暴露された結果であろうとふり返った。

憲政会は八月一四日午後六時から、明治座で内閣弾劾の演説会を催した。小雨が降るなか約三〇〇〇人がつめかけ、会場に入れなかった五〇〇人ほどが外へあふれて「中に『入れろ入れろ』」と騒ぎ立てた（『東朝』八月一五日）。加藤政之助、三木武吉らが相次いで登壇し内閣糾弾の熱弁をふるう。「憲政会の闘士」関和知も演壇に立ち、パリにおける全権特使の失態や山東問題を取り上げ、一時間に及ぶ長広舌を展開した。パリでの沈黙が「日本主義」という流行語になっていると皮肉ると、聴衆は万雷の拍手で応援した。さらに人種問題、移民問題について政府の無策を痛撃するなど、現内閣の施政に鉄槌を加えた。こうしてただならぬ興奮のなか、午後一〇時四〇分、憲政会万歳が叫ばれ散会となった。引き続き八月一七日、憲政会は浅草の駒形劇場で内閣弾劾の演説会を催し、翌日八月一八日も午後六時から新富座で演説会を開いた。河野広中、若槻礼次郎、下岡忠治らに混じって関和知も登壇した。

こうしたなか、関和知は大戦講和における日本全権委員への不満を爆発させている。第一次世界大戦のパリ講和会議は一九一九年一月一八日から六月二八日まで開かれ、日本は交渉に西園寺公望と牧野伸《のぶ》顕《あき》を派遣していた。「牧野男を任命し更《さら》に西園寺侯を薦めたるは全く吾人の意外とする所」と彼は驚き、どちらも外交をになえるだけの手腕をもっていないと批判する（58 37）。単に賠償金や領土の問題が話し合われるのではない。国際連盟や労働問題など重要事項が俎上《そじょう》に上る。彼らを派遣した原敬の判断は間違っている。人種問題は解決せず、欧米各国に無視され、「見苦き否決に遭遇し乍《なが》ら尚《な》ほ正義の主張などと故国の俗人を欺《あざむ》かんとするは寧《むし》ろ抱腹《ほうふく》の到りである」と関和知は非難した（58 38）。

五・四運動など日本に対する反発が中国で激化するにともない、中国に対する利権の正当性が公然と傷つけられるようになっていた。当時の言論界は、直接中国を批判するというより、外交の拙劣さに矛先を向ける傾向があった。彼の批判もこうした論調に則《のっと》っている。

一九一九年八月二三日に西園寺公望が丹波丸で神戸に帰朝する前日、憲政会は楠公社《なんこうしゃ》前の日本劇場で外交問責大演説会を開催する。講和特使の外交失敗を攻撃するためである。神戸市民は我先にと会場につめかけ、たいへんな賑わいとなった。そこで弁士として登壇したのが、関和知、若槻礼次郎、永井柳太郎らである。

約二か月後、加藤高明総裁は一〇月二一日、下二番町の自邸に幹部を招待した。補欠選挙の応援、内閣弾劾の演説会など日頃の運動を慰労するためである。関和知も招かれ夕食をともにした。談話室では、打ち解けた雰囲気のなか、内外の諸問題について話が弾んだという。翌日、幹部らは現内閣を弾劾すべく結集し、一一月一二日に築地精養軒で演説会を開催することを決めている。

一方、一一月九日、外交問責同盟会、記者同盟会、改造同盟会、国民生活研究会などが発起し、内閣弾劾全国有志大会が午後一時より上野精養軒で開始された。学生や労働者、会社員らがつめかけた。第一会場では河野広中が座長に選ばれ、宣言、決議を採択するとともに、関和知、大谷誠夫、村松恒一郎らが演説を行った。関和知の演説は「輿論《よろん》の宣告」である。現内閣への弾劾は民衆的輿論によってなされたと彼は叫ぶ。欧州大戦の結果、新しい世界が開けつつある。それに対し、「現内閣の施政は苟且姑息《こうしょこそく》、毫《ごう》も国家を担当して時難に方《あた》るの誠意無く能力無きに拘《かか》はらず、其《そ》の党派的勢力と、利益の獲得とに対しては、異常の熱心と努力とを以《もっ》て、悪魔の手を縦横に振《ふる》ひつゝあるは、実に驚くに堪《た》へたるものがあります」と述べ、徹底した批判を原敬内閣へ浴びせかけた（㉞28）。

数日後、一一月一一日に憲政会は本部で相談役会を開き、武富時敏が会長席に着き、幹事長の関和知が臨時大会に付議すべき宣言、決議案を議題に上げた。同日午後二時半から、議員と評議員の連合会が開催され、総裁の加藤高明以下、若槻礼次郎、浜口雄幸ら幹部も出そろい一〇〇余名が参加して、関和知は幹事長として挨拶に立ち、「国民の輿望《よぼう》を裏切り、外、国威、名誉及利益を失墜し、内、国民生活の危機を招き、人心の動揺実に寒心に堪《た》へざるものあり」と現内閣を非難した（『憲政』二巻九号）。ところが、先ほどの宣言、決議では軟弱すぎると小林勝民、斎藤宇一郎らが異議を差し挟む。武富は総裁自ら臨時大会で説明すると弁明し、なんとか原案どおり可決するという一幕があった。

翌日は午後二時より築地精養軒で、憲政会の内閣弾劾臨時大会が開かれた。加藤高明をはじめ党員三〇〇〇人が集結した。用意していた会場では間に合わず、急遽《きゅうきょ》、第二会場を設けて対応するという大盛況となった。関和知は幹事長として第一会場で開会の挨拶を述べる。加藤は第一会場の演説を第二会場でも繰り広げた。

一一月一三日、前日の大会を訪れた二〇〇〇余名は、関和知、武富時敏、降旗元太郎らに連れられ、午前九時に大隈重信を早稲田の私邸に訪ねた。庭園を巡覧した一行は茶菓を供され、大書院で大隈の演説を拝聴し午前一一時半頃に辞去している。その足で関和知は、午後四時より始まる築地精養軒の現内閣弾劾全国記者大会に出席している。『萬朝報』の黒岩周六が座長につき、宣言と決議を採択したあと、石川安次郎、小山松寿らによる演説が行われた。

かねてより予定されていた神田青年会館での内閣弾劾大演説会は、雨降りしきるなか一一月二四日午後一二時三〇分より、満堂立錐の余地ない活況をもって開始された。田中善立、高木正年、三木武吉、若槻礼次郎らとともに関和知も立ち上がる。「今日は生憎《あいにく》の雨だが古来凡《すべ》て仇討《あだうち》は雨か雪に限られてゐる」などと述べて聴衆を喜ばせた。その後も政府の外交内政を縦横無尽に糾弾して、拍手喝采を浴びて降壇する（『読売』一一月二五日）。続く一一月二八日の明治座における政府弾劾演説会でも、彼の舌鋒はゆるまない。「今の日本は景気風に吹き上げられた飛行機のやうなものだが、扨《さ》て肝心の操縦者たる政府は何んにも知らない飛行家と来てゐるから、乗つてゐる国民は何時《いつ》九天《きゅうてん》の上から墜落するか分らぬので肝《きも》を冷やして居る」と笑いを誘う（『読売』一一月三〇日）。一二月四日も午後六時から憲政会大阪支部主催の内閣弾劾演説会に出席する。紫安新九郎、三木らとともに出張した関和知は、中之島の中央公会堂で「時局と原内閣」と題した演説を行った（『東朝』一二月五日）。普通選挙について「憲政会の態度如何《いかん》と云《い》はゞ必ず適当なる案を具して天下に立つべきことを声明す」と述べて拍手喝采を浴びた（『大朝』一二月五日朝刊）。

数日後、今度は栃木県宇都宮市へ向かう。一二月七日正午より六三四楼にて栃木支部大会が開かれ、約四〇〇人が参加した。さらに河原町の大正座に移動して演説会が行われ、約一五〇〇人の聴衆を集めて関和知、下岡忠治が壇上に熱弁をふるった。東京へ戻った彼は、一二月九日午後五時より浅草駒形劇場で開かれた憲政会主催の第三回現内閣弾劾演説会へ駆けつけた。定刻すでに満員となった劇場には、田中善立、横山勝太郎、中村泰治、武富時敏らが参戦し痛烈な内閣攻撃を展開した。

一二月二〇日、年の瀬も近づくなか、関和知は例年どおり予算内示会へ出席している。その五日後、一二月二五日に青年改造連盟を中心とする一団が日比谷公園に集結した。普通選挙の即時実行を求め、一五〇人を超える集団が旗をたなびかせながら憲政会本部に向けて行進を開始した。午前一〇時半、到着した一群は帳面と墨汁を取り出し、議員に普選への態度表明を迫った（図6-2）。煮え切らない議員

図6−2　憲政会本部に押し寄せる青年改造連盟（『歴史写真』1月号・1920年）

には「頑迷頑迷」と容赦なく罵声が浴びせられた。彼らに楯突いた大津淳一郎はすったもんだを演じ、江木翼と関和知は時期尚早と回答して「誠意がない」と憤慨された。さらに大竹貫一と会見したのち、青年たちは「党議若《も》し幹部案の如《ごと》きに決定せば憲政会を民衆の仇敵と認む」などと、一方的に決議を宣言して解散した（『東朝』一二月二六日）。

一方、同日午後二時半より憲政会は本部に大会を招集した。通常なら一月下旬に開かれるのだが、第四二議会に対応するため早めに呼び出されたのである。約四〇〇人が出席するなか、冒頭、関和知は幹事長として立ち上がり、「政府及び与党なるものは、国家の政治を以《もっ》て恰《あたか》も自己権勢利益の具に供して居ります。爾余《じよ》の政党或《あるい》は政派に就《つい》ては、寧《むし》ろ政治を以《もっ》て投機的、或《あるい》は遊戯的の具に供するの形もあります」と述べ（『憲政』三巻一号）、この局面を転換するため陣容を整え、重責をまっとうしたいと挨拶した。彼は座長に河野広中を推薦し、満場一致で「我党は広く世界の大勢に稽《かんが》へ、深く国内の情形に察し、速《すみやか》に普通選挙の制を確立し、又適当の法を設けて労働問題の解決に資せんとす」との宣言を採択した（横山：206）。決議や政策など原案どおり可決されると、大会は午後三時半に終了し、加藤高明は所属代議士を富士見軒へと招待した。加藤本人は体調が悪く出席はかなわなかったが、約三〇〇人が晩餐をともにし午後八時頃に散会した。関和知はそのまま富士見軒にとどまり、関東会の議論に参加した。おもな議題は普通選挙への態度であった。

促進を図りたいという意見と、もう少し検討すべきだという意見が出てまとまらず、午後一〇時に解散となった。翌日、関和知は再び幹事長に指名され続投することになった。

総裁の加藤高明は普通選挙に懐疑的であり、幹部会で「独立の生計」を営む者という条件をつけた。実施時期も一九二五年以降の総選挙とした。岡義武によれば、この実施時期をめぐって党内に激しい対立があったという。そして、「普選実施がもたらす政治的変化について見通しが立たず、その点でふかい不安を抑えることができなかった」と加藤の心情を捉えている（岡：211）。「独立の生計」を営む者という条件は世帯主と同居している者や、学生には選挙権を与えないという制限であった。憲政会内の急進派は普通選挙にこうした条件をつけず、ただちに実施するよう求めたが、一九二〇年一月、憲政会の普通選挙法案は「独立の生計を営む二五歳以上の男子」ということに決定した。

呂運亨《りょうんこう》問題――原敬と対決

憲政会は第四二議会で原敬との対決姿勢を強めた。日本がドイツから山東権益を無条件で獲得し、還付については日中で交渉するという、加藤高明が大隈重信政権下で定めた方針が揺らぎ始めていた。対華二十一ヵ条要求を批判され、憲政会は自らの正当性を弁解せねばならない立場に追い込まれる。村井良太によれば、「自らの過去の傷をかばうかのように、憲政会は強硬に原内閣の外交政策を非難した」という（村井：66）。

こうしたなか、中国全権は山東権益を直接回収すると主張し、還付条件について原政権下で再検討が進められていく。パリ講和会議での軟弱な対応がこのような紛糾を招いたと憲政会側は反発した。ただし、憲政会は「山東問題を除けばむしろ原内閣の外交方針を後押しするものであった」と奈良岡聰智は記している（奈良岡：215）。つまり、外交の方針はよいが、十分な成果を上げていないという批判であった。それは、講和会議に特派された記者たちにも感じられたところであり、原内閣の外交宣伝が不足しているという不満を招いていた。

関和知が幹事長に再任された同日、一九一九年一二月二六日は第四二議会の開幕である。彼が登場するのは、翌年一月二八日に開かれた第四回予算委員会であった。昼休みを挟んで午後に入り、いよいよ彼の出番が回ってきた。

関和知は、朝鮮で発生した暴動について、首相・原敬に質問した。原は「平穏の有様」と回答した。国外へ出た朝鮮人が独立を求め、運動を起こす危険性について追及すると、原は注意を払っていると述べ、騒動が起きていることを認めた。

陸軍省の「朝鮮騒擾経過概要」を盾に、関和知は本題へと切り込んでいく。朝鮮人が独立運動の本拠を上海に置き、貴族院で問題となっている呂運亨《りょうんこう》がその臨時政府の外交次長をしている。こうした人物を日本政府が招致して、内務大臣の床次竹二郎、陸軍大臣の田中義一、逓信大臣の野田卯太郎などが会見した。加えて随行する運動家を厚遇しているという。呂について、朝憲を紊乱し国法を無視するような罪人ではなく、ただ話を聞いただけと貴族院で首相は答えたというが、彼を呼び寄せた趣旨はなにか。

原は、臨時政府と言っても、たいしたものではないと述べた。朝鮮の統治が改善されれば誤解も解ける。そのように努めている。呂運亨に面会しても差し支えはないと回答した。しかし、関和知は引き下がらない。モーニング姿でズボンのポケットに手を突っ込みながら、延々と議論を続ける。首相はこの臨時政府を吹けば飛ぶような児戯に等しいものというが、陸軍省の報告書ではそのように記されていない、と反論した。そして、朝鮮人は誤解しやすく、その彼らを動かす可能性があるという意味で、この臨時政府を軽々に看過すべきではないと訴えた。

また、政府が接待した数日後、一一月二七日に帝国ホテルで行われた演説会で、朝鮮の独立は神の声によるもので神聖な権利だと呂運亨は述べた。もし政府の方針が懐柔策であるとすれば、それはすでに裏切られている。また、一行の滞在費はどこから出ているのか。彼らを厚遇したことは「独立思想、排日思想に向って、更《さら》に一層の油を注ぎ、之《これ》に火を点《とも》したと云《い》ふ外に何等《なんら》の得る所なく」、失敗に終わったのではないかとたたみかけた（図6‐3）。

図6‐3　そこのところを吐かしてみろ（『東京朝日新聞』1920年1月29日）

原は額《ひたい》に片手をあて目をつむって聞いていた。あまりに長い関和知の質問に、議場からは「もう宜《よ》いぢやないか」とか、「芝居小屋と間違っちや困る」などという声があがり始めた。関和知はしたたる汗をハンカチでぬぐう。

原も「関君の御演説は大分長うございましたが」と述べ、さらには呂運亨を呼んだ覚えはなく、関和知が勝手にそのように述べているのだと切り返した。もし呂と正式に日本政府が交渉したと朝鮮人が誤解したのであれば、誤解したほうが悪い。費用についても一文も出したことはないと回答した。加えて、加藤高明の発言も、かつて朝鮮人から誤解されて困ったことになったと皮肉交じりの答弁を続けたので、関和知は再び登壇せざるを得なくなった。

原敬の発言に対し「誠意ある言葉とは受取れませぬ」と述べ、加藤を例にあげたことについて、「一国の大宰相が得意の壇上で言葉尻を捉へられて、而《しか》して御議論になると云《い》ふことは、今に珍しい事ではありませぬ」とやった。さすがに原も「言葉尻ではありませぬ」と叫び、誤解を解くために上下両院で説明しているのだと反論した。

この執拗な問答はよほど白熱したらしく、翌日の『東京朝日新聞』に「怪力士気取りの関君が／大物喰《くい》の土俵際《ぎわ》／呂運亨の旅籠代八百円の出所を奥の手に／首相が危ない打棄《うっちゃり》の一手／冷笑と躍起で勝負預《あずかり》」と報じられた（一月二九日）。

一九二〇年二月三日、予算委員第三分科会が開かれる。ここでも憲政会の代議士たちが呂運亨問題を取り上げた。川崎克が朝鮮統治の根本方針について斎藤実朝鮮総督に質問する。一九一九年三月に騒擾が起きて人心は動揺している。独立派が勢力を伸張しているのは、呂に対する政府の扱いが影響しているのではないかと問いかけた。

また、山道襄一は、上海における仮政府は吹けば飛ぶようなもの、と首相は言うが、こうした組織は将来、朝鮮統治に影響を及ぼすのではないかと注意を促した。しかし、原は仮政府はたいしたものではないと強調した。山道は納得せず、アメリカでも仮政府のようなものが盛んに運動し、公債まで募っていると指摘する。

それでも、原は「誤解は大分去ったのであります」と告げ、騒ぎ立てるほどのことではないと重ねて否定した。そして、さらに食い下がる山道の質問を尻目に、どういうわけか退席してしまう。驚いた山道は「私の発言中に於《お》いて、一言の断りなく退席なさるとは……」と絶句し、浜口雄幸も「退席してはいけない、質問中に断りなしに退席とは、甚《はなは》だ酷《ひど》いぢやないか」と抗議した。それでやむなく原は呼び戻され、山道が続けて、呂の長崎到着は九州地方の知事に電報で知らされたのかと尋ねると、原は電信を送ったかどうかまで総理大臣が答えることではないと突っぱねた。政友会の三土忠造はしびれを切らし、「左様な問題を余り細かく議する場合でない」と議事進行に文句をつけた。

ここで関和知が「一寸一言」お尋ねしたいと発言を求める。われわれは仮政府の実態を重視しているのではない。そのように首相が捉えているのであれば誤解である。そうではなく、仮政府の実態は貧弱でも、事実上、朝鮮内地に恐るべき影響を与えており、その影響について問題視しているのであると説明した。原からの答弁はなく、「関和知氏上海仮政府は形式は貧弱ならんも吾人は朝鮮統治に及ぼす影響を重大視せりと問へるも答へず」と『東京朝日新聞』（二月四日）には報じられた。

また、同日午前、予算委員第一分科会では、関和知が中国について埴原正直外務次官に質問を行っている。そのなかで、関和知は、日本に対する誤解を解くため、支那で英字紙を発行し、不利益な内容を載せる外字紙に対抗する必要があると提案した。昨年はご賛同いただいたが、予算は計上しているのかと尋ねると、埴原は政府や外務省が経営するわけにはいかないと回答した。また、排日運動の中心は学生なのかと問うと、それについては事実であると答えている。

第四二議会における関和知の関心は、朝鮮や中国に向けられていた。一九一七年の中国視察を経て、アメリカだけでなく東アジアへと彼の発言は広がりを見せていく。二月一〇日、浅草の駒形劇場で大演説会が開かれたとき、関和知はトリを務め、呂運亨問題を含め政府の外交失敗を強調した。さらに、物価調節などを攻撃して普選運動の促進を絶叫し、一〇〇〇余名の聴衆から万雷の拍手を浴びて降壇する。次節では内政に目を向け、政治体制における最大の争点、普通選挙の導入について追っていこう。

2　党議に拘束された普選運動

「独立の生計」という足かせ

すでに前年から普選運動は盛り上がりを見せていた。一九一九年一二月二八日、関和知や高木正年、古島一雄、中野正剛、永井柳太郎らは、午後六時から日比谷松本楼に集まり、普選運動の打ち合わせを行っていた。もう議論する段階ではないと述べ、国民党以外の態度が煮え切らないことに中野はいらだちを募らせた。今議会でも機会を失うのか。実施に向け大々的な運動を展開する必要がある。党議に拘束されて活動できない急進派の代議士は、脱党して結束すべきだと中野は訴えた。

一九二〇年一月一七日、年明けから普通選挙法案は委員会へ付託され、審議が開始された。協調を図るため、普選三派は同日午後七時、日比谷の陶々亭に懇親会を開いた。憲政会から関和知、降旗元太郎、野村嘉六、小山松寿、三木武吉、森田茂が参加した。国民党や普選実行会と話し合った結果、この議会で普通選挙法案を通過させるよう努力することで一致した。

憲政会の普通選挙法案は、満二五歳以上の男子で独立の生計を営む者に選挙権を与えるというものである。国民党は満二〇歳以上の男子を条件とし、普選実行委員会は満二五歳以上の男子に選挙権を与えるという。野党側は統一案を模索したが「独立の生計」という点で折り合いがつかず決裂した。

一月三〇日、憲政会は議員総会を開き、普通選挙法案など重要案件を審議する予定であった。所属議員には一月一八日までに上京するよう通告がなされた。また、一九日には芝公園紅葉館で武富時敏、浜口雄幸、藤澤幾之輔主催の懇親会が開かれ、普選問題についての意思疎通を図ることになっていた。施行について、憲政会の幹部は一九二一年一二月二一日以降を原案としたが、急進派は即時施行を主張していた。関和知は幹部側に立ち、江木翼とともに鎌倉で尾崎行雄の説得にあたっていた。尾崎はまだ態度を明確にしていなかった。

こうしたなか、二月一一日の紀元節、上野公園および芝公園に約三万人が押し寄せ、普選運動の集会が開かれた。群衆は普選歌を高唱し、赤旗を掲げて政友会本部などへデモ行進を行った（図6-4）。また、二月一九日は、普選連合の懇親会が築地精養軒に催され、憲政会や国民党の議員も参加した。そのとき、別室で懇談が行われ、統一案を作成すべきであると申し合わせたが、翌日二〇日の時点でそれは

図6-4　普選促進大示威行列の日本橋通過（『歴史写真』7月号・1920年）

成立していない。その日の午後五時より、関和知と降旗元太郎は、国民党の関直彦、植原悦二郎、そして普選実行会の今井嘉幸《よしゆき》、村松恒一郎らと院内副議長室に集まり、遅くとも二月二六日午前中には党内をまとめ、午後からの本会議へ統一した普通選挙法案を出すという計画を立てた。

一方、全国普選記者連合会の実行委員は、二月二三日の午後二時に国民党を訪れ、普選案について妥協を促していた。国民党総務の西村丹治郎から選挙区制において妥協案を授けられた彼らは、憲政会の控室に関和知を訪ね、国民党は独立の生計以外の部分で譲歩することができると説明した。「関幹事長は独立の生計を挿入するに至れる事情を述べて譲歩の困難なるを説明し」、妥協に向けて努力するとだけ述べたという（『読売』二月二四日）。

若槻礼次郎の回想では、独立の生計について、「それが、総裁のところへいって、直接議論を闘わすのならいいが、そうはせず、みな私のところへきて、不平をいい、総裁を動かさなければいかんという」（若槻：235）。それで、「独立の生計」とはいったいなにかを子細に検討したが、納税なのか、住居なのかはっきりしない。とはいえ、若槻は加藤高明のところへ行き、独立の生計とはこういうもので、価値があるものとは思えないと説得を試みた。

関和知『普通選挙』

普通選挙について、関和知にはまとまった著作がある。これは早稲田大学の依頼により、憲政会の立場をふまえた普通選挙を解説したものである。序文は一九二〇年一月一五日に記されている。「普通選挙の要望が世界大戦に伴ふ思想界の変動に刺激せられ、俄《にわか》に火山の爆発せるが如《ごと》き勢ひを以《もっ》て叫び出され、其《そ》の反響は一時凄まじき勢ひを以て議会の周囲に鳴動した」とあるように、関和知は普選運動を第一次世界大戦後の応答と捉えている（㉑2）。国民の運命は国民全体でになう時代になった。英雄のみでは用をなさないと述べ、「国民総動員は戦争に対する場合に於《おい》てのみならず、政治上にも、産業上にも悉《ことごと》く総動員を以《もっ》て之《これ》に策応し、之に基準して活動するを要するのである」と戦時下の体制が平時においても継続すると説く（㉑58f）。だからこそ、すべての国民が政治に参加する必要があり、したがって普通選挙が求められるのである。

とはいえ、数年前なら納税資格の減税を焦点に争われていた選挙権が、急激な運動の盛り上がりによって、一足飛びに普選運動へ発展したことに、関和知は驚きを隠さない。期待の反面、「俗耳に入《い》り易き低調なる煽動家の説を迎ふるの風」があるのではないか、民衆の関心を惹こうと政治家が媚びを売ることがあるのではないかと疑っていた（㉑105）。それでも、「道理の基礎」がなければ輿論を動かすことはできないと考え、無責任な言動はやがて信用を失わせると彼は普通選挙に期待をかけた（㉑106f）。

そして、陪審制度を導入し司法にも国民を参加させ、階級的、差別的な教育制度を改善して、責任を負えるだけの知識、能力を身につけさせねばならないと説いた。また、労働組合を公認し、労働者の意見、希望を資本家へ伝える仕組みを作るべきだと訴えた。

もっとも、具体的な法案は独立の生計も含め、憲政会の普選案を踏襲していて新しさはない。しかし、普通選挙の台頭を世界大戦後の応答と位置づけ、司法における陪審制や教育改革、労働組合の公認など世界的な趨勢《すうせい》を意識した政治構想の一環として、普通選挙の導入を考えていたことは注目に値する。関和知『普通選挙』は一九二〇年三月、早稲田大学出版部より世界改造叢書の第六編として刊行され、『読売新聞』には「普通選挙問題に関する理解を最も確実明白ならしむる上に無二の好著」と紹介された（三月二九日）。

第一四回総選挙――憲政会敗北

こうして普選三派がもたもたしているうち、一九二〇年二月二六日、原敬は衆議院を解散する。政友会は普選運動に肩透かしを食らわせ、鉄道など利権を濫用し、自らに有利と定めた小選挙区制によって絶対多数を狙うつもりであると憲政会は憤った。

議会が終わってしまったので、報告書を出すため、例によって関和知が呼び出され、加藤政之助、鈴木富士弥とともに起草委員に任命された。彼らは三月一日に憲政会本部へ集まり、武富時敏らを交えて話し合った。方針が決まると報告書の起草は関和知に一任された。

憲政会、国民党の院外団や、普選期成同盟会など各派は、三月二日午後六時に東京ステーションホテルに集まり、全国普選同志大懇親会を催した。前代議士、新聞記者ら約一五〇人が参加した。普選三派の代表として国民党の古島一雄、実行会の長島隆二、そして憲政会から関和知が選ばれ、彼は立ち上がり「今回の解散は非立憲非常識なること天下の定論なり」と叫んで演説を開始した（『東朝』三月三日）。普通選挙は国家の基礎を危うくするという原敬を「無学無恥を憫笑《びんしょう》せざるを得ず」とあざけり、政府は金力・権力でわれわれを圧迫している、それは戦前のドイツ式であると批判した（『東朝』三月三日）。食事と酒がふる舞われ、その後も一〇数番の演説が続き、午後九時頃に解散となった。

憲政会は選挙方針を決めるため、三月三日午後三時より加藤高明の自邸に幹部を招集した。関和知も幹事長として出席した。選挙委員長に安達謙蔵が就き、三月一三日に第一弾として、三木武吉の応援をかねた政談演説会を早稲田劇場で催すことになった。当日は約二〇〇〇人がつめかける大盛況となった。三木の演説のあと、関和知も登壇し外交問題について熱弁をふるった。

こうしたなか、関和知は幹事長として『読売新聞』（三月一八日）へ談話を載せ、三月一七日に原敬が地方長官に与えた訓示を取り上げた。原は普選の趣旨を曲解している。「納税額の多少に依《よ》つて其《そ》の権利に差別を生じ多数の国民が参政の圏外に駆逐せられ居る現状」を改善することが憲政の常道である。政治上の権利が不平等であれば、階級的な利害が生じる恐れがある。首相はそれゆえ国家を危険の境へ導いているとも言える。「階級打破社会組織の脅威など云《い》ふ言説を弄《ろう》して一部の保守勢力に媚び事情に通ぜざる幼稚の国民を欺《あざむ》かんとする決して公明なる政治家の態度にあらず」と、普通選挙に消極的な原敬を関和知は批判した。

さて、千葉県の選挙区は当時九つに分かれていた。そのうち第六区と第八区が二議席で、計一一議席を定数とした。関和知は三月二八日、千葉県の東金町で大津淳一郎と演説会を催す計画を立てた。第四二議会の報告も兼ねていた。さらに三月二九日は、茂原町で早速整爾の応援を受け、演説会を開くことにした。

『東京朝日新聞』（五月七日）によれば、千葉県での選挙戦は、政友会一一人、憲政会六人、国民党一人、中立二人の計二〇人がおもな候補としてあげられている。投票日は五月一〇日である。特派員はこの時点で「言論戦より潜航戦に移れる事とて各府県中第二の選挙違反を各所に頻出しつゝあるの状態なり」と報じていた。

関和知の選挙区は第六区である。定数は二、政友会の鵜澤総明と土屋清三郎、中立の竹林誠之が立候補する激戦区であった。鵜澤は政友会総務、関和知は憲政会幹事長であり、両者とも人格、経験、学識において賞賛を受け、腐敗選挙に満ちた千葉県で奇跡的と評価されていた。しかし、これまで第一区を地盤としてきた土屋が、板倉中《なかば》の支援を受け、第六区へ殴り込みをかける。また、中立の竹林が関和知のお膝元である長生郡に現れ、決して油断できる状態ではなかった。

関陣営は「運動員が統一的に弁当持草鞋《わらじ》掛けの大活動を試み」ることで応戦した（『東朝』五月八日）。評判は高く当選は確実と見られていた。新聞『日米』（五月七日）は「憲政会内少壮人物として一頭地を抜いてゐるが今回は千葉県第六区で政友会の学者鵜澤総明博士を対手《あいて》に華々しく活躍してゐる」と報じている。

関和知は四九八三票で千葉県第六区を制した。鵜澤総明は五七〇七票だった。全国を見れば、政友会二七八、憲政会一一〇、国民党二九議席と、政友会が圧倒的な勝利を収め、衆議院の約六割を確保する多数党となった。

奈良岡聰智はこの第一四回総選挙について、「憲政会は、党内に普選への忌避感がまだかなりあったため、党を挙げて普選を掲げて戦った訳ではなかった」と記している（奈良岡：220）。実際、この時期まで幹事長を務めた関和知の政治演説は、これまで見てきたように内政より外交に内容の偏りがあり、彼自身『普通選挙』と題する著書を発表していたにもかかわらず、その主張を前面に押し出すことができずにいた。その最大の原因は「独立の生計」を営む者でなければならないという、選挙権に課せられた総裁・加藤高明の条件にあった。次章では、その不満が憲政会内でついに爆発する。

第七章

普通選挙運動における「独立の生計」

普選案上程の日における日比谷の群衆
個人蔵

『相識満天下、知心能幾人』、余が政界に身を投じてより、余と交遊する者多く、余と相識《し》れる者亦《また》必ずしも尠しとせない。併《しか》し乍《なが》ら真に心を知れる者、果して能《よ》く幾人かある。蓋《けだ》し関君の如《ごと》きは余が君を知れると同じ意味に於《おい》て、君も亦余に許したる随一人《ずいいちにん》である」（加藤高明「序」関和知『近代政治の理想と現実』帝国講学会・一九二五年）

1　憲政会幹部の苦衷

野軍の奇襲——内閣不信任案

第一四回総選挙で政友会に敗北した憲政会は、一九二〇年六月二七日、改選後の議会を前に臨時大会を開く。これに先立ち、午前一〇時より議員と評議員の連合会が招集され、約一五〇人が出席した。関和知は幹事長として開会の挨拶を述べた。宣言、決議が満場一致で可決されると、午後二時からの臨時大会へ臨んだ。翌日は午後二時から本部で議員総会が催され、総裁の加藤高明は院内総務として武富時敏、下岡忠治、本田恒之、そして関和知を指名した。幹事長の後任には小泉又次郎がついた。

七月一日、憲政会は普通選挙法案を提出する。提案者は武富時敏、下岡忠治、関和知ら八人である。開院式後、ただちに提出したが国民党とほぼ同時であり、小山松寿を代表に抽選させたところ、憲政会が勝って「之《これ》で我党が率先して普選案を出したことになる」と喜んだ（『東日』七月二日）。

ところが、七月一二日の『東京朝日新聞』に「普選案の不意打ちに／大間誤《おおまご》つきの野党」という見出しが載る。一七日のはずであった法案の上程が一二日に繰り上げとなって、野党側が慌てたのである。その前日、午前一一時に川崎克が本部へ駆けつけ、幹部らに電話をかけまくったが日曜日のため、なかなかつかまえることができなかった。ようやく電話口に出たのが関和知であった。川崎は「一体全体明日の普選をどうするのだい、本部には給仕の外《ほか》誰も来て居ない、之《これ》ぢやまるきり仕様がないぢやないか」と当たり散らした（『東朝』七月一二日）。そうこうしているうちに、本部にも人が集まり始めた。地方へ遠征中の代議士に電報を打って呼び戻すなど大騒ぎとなった。ともかく、普選案の説明者は下岡忠治と決めて、明日、七月一二日に緊急で代議士会を開き作戦を立てる手はずとなった。

一方、内閣不信任案も準備されていた。七月八日、憲政会と国民党が協調し、武富時敏、浜田国松、下岡忠治、本田恒之、古島一雄、そして関和知の六人が連名で提出した。七月一〇日に上程される予定であった。理由書には、原敬内閣は普通選挙を拒み、不当な解散を断行して、経済は混乱、外交は列強に侮られ失政続きであると記されていた（横山：257）。

七月一〇日、日比谷一帯には非常警戒線が引かれ、緊張した空気が漂っていた。傍聴者が続々と議事堂に押し寄せてくる。堂内は満席、熱気にあふれていた。負けるとわかっていても、人々は憲政会、国民党の現内閣弾劾の決議案をめぐる議論を聞きにやってきた。本会議は午後一時九分に開始された。

冒頭、武富時敏が内閣不信任の理由を述べる。二年近くになる原敬内閣で、国家のためになることは一つも行われていない。ただ政友会の拡大にのみ利用されている。「例へば鉄道の如《ごと》き、或《あるい》は学校の如き、或は港湾の如き、或は道路の如き」ものである。党勢拡張のため、こうした事業だけは怠らなかったと皮肉をいうと、拍手と「ノウ〱」という叫び声が混じり合い、時代が要求している普通選挙に政府は反対していると述べると、「武富老いたり」「下れ」などと罵声が浴びせられ、議場は騒然となった。

政友会からは大岡育造が出て反駁する。内閣改造には二つの方途があり、一つは普通選挙、もう一つは解散であり、政友会は後者を選んだと説明した。ここで、おそらくは三木武吉が野次を飛ばし、「何人に可否を問ふのだ」と叫んだ。それに対し、「やかましい」「武吉黙れ」などという声があがる。普通選挙を弾劾の理由にしているが、それが時代の要求かどうかは国民に聞いてみるがよいと大岡は開き直り、さらに尼港《にこう》問題に発言が及んで議場は大混乱となった。大岡が「沿海州を占領したる今日に在っては、切《せ》めて此《この》始末を完全に著《つ》けて、英霊に慰安を捧げる」と発言すると、議場からは沿海州を占領した事実などないという指摘が飛び、「取消せ〳〵」と高田耘平《うんぺい》などが騒ぎ出した。「老ぼれて間違へては困る」という声があがった。ついにしびれを切らした三木が、議事進行について動議を提案し、大岡に訂正を求めた。大岡は「私は沿海州と申した、それは古い沿海州で、今日のものを指すのでありませぬ」と言い訳をした。

その後、国民党を代表して浜田国松の登壇があり、政友会からは林毅陸が出て現政権を擁護する演説を行う。いよいよ、関和知の出番となった。「現内閣なるものは、此《この》世界の大勢に順応するの能力なく、人道に基き、公平正義の理想目的を実際政治の上に実現すると云《い》ふ上に於《おい》て、全く低級無能力の実を示して居るのであります」と弾劾すると、議場は「ヒヤ〳〵」「ノウ〳〵」という声で盛り上がった。普通選挙法案に暴言を加え拒んだことは、現内閣がいかに時代の大勢に暗いかを示している。首相の原敬は普通選挙が社会の秩序を脅かすというが、この法案の説明者である島田三郎君の説明のどこからそのようなことをくみ取れるのか、「無識から来た所の恐怖」がそうさせたのか。もしそうでないなら、特権階級を擁護しているのではないかと彼は追及した。

先の議論でも、大岡や林が普通選挙について大いに弁明したが、なぜ前議会でそれを行わず不当な解散に持ち込んだのか、と批判の手を緩めない。「議論を尽《つく》さしめず、議論を徹底せしめず、議院規則を無視して正式の採決をもなさしめずして、突然総理大臣が現れて、自分の思ふ勝手の理窟を竝《なら》べて、直ちに詔勅の奏請を願って解散と云《い》ふことの挙に出たと云ふことは、余りに此《この》問題に対して不深切ではないか、余りに此議会を弄《もてあそ》ぶものではありませぬか」。小選挙区のおかげで政友会は多数を選出したから、普通選挙を議論してももう安心だというのは「女々しき者」である。ここで普通選挙に反対なのは輿論《よろん》であるという理屈は、「余りに卑怯」であると関和知は憤りを隠さない。

次いで矛先は経済政策に移る。大戦後の不景気はやむを得ないという答弁では納得できない。なぜなら、経済的反動が来ると浜口雄幸が予想し、政府の計画には無理があると指摘したとき、大蔵大臣は支障はないと答えていたからである。こうした楽観論を散々ふりかざし、憲政会の意見は悲観的と嘲笑してきた。ところが、二月に議会が解散されると、三月には大反動が起こった。「不景気は何《いず》れの空を吹く風であるかと言はぬばかりに、大平楽を唱へて居ったのは何事である」と関和知は大蔵大臣を叱責し、議場からは盛大な拍手が湧き起こった。

外交問題についても、政府はすべてにおいて機宜《きぎ》を誤り、「帝国の国威国権の上に、拭《ぬぐ》ふべからざる所の損失を被って居る」と非難する。パリ講和会議で日本が議論から閉め出されたこと、尼港において居留民を保護できなかったことなどを厳しく追及し、なかでも林毅陸がシベリア撤兵に反対のような発言をしたと、現政権の考えと矛盾する点を指摘すると議場は騒然となった。関和知は、シベリアの発展に寄与するとしても「兵力を以《もっ》て西伯利《シベリア》内地に臨み、剣を以て、血を以て、将来発展の地を造ると云《い》ふのでありませぬ」と述べ、政友会は盛んに「ノウ〳〵」と否定の声を議場に響かせた。

さらに、選挙の結果として多数を誇る現内閣は、輿論の基礎の上に立っていると自慢して、二八〇の多数をもって決議案を否決するつもりであると述べた。議場からは「何を馬鹿なことを言ふ」「黙れ」などの叫び声が上がり、またしても騒然となる。関和知が「此《この》多数なるものが、果して天下の政治を蹂《じゅう》躙《りん》することが出来まするか」と問いかけると、「何を言ふ馬鹿なことを言ふな」とさらに野次が飛んだ。

彼は引き下がらない。原敬も大戦後に国民思想が悪化していると貴族院で述べた、その原因は「政治が正義を離れて行はれ、其《その》国の政治が公平を失ひ、其国の当局者が、人道に対する所の当局者が、人道に対する所の理解を欠いて居る」からではないかと批判すると、もはや議場も収まらず、「議長議長」と連呼する者、「何を言ふのだ」「煽動々々」と叫ぶ者が多数となり大混乱に陥った。関和知は、無能にして失政を重ねた現内閣を国民の名において弾劾すると大声で宣言して降壇した。

そこへ「天下無敵の野次将軍」三木武吉が乱入する（『東朝』七月一一日）。議事進行について議長に動議を提案し、大岡育造が沿海州占領と言った言葉尻を捉えて再度、取り消しを求めた。もし「古い沿海州」などと言い訳をするなら、そこにはハバロフスクも含まれるがよいのかと三木はつめ寄った。議長の奥繁三郎はそれでも、議事の進行には関係ないと言ったため、議場はまたしても騒然となり、三木の声はかき消され聴取することもできないありさまとなった。

奥繁三郎は、議場の混乱と三木武吉の叫び声を無視して、首相に登壇の指示を出す。原敬は登壇するも、「議長横暴」などの声が小泉又次郎あたりからあがり、原も「政府の所見を述べたいのであります」

と言ったものの、議場の混乱はまったく収まらず、壇上で立ち往生を強いられた。「憲政側の野次は益《ますます》盛んとなり白扇を叩き地団駄踏んで議場全く混乱の巷に化《ちまた》す」という状況であった（『東朝』七月一一日）。原もやむを得ず降壇、拍手喝采を浴びせかけられた。奥は議長席で仁王立ちとなり、必死の説得を試みるが収まらない。「諸君何故《なぜ》聴かないのであるか、諸君は……」と言いかけた奥の声は、「議長横暴」などの声にかき消された。やむを得ず、休憩を宣言して奥は口をモグモグさせながら退場してしまう。原も呆然として退場し、こうして、午後四時五九分、休憩に入って騒ぎはようやく収まった。

とはいえ、憲政会の樋口秀雄、小山松寿らは怒気むき出しで議長室へ押しかけ、休憩を宣言した議長につめ寄った。奥繁三郎も三木武吉を訪ねて話をつけ、結果、休憩後に大岡育造は発言を撤回することになった。他方、決議案は投票総数四二八、可とする者一四五、否とする者二八三で否決された。翌日の『東京朝日新聞』（七月一一日）には「首相立往生の一幕で下げた溜飲／野軍の奇襲に狼狽《うろたえ》た絶対多数党」という見出しが立った。

島田三郎を守れ!!

一九二〇年七月二二日の衆議院は、炎天のなか少し雨が降って涼しさを覚え、控室ではゆったりした時間が流れていた。関和知は白扇を出して先輩議員らに一筆、揮毫を求めた。武富時敏、箕浦勝人、河野広中らがそれに応えた。国民党でも犬養毅が筆を揮《ふる》っていた。

小休止を経たその四日後、七月二六日の衆議院本会議において、政友会の小川平吉から緊急動議が提案された。この日、衆議院本会議は議事に先立ち、島田三郎から高橋是清大蔵大臣と山本達雄農商務大臣、および中橋徳五郎文部大臣への瀆職《とくしょく》嫌疑に関する質問への答弁書が届いていた。彼らが内部情報を用いて多数の株を売り抜けたという疑惑があった。根拠は『東京夕刊新報』で高橋、山本が多数の株を売却したと報じられたことである。調査のため委員会を設置することになり、島田は委員会設置と引き換えに、自身の発言について責任をとることを議場で明言させられた。ところが、政友会は委員会設置を否決してしまう。そこで島田は改めて三大臣に本会議での回答を求めた。

政府の答弁書で、高橋是清は「島田君の質問理由は千言万語を重ねたりと雖《いえど》も其《その》内容は悉《ことごと》く事実に根拠を置かず或《あるい》は事実を曲解したる憶測讒誣《ざんぶ》の妄説にして一々之《これ》に応酬するの価値を認めず」と返答し、山本達雄も「君の言の何等《なんら》事実の根拠なく誣妄《ふぼう》の甚《はなは》だしきものなるを明かにせむ」と返答し、中橋徳五郎も「島田君の予に対する質問は全然無根の事実を以《もっ》て人を誣《し》ひ世人をして疑惑を生ぜしむることに依《よ》り予を誹毀《ひき》せんとするもの」と非難を交えて返答した。

騒然とした議場で小川平吉は、島田の言う事実はことごとく間違っていると指摘し、「島田君の言動と致しましては、（議場騒然）唯《た》だ軽率である、（議場騒然）粗漏であったと云《い》ふことを以《もっ》て、（議場騒然）之《これ》を看過することは出来ないのであります」と責任を取るよう要求した。つまり、議員の辞職を島田に迫った。

さすがに混乱は収まらず、議長の奥繁三郎が「静に」「諸君、静に」と訴えるも「馬鹿を言ふな」「黙れ」などの声にかき消される始末だった。なんとか声をふり絞った奥は、明日の午前一〇時より継続審議にすると宣言してこの日は散会する。午後五時三九分であった。

翌日の衆議院は朝から殺気立っていた。傍聴席はもちろん満員である。議場の扉には守衛の見張りがつき、門前には警官隊が集結して厳戒態勢が敷かれていた。憲政会は福島県を遊説中の永井柳太郎、軽井沢にいる尾崎行雄に電報を打ち議場へ呼び戻した。もちろん、政友会も総動員である。午前一〇時一四分、衆議院本会議が開会した。

まず、鈴木富士弥と小泉又次郎から小川平吉へ質問がなされた。鈴木は小川の根拠が大臣の答弁書のみであると指摘し、小泉は三大臣の回答では不十分だと主張した。事実関係が明らかになっていないのに、島田三郎の処決を迫るのはおかしいと抗議する。さらに佐々木安五郎が小川の決議案に修正の動議をかけた。調査を申し出たのにそれを拒否して、島田の処決のみを迫るのはおかしい。むしろ三大臣こそ進退を問われるべきであると訴えた。

関和知はかねてより小川をよく思っていなかった。「八百長式《やおちょう》の質問を為《な》して政府に阿附《あふ》するの醜態は殆《ほとん》ど嘔吐の思ひに堪《た》へざらしむ」というのが、彼の小川への評価であった(⑦46)。もはや黙ってはいられなかった。発言が許されると、関和知は即座に小川平吉の決議案に絶対反対であると告げ、佐々木の修正案に賛成すると宣言した。

政界の腐敗を廓清《かくせい》するには努力が必要であると関和知はいう。そのために島田三郎が質問した。にもかかわらず小川平吉は大臣の答弁書のみを根拠に緊急動議を提案した。そもそも三大臣が社会において名誉をおとしめる事態を惹起しているから、島田が質問を試みたのである。「事毎に些末の点を捉へて之《これ》を問題とし、之に依《よっ》て人を陥れんとするが如《ごと》き事は、甚《はなは》だ卑むべき所の行為であります」と非難し、かつて政友会でも同じような質問を三土忠造が行っているが、それは政治家として互いに許すことと考え、憲政会は問題としなかった。そして、小川の決議案はあまりに軽率だと批判し、また、潔白であるなら、なぜ委員会、査問会を開こうとしないのかと追及する。委員会を設置し、三大臣を取り調べたうえで、島田の質問が誤りであったなら、このような決議案を出さずとも自ずと三大臣の名誉は回復するだろうと論じた。「信ずべし信ずべからずと云《い》ふことを、多数の頭数に依《よっ》て之《これ》を決せんとすると云ふことは、余りに是《これ》は不道理千万なる態度であります」と彼は憤った。そのうえで、関和知は島田の人格の高潔さを説き、大政治家であることを論じて「島田君の如《ごと》き所の態度を以《もっ》て、政治道徳の腐敗を改め、社会風教の維持に力《つと》めると云《い》ふ人に、軽〻しく斯《こ》の如き決議案を提げて、此《この》人を議会より逐《お》はんとする事は、所謂《いわゆる》島田君の清流を此議会より逐はんとするものではないかと言はれても、果して諸君何の言葉があるか」と訴えた。

その後、政友会から小川平吉への応援演説があり、島田三郎自らも意見表明を行ったが、佐々木の修正案は否決され、小川の決議案は記名投票により、投票総数四二一、可とするもの二六四、否とする者一五七で可決された。島田は「本員は此《この》不当の決議に服従しませぬ」と述べ、政友会からの嘲笑と憲政会からの拍手を浴びた。関和知の演説は「情理を尽《つく》した近来の旨味あるものであつた」と翌日の『東京朝日新聞』（七月二八日）に記された。

第四三議会をふり返り、関和知は「識者をして失望に終らしめたるの感あり」と感想を述べている。

図7−1　築地精養軒に集まる憲政会（『写真通信』9月号・1920年）

原敬は物質主義の権化で、権勢の拡大という欲望のため、候補者の選択をないがしろにして、「反対党を倒すが為《た》めには殆《ほとん》ど手段を選ばざるの覚悟を以《もっ》てせり」と非難した（『読売』七月三〇日）。

七月二九日午後四時より、憲政会は築地精養軒に集まり代議士会を開催する（図7−1）。加藤高明総裁を始め幹部ら約一二〇人が出席した。その場で、第四三議会の報告書起草委員として関和知が指名された。ほか降旗元太郎、加藤定吉、綾部惣兵衛、三木武吉がいた。『読売新聞』（八月九日）に「国民党時代から議会報告書起草万年委員の称ある憲政会の関和知君」と記されるように、報告書の執筆は関和知にゆだねられていた。自宅や本部に訪問客が後を絶たないため、落ち着いて執筆に取りかかれない彼は、いつも鞄に資料を詰め、本部にも行き先を告げず姿をくらました。家族も居所がわからず、ときに小泉又次郎に電話で問い合わせる始末であった。もっとも小泉とて関和知がどこに居るのか見当もつかなかった。

八月なかば、憲政会の議会報告書は脱稿しすでに彼の手許にあった。あとは起草委員会を開いて協議し、加藤高明に目を通してもらうだけである。八月二三日午後一時より、本部に関和知、降旗元太郎ら委員と浜口雄幸など幹部が集まって草稿を検討した。明日、加藤に見てもらい、印刷へ回すことになった。

東奔西走

議会終了後の憲政会第一声は、一九二〇年八月二二日午後一時より、前橋市柳座における関東大会から始まった。関和知、大津淳一郎、高木正年らはその日、上野駅午前九時発の列車に乗り込み、前橋で聴衆約五〇〇〇人に迎えられた。関和知は本部を代表して演説を行った。政府多数党の横暴を非難し、外交問題を中心に原内閣の失政を痛罵、「諸君と共に現内閣を弾劾せん」と締めくくった（『読売』八月二三日）。その後、臨湖閣で群馬県有志による大歓迎会が開かれ、さらに一行は磯部温泉に移り林屋にて懇親会を催した。

関和知は九月二九日、千葉県に戻り、茂原町で議会報告の演説会を開くことにした。下岡忠治、三木武吉、猪股謙二郎の三人が応援に駆けつけることになった。次いで、一〇月六日には仙台市で憲政会の東北大会が予定されており、加藤高明総裁以下、河野広中、浜口雄幸に彼も同行することになった。一行は一〇月五日の午後一〇時に上野駅を発ち、六日に仙台市の大会を終えたあと、翌日は山形県庄内町の歓迎会に出席、八日は鶴岡町で演説会及び歓迎会、九日は米沢市での歓迎会に参加した。

さらに関和知は西へ向かう。一〇月一五日より五日間、兵庫県下を遊説し、各地の演説会で熱弁をふるった。一〇月二三日には片岡直温と京都府八幡町の綴喜《つづき》郡同志会に参加し、その後、一〇月二五日に加藤高明と若槻礼次郎、江木翼、永井柳太郎に合流して広島で開かれた中国四国大会に出席した。翌日は呉市での演説会ならびに歓迎会に参加、やや東へ戻って二七日は、京都市岡崎公会堂で憲政会の近畿大会に出席、約二〇〇〇人の聴衆に向け、演説会は午後一時から六時まで続けられた。

一一月三日、青年改造連盟の西岡竹次郎らが夕方、加藤高明の私邸に現れた。会うことができないとわかると、彼らは玄関先で大声の罵倒演説を行い、午後八時頃に引き上げた。その後、一一月七日にも会見に訪れるというので、関和知は朝早くから安達謙蔵や富田幸次郎と加藤の私邸に待機した。午前一一時、爆音けたたましい自動車で乗りつけた青年改造連盟の一行は、興奮状態にあった。会見が始まると彼らは、「加藤高明氏は日本の改造に対し誠意なきものと認め茲《ここ》に氏の政界隠退を警告す」と決議文を読み上げた（西岡竹次郎伝記編纂会：138）。一時間ほど問答して一行は威勢良く引き上げた。

関和知は一一月一〇日、若槻礼次郎とともに茨城県土浦町での演説会に参加し、二五日には秋田市での支部大会へ、二八日には新潟市での支部大会へ出席している。お膝元の千葉県では一二月五日、千葉町で憲政会の支部発会式が行われた。加藤高明をはじめ、安達謙蔵、江木翼、早速整爾らが駆けつけた。一二月一二日、下岡忠治、田中萬逸《まんいつ》、山道襄一らと盛岡市での支部大会へ向かう。そして、二〇日は埼玉県浦和町の演説会に特派された。

その年の暮れ、一二月二五日午後二時より本部にて憲政会の議員総会が開かれた。約一〇〇人が出席し、ここで関和知は院内総務の一人に指名された。ほかに箕浦勝人、下岡忠治、早速整爾が総務となった。翌年一月九日、新年早々から福島県二本松町へ三木武吉と派遣され演説をこなし、また一月一〇日も福島市での演説会に参加した。

納得できない「独立の生計」

憲政会は一九二一年一月一〇日、午前一〇時に幹部会を招集する。午後一時、幹部と幹事の連合会を開き、普通選挙法案を話し合った。いまだ「独立の生計」という条件は課せられたままである。

翌日、臨時の政務調査総会が開かれ、「独立の生計」が話し合われた。江木翼が説明を試みたが、党員からは質問が続出して止《や》まず、幹部の普選案に修正が突きつけられ、それをふまえたうえで、なんとか法案に了承を取りつけた。それでも、田川大吉郎と大竹貫一は「独立の生計」という条件に納得できなかった。彼らは憲政会の普通選挙法案を再考すべく、尾崎行雄、島田三郎を交えて話し合った。一方、幹部側も一月一三日に会合を開き、幹事長の小泉又次郎は菊池良一など急進派と会って調整を試みた。

関和知は元日発行の『日本及日本人』に「苦楽を超越したる禅味羨むべし。唯《ただ》凡物の吾々《われわれ》には門松をくゞる毎に身のまゝにならず、世の思ふにまかせぬ事の多きに目出度もなし目出度も無しと歌ひ度《た》くなる、左《さ》ればとて冥途の旅を厭《いと》ふにも非《あら》ず、向上一路甚《はなは》だ遅々たるを悲むのみ」と感想を載せている（73 249）。特集「門松は冥途の旅の一里塚／目出度もあり目出度もなし」への回答である。党内に亀裂が走り、関和知は落ち着かない新年を迎えていた。

一月一四日、急進派は尾崎行雄、島田三郎を中心に丸の内の中央亭に協議の場を設けた。関和知も参加した。尾崎は憲政会の案にも他派の案にも署名せず、第二読会で採決にいたれば賛成すると述べ、歩みよりの可能性を示した（『読売』一月一五日）。院内総務の関和知と幹事長の小泉又次郎はこの結果を幹部へ伝え、了解を得ようと画策し始めた。

関和知の態度は妥協であった。彼は会合で次のように述べている。「此《こ》の席に於《おい》て独立の生計に関する論議は避けたし云《い》ふ迄《まで》もなく独立の生計なる文字は宜《よろ》しからず予は最初此の文字を置く事に反対したるも今や党議となりたれば余儀なく之《こ》れに従ふのみ」(『読売』一月一五日)。ただ、こうした問題は第二読会に入ってから話し合われることなので、憲政会としての普選案に署名してほしい。第二読会に入れば尾崎の考えに力を貸したいので、「小節を捨てゝ」党議に従ってほしいと説得を試みた。結局、協議会は平島松尾、川崎克、岩佐善太郎の三人を委員に選び、幹部と交渉させることになった。

翌日、平島、川崎、岩佐の三人は正午より憲政会本部を訪れ、箕浦勝人、早速整爾、下岡忠治、小泉又次郎、そして関和知といった幹部らと会見した。彼らは「独立の生計」という条項を削除すべきだと反省を促し、それが不可能なら党議によって拘束しないよう求めた。幹部側は「幹部の苦衷も察せられたく」と述べ、幹部会にて検討すると返答した(『東日』一月一六日)。そこで、午後三時から浜口雄幸や安達謙蔵も加え、改めて幹部会を開き話し合った。しかし、解決策は見つからず、「変通の途を講ずる」ことを申し合わせただけで午後六時に散会した(『東日』一月一六日)。

続いて、憲政会は一月一七日、午前一〇時半より院内総務会を開く。安達謙蔵、箕浦勝人、下岡忠治、早速整爾、小泉又次郎、そして関和知が出席した。党議で決定した普選案に尾崎行雄、島田三郎らが署名しないことを許すか、それとも憲政会より除名すべきかが話し合われた。『読売新聞』の報じるところによれば「党議を蹂躙《じゅうりん》する者に対しては人事の限りを尽《つ》くして円満解決に努力し而《し》かも尚《な》ほ万已むを得ざる場合には遺憾ながら涙を揮《ふる》って馬謖《ばしょく》を斬る」という方針であるという(一月一八日)。なんら妙案も思いつかないまま、ともかくこの件は院内総務に一任することとなり、関和知、箕浦、下岡、早速は相談のうえ、加藤高明に累《るい》を及ぼさないよう解決することを申し合わせた。

そこで同日午後三時に、関和知ら院内総務は加藤高明の私邸を訪れた。そして、普選案に除外例を許すかどうか、院内総務会で決定することを加藤に伝え同意を得た。本部に戻って協議したうえ、再び午後六時より最高幹部会を加藤の自邸で開く。食堂で晩餐をともにしたあと、第四四議会に向けた政策を協議し、さらに普選案について夜の一一時まで話し合った。

一月一八日午後二時半、院内総務の関和知、下岡、早速、箕浦と、急進派から派遣された調停委員である平島、川崎、岩佐が本部で会見し、憲政会の普選案に署名をしないと同時に他派の提案にも署名をしないという覚書を交わした。その後、午後三時に、関和知を含め院内総務四人が提案者となり、憲政会の普選案はようやく衆議院へ提出された。

関和知は、国内外に重要な問題が山積みしているときに、党内で紛争を起こして陣容を乱すことは野党として責任を問われることであると考えた。そもそも急進派と幹部は普選を成立させるという点では一致している。内容の一部に意見の相違があるにすぎない。だから「党規を以《もっ》て処分を余儀なくするが如《ごと》き性質のものに非《あら》ず」と考えていた（『東朝』一月一九日）。第一読会で賛成を表明してくれるのであれば、提出の際に署名がなくてもよい。「挙党一致現内閣に対し堂々対戦するの策」に出るべきである（『東朝』一月一九日）。

翌日、一九二一年年一月一九日の早朝、交渉委員が品川の尾崎行雄邸に足を運び、覚書を持って行った。しかし、尾崎は覚書など無意義であると述べ、院内総務たちの苦心に理解を示した。午後になって急進派は本部において会合をもち、調停委員の説明を聞いたが結論は出なかった。同日、午前一一時から関和知は憲政会の相談役会に出席したあと、午後一時から本部で政務調査総会に加わった。ここでは加藤高明総裁のほか尾崎、武富時敏、若槻礼次郎、浜口雄幸ら幹部とともに五〇余名が出席している。宣言、決議、政策が議題として話し合われた。

そして四日後、一月二三日の正午より憲政会は院内で代議士会を開く。その席上、尾崎行雄は、出席議員の三分の二以上の同意をもって党議は決定すべきと提案した。一月二五日、憲政会は午前一一時より本部にて幹部会を開き、関和知も出席する。そこで尾崎の提案について意見を交換した。いずれ彼自身と懇談し、意見が合わなければ議員総会にはかるという手はずになった。一月三〇日午後二時、普選案をめぐる一連の党議問題について、院内総務を代表して関和知が尾崎と会見した。幹部会で協議中であるが反対意見も少なくないことを伝え、ただちに決定せず慎重に検討してはどうかと説得し、尾崎もその方向で了承した。

若槻礼次郎は「加藤総裁の意見は、選挙権の拡張には賛成であり、納税の制限を取ることはもちろんいいが、ただ独立の生計を営むということは必要である。全然独立の生計を営まん者にまで、選挙権を持たせるのはいかんというのであった。加藤という男は、いったん自説を定めると、容易に人に譲らない。（略）党員の大多数は、もうここまできては、純然たる普選で進む外はないというので、この総裁の独立生計論をめぐって、長い間かなりごたごたした」という回想を残している（若槻：235）。しかし、憲政会内の「独立の生計」をめぐる紛擾は、もはや「ごたごた」で済まされるような事態ではなくなりつつあった。

尾崎行雄、田川大吉郎の反乱

一九二一年二月三日、午後一時三五分より衆議院本会議が始まった。憲政会、国民党が普通選挙法案を出す日である。雪の降るなか、傍聴席は満席、警視庁は総出で警備にあたっていた（図7-2）。まず、国民党の普通選挙法案が関直彦より説明され、政友会の多数によって即決否決された。その後、憲政会の「衆議院議員選挙法中改正法律案」は予定どおり、旧院内総務である関和知、箕浦勝人、早速整爾、下岡忠治の四人から上程され第一読会にかけられた。説明者として関和知が代表して登壇することになった。

図7-2　満員の傍聴席（『東京朝日新聞』1921年2月4日朝刊）

冒頭、関和知は「先刻国民党の関直彦君に依《よ》って提案せられ、且《か》つ説明せられたる所の案と根本に於《おい》て其《その》主張を一にする所の世に所謂《いわゆる》普通選挙の案であります」と述べた。この提案がいかなる運命にあるかは予想できるが、「叫びに叫び、戦に戦って、最後に政府竝に与党諸君の覚醒を促し、反省を求め、終に吾ゝの主張に屈伏せられるに至る迄《まで》は、飽迄《あくまで》叫び且《かつ》戦ふべき所の責任を吾ゝは自覚して居るものであります」と宣戦布告した。

改正案は納税資格を撤廃し、年齢を二五歳以上の男子、「独立の生計」を営む者に選挙権を与えるというものである。すでに第一二議会のとき伊藤博文が改正案を提出している。地租一五円の納税資格を五円に、所得税や営業税は三円に引き下げるというものである。この元老の改正案を盾に関和知は議論を展開する。伊藤には普通選挙への理想があったに違いないと述べ、原敬内閣がそれを過激思想の表れであり、国家の基礎を脅かすものであるというなら、伊藤は「其《その》低級にして其固陋《ころう》なる点に向って、撫《ママ》然として呆《あき》れ、潸然《さめざめ》として或《あるい》は涙を流すではなからうか」と関和知は皮肉交じりに政友会を批判した。

また、原敬は世界の五大国に日本が加わったと得意になり、国民にもその自覚を求めたが、政治に参加する権利は国民に与えようとしない。昨年度の予算を見ると、国費は膨張し国民の負担は増える一方だが、国民の理解、承諾は得られているのだろうか。国民を政治に参加させ、協力を得ることは立憲政治の常則であると彼は語った。

そして、普選が階級を壊し秩序を脅かすという原首相の言い訳に、次のように反論する。もし世の中に階級が必要とされているなら、普選が導入されても消滅することはないだろう。アメリカやイギリスでは労働運動やストライキが頻発している。選挙権を拡大しなければ、ドイツ、ロシアの運命をたどっていただろう。また、普通選挙の導入は対外的にも重要である。欧州戦争のとき、カナダ在住の日本人は、義勇兵として戦場に活躍したが市民権は得られなかった。その理由は、本国日本において彼らが選挙権をもっていなかったからである。

彼はここで国内へと焦点を移し、政友会の四大政綱を批判する。そして、選挙で多数を占めたのだから、国民は普選に乗り気でないという主張は憶測にすぎないと切り捨てた。われわれ議員は国政について遺憾なく意見を述べることができるが、「国民の言論若《も》しくは集会、思想の自由と云《い》ふものは、確に苛《か》酷《こく》なる所の圧抑の下に在るのであります」と指摘し、言論の自由が圧迫されていると訴えた。原敬および政友会は心を改めて、この普通選挙法案を採用してほしいと要求し、関和知は一時間三〇分にわたる大演説を締めくくった。

ここで憲政会の田川大吉郎が議事の進行について発言を求めた。田川は「憲法第三十九条に、両議院の一に於《おい》て否決したる法律案は、同会期中に於て再び提出することを得ずと明確に規定してあります」と指摘し、関和知の説明は国民党の提案とまったく同一であり、国民党案が先に否決されているのだから、憲政会が同じ内容を提案するのは憲法違反にあたると疑義を訴えた。憲政会側はこの味方の不意打ちに驚愕し、口々に怒りの声をあげ「ノウ〳〵」の叫びが嵐のごとく湧き起こった。

議長の奥繁三郎は「判《わか》りました――もう要旨は判りました、説明致します」と田川の発言を遮ろうとする。しかし、田川は「御待ち下さい」と述べ強引に発言を続け、このままでは衆議院が取り返しのつかない失態に陥る、ゆえに議長において「匡正《きょうせい》すべき」であると強く要求した。

議長はその主張に反論する。国民党案と憲政会案では、改正すべき箇条に相違がある。関直彦と関和知の演説は要旨において似たところがあるけれども、それは演説者の自由であり、改正案そのものに相違点がある以上、憲法違反にはあたらないと奥は説明し、むしろ関和知、延《ひ》いては憲政会を擁護する立場をとった。

ところが、ここで尾崎行雄が発言を求める。納税資格を撤廃するという点について、国民党案も憲政会案も同じだろう。すでに国民党案の決は採ってあるのだから、やはり同じ内容を再度審議することになると田川大吉郎の主張を擁護した。「斯様《かよう》な事は是《これ》は議事上許すべからざる事であります」と発言し、議長の判断は絶対に間違っていると断言した。憲法違反の議事に参加することはできないと尾崎は述べ、よって改めよと自席から和装姿で叫び、奥繁三郎に田川の主張を認めるよう迫った。

議長の奥は引き下がらない。「実質の上に於《おい》て相違の点がありまするから、議長の意見として討論に移ります、採決の方法は採決の際に諮《はか》ります」と述べて、尾崎行雄の要求をはねつけた。尾崎も再び食ってかかる。「既《すで》に終結せられたる事を、更《さら》に討論に付すると云《い》ふことでありますか」と追及した。奥は「それは違ふ点をやります、討論は同一の討論をされましても、敢《あえ》て干渉致しませぬ」と突っぱねる。その後も、尾崎はすでに決着した議題であり、再び議論するのは憲法違反だとしつこく議長に食い下がったが、奥は尾崎の主張を認めなかった。そして、関和知の演説に対する質疑に入った。

三木武吉、山道襄一ら少壮議員たちは歯を食いしばって痛憤し、もし幹部がこの事態を許すのであれば我慢ならないと、議場から火の玉のごとく飛び出してきた。

ここで蒙古王の異名を取る無所属倶楽部の佐々木安五郎が出て、憲政会案にはなぜ全員の署名がないのかと質問した。尾崎も田川も「独立の生計」という条件に異論があると聞いている。「尾崎君田川君からも此《この》壇上に於《おい》て釈明をして貰《もら》ひたい、どう云《い》ふ立場でござるか、どう云ふ事をしてござるか、それを承りたい」と要求し、暗黙の了解を破って憲政会を窮地に追い込んでしまう。国民党の関直彦はサッサと議場から逃げ出した。

憲政会側は顔色を失い、中野寅吉が「そんな質問があるか」と狂ったように叫び、政友会からは盛大な拍手が湧き起こった（『東朝』二月四日朝刊）。田川が「弁明します」と告げて登壇した。「独立の生計」という条件には疑いをもっている。そのために同じ憲政会に属していながらも、「独立の生計」という点について進んで賛成することができずに、このような「奇態なる立場」に陥りましたと告白した。憲政会は早晩、私たちの意見を容れる時期に達するだろう。それでも、一つの問題だけを取り上げて党を脱すべきとは思っていないと田川は釈明した。大臣席の原敬は「押へ切れぬ微笑を刻んで」この事態をただ見守っていた（『東朝』二月四日朝刊）。

その後も、永井柳太郎が一身上の弁明を行うなど、本来の質疑応答とは関係のないやり取りが続き、ようやく関和知の普選案説明に対する質疑が再開される運びとなった。その後、中西六三郎の長い反対演説が展開され、古屋慶隆による賛成演説があり、討議終結の動議が岩崎勲より出されて終結し、採決となった。

ところが、議長の奥繁三郎がすでに否決された国民党案と同じ箇条を読み上げ、逐条審議のような形をとろうとして、また揉めて、議場からは「ノウ〳〵」「間違って居る」という声があがり騒然となる。三木武吉が一つの法案として採決せよと求め、岩崎勲もそれに同意の声をあげ、一つ一つの箇条について確認するという奥の提案は撤回され、なんとか投票へと漕ぎつけた。

このときすでに尾崎行雄、島田三郎、田川大吉郎、添田飛雄太郎ら憲政会の急進派は退席していた。投票総数三八四、可とする者一三五、否とする者二四九で、憲政会の普通選挙法案は第二読会へ進むことなくついえた。この日の本会議は午後七時五一分に散会となった。

『読売新聞』には「和知氏の方が、若いだけに潤《うるお》ひもあり、思想もあり、熟練もあった」と関和知の演説は評価されている（二月四日）。とはいえ、演説のできばえどころの騒ぎではない。幹事長の小泉又次郎は顔面蒼白になり「打ち殺せッ」と叫び、三木武吉も田川大吉郎と尾崎行雄を処分しないならわれわれが脱党するとして息巻いた（『東朝』二月四日朝刊）。

憲政会幹部はともかく集まり、尾崎と田川の処遇について協議した。三木武吉、山道襄一らの怒りの声と、武富時敏、箕浦勝人らの沈痛なつぶやきのなか、結論としては、憲政会案に意見を述べるならば、院内総務に一言あってしかるべきであり、なんらの通告もなく違憲との発言があったことは党の秩序を乱したので、相当の処分が必要だろうということになった。ただちに議員総会を開き、田川大吉郎を除名し、尾崎行雄は田川に追随しただけであるとして除名の勧告を行うという三木の提案が採用された。

関和知はその後も残って幹部会に出席し、除名の手続き、除名勧告の段取りを話し合った。安達謙蔵と下岡忠治が、その夜のうちに加藤高明の私邸を訪問して報告することになった。そして、二月四日の早朝、安達と大津淳一郎は尾崎行雄の自邸を訪ね、話し合いの経過と結果を陳述した。しかし、尾崎は脱党の勧告に応じなかった。

同日午後三時、憲政会は本部で幹部会を開き、尾崎行雄を除名処分とすることを決定して、その旨を郵送した。翌月、急進派の一人である島田三郎の離党も問題となり、三月二二日午後、偕楽園で開かれた憲政会関東会において協議され、島田を引き留めるべく代表者を出して説得することとなった。翌日三月二三日に関和知、高田耘平、鈴木久次郎の三人が午前九時半から島田のもとを訪れた。しかし、結局、引き留めることは適わなかった。関和知は院内控室に戻り、その顛末を報告している。正午から開かれた代議士会では告別の辞が述べられたが、離党しても島田とは協調を保ちたいと箕浦勝人は希望を述べたのである。

2　普選の前に国民教育を

秕政百出の原敬内閣

それでも関和知は前へ進まねばならない。一九二一年二月一六日、憲政会、国民党、無所属倶楽部の三派連合で内閣不信任案を提出することが決まった。関和知も提案者の一人に名を連ねた。決議案「衆議院は現内閣を信任せず」は、二月一九日の本会議で争われることになった。当日も数多くの傍聴者が議事堂へとつめかけた。

まず、武富時敏が説明にあたる。現内閣は国内外の政策を誤っている。その失政の原因は党派の拡張を優先し国家の利害を顧みないことにあると主張した。「高声《こわだか》に」「ノウ〳〵」など政友会の野次で議場は騒然となった。議長の奥繁三郎が「武富君は過日来御病気であったやうです、敬意を払って静に御聴下さることを望みます」と注意を促すも、政友会は叫び声を上げ妨害し続けた。一党一派の私利ばかり追及しては、政党内閣から人心が離れてしまうと武富は注意を促し、現内閣の存在は立憲政治にとって健全な発達を阻むものであると短く論じて降壇した。

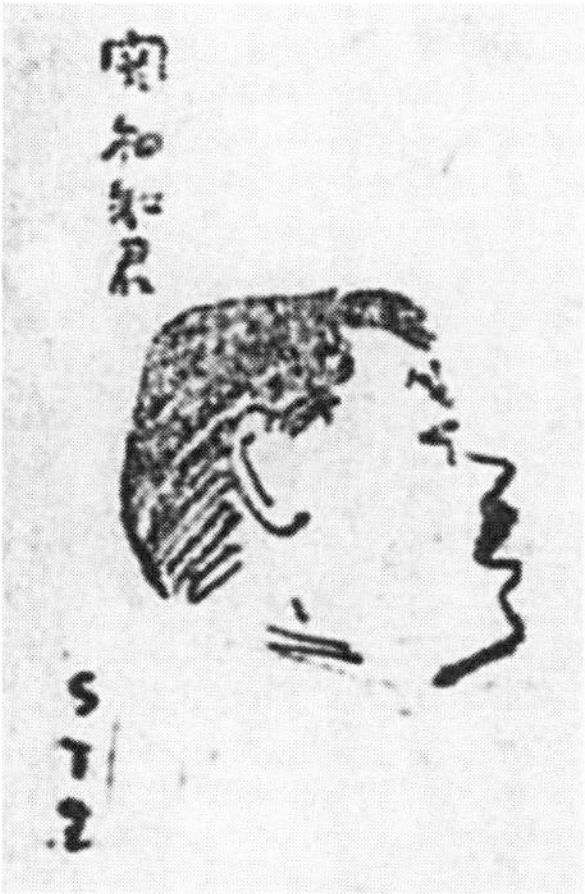
図7-3　代議士の顔（『雄弁』12巻3号・1921年）

政友会の大岡育造から反対意見が表明され、三木武吉が盛んに野次を飛ばして議長の奥から注意を受け、国民党の関直彦が賛成演説を行い、三土忠造がまた反対の演説を行い、田淵豊吉が賛成演説、林毅陸が反対演説を行って、ようやく関和知に出番が回ってきた。

登壇した関和知は、政府与党は「血の気を持って居らない海鼠《ナマコ》に等しき無感覚の人」と冒頭からなじり、この決議案は数によって葬られるだろうが、その内容において国民に訴えるところがあると、その意義を強調した。さらに政府の実績はまったくの無理想、無方針であり、多くの失政、悪政をなしてきたと非難する（図7-3）。

そして、アメリカの排日問題を取り上げ、欧州大戦の講和会議をきっかけに再燃していると注意を促した。人種問題を議題にするとき、日本の政府は十分な根回しを行わず、各国を、とりわけ英米を刺激しただけである。日本が国際連盟の力で移民問題に影響を及ぼそうと企んでいるのではないか、とアメリカに疑念を抱かせてしまった。「初めに彼等を刺戟して彼等を驚かし其《その》結局に於《おい》て斯《こ》の如《ごと》き所の龍頭蛇尾に終った」と、政府の交渉失敗を追及し、対支那の外交においても、日本は東洋における野心をもっていると誤解を与え、優柔不断で主張すべきことも主張していない。「此《この》内閣に依《よ》って僅《わず》か二年半の間に、五十年の間帝国が心血を注いで築いた基礎を、全く根本から破壊せらるるに至った」と断罪し、返す刀で、今度は政友会の四大政綱に斬りかかる。

その政策はどれほど実現しただろう。「厖《ぼう》大《だい》なる所の鉄道網」をぶち上げ、莫大なる工費を費やしているだけであると批判すると、議場からは「前に賛成したぢやないか」「黙れ」という叫び声が上がった。関和知は続けて、鉄道の誘致を吹聴して国民を喜ばそうなどとは、「小児に玩具を以て戯れるが如《ごと》き態度」であり、そのようなものが政友会の掲げる四大政綱なのかと揶揄してみせた。それまで謹聴してきた議場もさすがに騒然となってきた。

不景気となり政府は積極政策を消極に改めたという。今さら改めたというのは、あまりに浅見だと述べ、財政計画の基盤が薄弱であることは大臣自らが認めていると発言すると、議場は騒然となり、「諸君が積極政策の下に有《あら》ゆる問題を利用致して、国民に不渡の手形を発行して居る」、近い将来、当然、増税が強いられるだろうと関和知が非難すると、議場からは「ノウ〳〵」の声に混じって「馬鹿を言ふな」などの野次が飛んだ。

彼はさらに、官紀紊乱へ矛先を向ける。さまざまな問題が惹起《じゃっき》しているにもかかわらず、政友会の林毅陸は内閣の責任ではないなどと言い訳をしている。政友会諸君の道徳的観念はいずこにあるのか。南満州鉄道についても物議を醸し、「醜聞の府」となっている。このように外交、内政に問題があり、「秕政百出の内閣と云《い》ふことは、実に此《この》内閣より外には無い」と述べて、彼は憲政会からの拍手と政友会か政友会からの拍手と政友会からの罵声を浴びつつ降壇した。

　ここで首相・原敬が登壇する。武富時敏の説明はよく聞き取れなかった。関直彦に対する反論は大岡育造、三土忠造、林毅陸によってつきている。だから多くを論じる必要はないと切り捨てた。そして、次のように述べた。「併《しか》ながら吾々の尊敬する所の関君、而《しか》も其《その》御援用相成ったることは、先年大隈内閣の当時御同様相共に弾劾を致した時の言葉を御採用になって居る、故に此《この》決議案の大体の趣意は関君に依《よ》って説明せられたものと解釈致します、関君の御演説に就《つい》て一二申して置きたいのであります」と、明確に関和知に標的を絞って反論をしかけてきた。

　原敬は関和知の出した例は事実として間違っていると指摘し、たとえば尼港事件などに政府の失策、不注意、怠慢はないと断言したため、議場は騒がしくなり、原の声はたちまち聞き取れないありさまとなった。あちらこちらから「聴えない」との苦情が発せられ、「議場の整理は出来ませぬか」「議長議場の整理をしろ」などと要望が発せられるが、一向に収まる気配はなかった。原はそれでもかまわず発言をやめようとしない。議長の奥は「静粛に――静にすれば聴えます」などと必死に整理を試みる。とにかく原は演説を終えて降壇し、岩崎勲より討論終結の動議が提案されたが、「賛成」「反対」「何だか判らぬ」との叫び声が上がり、議場は騒然としたままであった。結局、議長の奥は起立させて賛成多数を確認し、投票になんとか持ち込むことができた。投票総数四〇〇、可とする者一四一、否とする者二五九で、野党側が提案した内閣不信任決議案は否決された。時刻はすでに午後八時三〇分を回っていた。

国民教育の革命

三月二五日、議会閉会の前日、関和知は議事の進行について議長に発言を求めた。議論が沸騰したとき互いに批評を加え、「殆《ほと》ど聞くに忍びざる所の批評、時としては暴言」を聞くこともしばしばである。しかし、それは野党に限ったことではない。にもかかわらず、議長の奥繁三郎は憲政会の議員に注意、禁止、はなはだしくは懲罰をもって臨むことが多い。これは公平な処置ではないと関和知は非難した。拍手と罵声が飛び交った。「公平なる議長は、宜《よろ》しく此《この》反対党少数党の立場に対して、少くとも同情を以《もっ》て職務を執行せらるゝと云《い》ふことが、当然の事でありますと述べ、少数党の批判に対して法でもって処罰するというのはやりすぎであると注意を促した。

さらに、「殆《ほと》ど酔態を以《もっ》て議場をうろつき廻って、秩序を紊《みだ》すと云《い》ふが如《ごと》きこと、言葉の上に於《おい》ても、其行《そのおこない》の上に於ても、殆ど目に余る如き状態は、寧《むし》ろ憲政会に在らずして、政友会に在るのでありますと批判し、公平な職務執行を議長に希望した。奥も「苟《いやしく》も一党を代表して関君より深切なる御警告でありますから、謹んで此《この》御警告を守ります」と述べて、関和知の訴えを受け止めた。

こうして、第四四議会は三月二六日をもって終了した。翌日、憲政会は議員総会を築地精養軒に開いた。報告書起草委員が箕浦勝人によって指名され、例によって関和知、そして、斎藤宇一郎、津原武、古屋慶隆、高田耘平が担当することになった。一同は晩餐をともにし、デザートを食べる頃、武富時敏が多数党の横暴や憲政会の責任を力説し、関和知も立ち上がり「総裁の馬前に斃《たお》るゝまで奮戦すべし」と訴えた（横山：320）。

数日後、三月三〇日午後二時より、憲政会は議会報告書の起草委員会を開き、午後五時半まで内容や分担などを話し合った。関和知を中心に報告書を執筆する手はずとなり、各方面から資料が届けられた。そして四月一五日午後二時より幹部会が開かれ、彼が起草した議会報告書が審議され、字句の修正などを施して公表された。

その頃、三木武吉が社長となり、憲政会の新しい機関誌『憲政公論』が創刊された。関和知は編輯顧問の肩書きで、さっそく「原内閣の暴政と上院の使命」という論考を載せた。「現内閣の如《ごと》き、媾和会議の失敗といひ、対米、対支外交の失敗は勿論《もちろん》、西比利《シベリア》政策の失敗の如《ごと》き、世界公知の失政である。然《しか》して、財政及経済政策の無為、無能に、加へて鉄道法案、道路、学校、あらゆる問題を、党勢拡張の手段に供し、甚《はなは》だしきに到つては、最近暴露したる、満鉄問題、阿片問題等は明らかに、政府が自ら公器を弄《もてあそ》んで私腹を肥したるものであつて、斯《か》くの如《ごと》き政治上の悪徳は、到底、其《そ》の責任を免《まぬが》るゝ事の出来ない筈《はず》である」と原敬内閣を批判した（⑲ 12f）。

続けて『憲政公論』第二号には、「議会政治更新の秋」を寄せている。第四四議会は政友会の失政の総決算である。数多くの法案は通ったが、それは党略本位より出たものである。「その多数が、実際の道理の如何《いかん》を顧ず、徒《いたず》らに自己の党派の力となつて、その主張するところは黒白を弁《わきま》へず政府を助けねばならないといふに到つては、決してその多数が神聖なる輿論《よろん》を代表するものと言ふ事は出来ない」と述べ（⑦11）、外交政策、積極財政について批判したうえで、議事の進行についても一言し、「或人は曰《のたま》ふ、第四十四議会は乱暴極まるものであつた。苟《いやし》くも国政を論ずる議場が怒罵《どば》咆吼《ほうこう》の修羅場《しゅらば》を現出し、甚《はなは》だしき敷は人身攻撃に迄《まで》及んだのは唾棄すべきことであると」、そのとおりだが、それは野党のせいではないと弁明した（⑦13）。

また、一九二一年八月発行の『教育時論』で、来たるべきワシントン会議について述べている。この会議では日英同盟が焦点となるだろう。ワシントン会議は各国の野心により招集されたものではなく、平和への理想に基づいている。これまでの日本の外交、国内政治が英米に与えてきた誤解を解く機会となろう。「動もすれば我が帝国が軍国主義の国家とか第二の独逸《ドイツ》とか云《い》ひはやされて居る」と懸念を述べ、パリ講和会議の失敗が尾を引いていると説明する（⑥3）。欧米人に対してあいまいな態度を取ってはならず、黙って遠慮すればその善意が伝わるというものではない。「右顧《うこ》左眄《さべん》他の勢力を窺《うかが》ひ事情に囚《とら》はれて曖昧《あいまい》不徹底の間に物事《こと》を糊塗せんとするが如《ごと》き気風」は改めねばならないと注意を促した（⑥4）。

一方、機関誌『憲政公論』の銷夏《しょうか》号では読者投票が行われていた。憲政会で内閣を組織するとすれば、だれを大臣にすべきかを問うたものである。内務大臣・若槻礼次郎や大蔵大臣・浜口雄幸らとともに、関和知は文部大臣に選ばれている。「僕の文部大臣当選など甚《はなは》だ危険千万な投票の結果である。誰か他に適当な候補者も有ったたらう」と恐縮しつつ、従来の教育は官僚式で従順で卑屈な機械的国民を生みだしていると批判し、権力の前に服従する、さらに言えば悪政であっても無関心な、動物を作るような教育方針を根本から改革したいと抱負を語った(⑪10)。

これに気をよくしたのか、彼はさらに『憲政公論』一〇月号に「国民教育の革命」と題した論文を載せた。政治、社会、経済にいかなる問題が起こっていても国民は無関心であり、「本来、立憲政治の素養なき国民には、政党内閣の何物たるかを知明せず、国民の権利が如何《いか》なる性質のものたるかを識別するの能力なきことは云《い》ふを俟《ま》たず」と国民批判を展開する(⑫2)。満鉄事件やアヘン事件、東京市の疑獄など原敬内閣の政治が俗悪無比であるのに対し、国民からの反響は乏しいと嘆き、藩閥官僚政治家によって明治の初めより教育は忠君愛国を鼓吹するばかりでなく、国民の独立、思想の自由を撲滅することに努めてきたと、その原因を教育に求めた。さらに、原は特権階級に媚《こ》びを売り高等教育の拡張を優先し、国民教育である初等中等教育を犠牲にしていると述べ、現政権への批判でこの論考を締めくくっている。

憲政会は一九二一年九月二六日、午後二時より本部において政務調査会を開き、関和知も含め三〇人ほどが出席し、「国民教育費節約に関する件」を話し合っている。彼はここで意見を述べ、決議案の起草は関和知と大津淳一郎、高田耘平、正木照蔵、高橋久次郎の五人で行うことになった。そして、若槻礼次郎も参加して協議した結果、「国民教育を改善し其《そ》の内容を充実する為《た》め国庫の負担を増加すると共に市町村経済の緩和を図るは我党多年の主張」という決議を採択した(『憲政』四巻七号)。

斃《たお》るゝまで奮戦すべし

憲政会の大演説会が四月四日、神田基督教青年会館で開かれた。第四四議会の報告のためである。三木武吉、頼母木桂吉らと関和知も壇上にのぼった。約一五〇〇人が訪れる盛況である。四月七日、午後一時より上野精養軒で関東大会が催される。加藤高明総裁以下、三〇〇〇余名が集結した。総裁の演説に続き、若槻礼次郎、箕浦勝人が登壇した。四月一九日にいよいよ地方遊説の担当が決定する。関和知は清水留三郎と福島県へ派遣されることになった。憲政会は本部にて五月九日午後二時より幹部会を開き、遊説の日程を調整し、関和知は五月一一日より三日間、福岡県を訪れ、五月二〇日は神奈川県都筑《つづき》郡津田村へ、五月二一日は八王子市、五月二五日は大阪での近畿大会へ出席することになった。

近畿大会は予定どおり、大阪市中央公会堂で始まり、約四〇〇〇人がつめかけ、来場者多数のため開始一時間前に門を閉じざるを得ない大盛況となった。立食パーティーのあと、午後六時より開かれた大演説会には聴衆約三〇〇〇人が集まった。若槻礼次郎、永井柳太郎らとともに関和知も登壇し、最後は憲政会万歳の連呼とともに閉幕した。翌月六月八日も、関和知と三木武吉は岐阜県大垣市の演説会に駆けつけた。

六月一八日、築地精養軒で綱紀粛正有志大会が催された。約六〇〇人が参集した。当日は政友会の壮士の殴り込みを受け、乱暴狼藉により混乱した会場で、数名の負傷者を出す事態となった。関和知は河野広中、箕浦勝人とともに、次の大会の実行委員に指名された。六月二五日に、その委員会が開かれ、七月三日、再び綱紀粛正の演説会が午後一時より芝浦埋立地に催された。定刻前より参加者が続々と押し寄せ、駅から会場までの道を埋め尽くした。政友会系の壮士などが妨害するのではないかとの恐れから、警察官約三〇〇人が警戒にあたっていた。『萬朝報』の斯波貞吉《しばていきち》が開会の挨拶を行い、憲政会からは関和知、小泉又次郎らが演説を行った。

関和知は名古屋へ向かう。七月八日午後二時より、御園座で憲政会の東海十一州大会が開催され、総裁・加藤高明をはじめ、浜口雄幸、望月小太郎らと彼も出席した。二〇〇〇人以上の人々が集まった。閉会後も市内四か所で演説会が開かれ大盛況であった。

七月二〇日、地元千葉県に帰還した関和知は、三木武吉、早速整爾を連れて佐倉町で演説会に臨んだ。その三日後、北上して福島県郡山町で早速と演説会に参加、次いで二五日から二七日、東北地方を浅賀長兵衛らと遊説する。八月二二日は千葉県舟橋町で浜口と演説会を開き、九月一〇日は大阪へと旅立った。さらに九月一一日から四日間、関和知は熊本市会議員の応援を行う。

九月二六日、午後二時より憲政会は本部で政務調査会を開いた。関和知も含め三〇人ほどが出席した。議題に国民教育がのぼり、積極的に意見を出した。声明書が作成され、「国民教育費に関する件」は運動を開始する方向となった。同日は午後七時から晩餐会が開かれ、加藤高明以下、幹部、役員が顔をそろえた。

多忙を極めるなか、関和知は『中外新論』に「教育を破壊する者」という論考を寄せる。利己心全盛の時代である。利益がともなわなければ動かない社会となった。知識を授けるだけで人格の向上、良心の教育を怠ってきた国民教育の失敗にその原因がある。現政権は階級的な性格をもち、「上流者の教育を益々《ますます》発達せしめ初等教育を等閑に付しつゝある」(⑲26)。大学を乱造しても、高等遊民を作るだけであり、無為に過ごすなか、彼らは危険思想に染まりかえって社会に害毒をもたらすだろう。そのように関和知は述べ、日本の教育を原敬内閣が阻害していると批判した。

関和知は原敬内閣の失政を追及し続ける。一〇月二三日付の『東京朝日新聞』に談話を載せ、甲府における演説で、ワシントン会議に国民が動揺したかのように首相は述べたというが、狼狽したのは政府自身だろう。内政についても抽象的な議論ばかり試み、なんら対策がない。諸種の批判が巻き起こるのはむしろ当然であると関和知は述べ、「首相が演説の末段に於《おい》て国民の自覚を促せるは本末顚倒」と叱責して、逆に政府の自覚を促した。

憲政会の遊説は続行中である。一九二一年一〇月七日、開催された幹部会で検討を重ねた結果、関和知は一〇月一五日より一八日まで福岡県を遊説することになり、また、補欠選挙に出馬する粟山博を応援するため、月末も浜口雄幸と福島県に向かう予定となった。一一月一〇日、彼は三木武吉とともに関西へ出張する。また、一一月下旬にも、永井柳太郎と金沢市議選を応援するため北陸へ向かった。そして、滋賀県の大津市議選にも、彼は片岡直温と派遣されることになった。

さて、改めてこの時期の政策をふり返れば、第四四議会において、普通選挙を前面に押し出す方向へ舵《かじ》を切ったものの、「独立の生計」が足かせとなり、野党は足並みをそろえられず、また、本会議における関和知の演説は田川大吉郎、尾崎行雄の反乱によってくつがえされ、憲政会の普選運動は冷や水を浴びせられてしまう。幹部たちは田川や尾崎、島田三郎を引き留めようと妥協点を模索していたが、彼らの除名、離党は不可避となった。それは意図せざる結果であった。議会終了後、関和知は普通選挙を積極的に論じることができず、幹事長時代の論点、とりわけ政友会の失政を看過する国民の改造、すなわち国民教育へとその焦点を戻さざるを得ない。

こうして迎えた年末、一九二一年一二月四日、加藤高明は下二番町の自邸に最高幹部を招集する。おもに普選問題が話し合われた。国民の政治参加について、党員の大多数はもはや条件に拘泥するときではないと感じていた。機関誌『憲政』の記事は伝聞ではあるが次のように伝えている。「彼の「独立の生計」といふ枝葉末節の問題に妙な行き懸りが出来て居る為《た》め自発的に之《これ》を削除することに決定した」(『憲政』五巻一号)。ついに普選運動に突破口が開かれた。

第八章

憲政会総務のメディア・パフォーマンス

加藤高明を支える憲政会総務
『憲政公論』2巻2号・1922年

「当時逆境に苦しまされつゝあつた憲政会の総務として全国民の血を湧かせ肉を躍らせた、かの普選問題其他《そのた》重要問題のために得意の弁舌をもつて時の原内閣に当り、敵の心胆を寒からしめたのも彼であつた。彼とはそも誰《たれ》！多士済々《せいせい》たる憲政会の中でも特に有為の材幹《さいかん》として、燦《さん》たる光りを放つてゐる関和知君その人である」（経済之日本社編輯部編『奮闘努力近代立志伝』経済之日本社・一九二四年）

1　達磨《だるま》落とし

普選は天下国民の問題

一九二一年一一月四日、東京駅で首相・原敬が刺殺された。大蔵大臣の高橋是清が一一月一三日、首相を兼任することになった。新首相について関和知は、次のような談話を発表した。高橋の演説に「私を捨てゝ公に従ひ節義を重んじ曲折を斥《しりぞ》け範を天下に示す」とあるが、政友会のこれまでの活動を思えば「如何《いか》にも滑稽」である（『東朝』一一月二二日朝刊）。党勢拡張に邁進してきた政友会において、党員に節度ある態度をとらせることができるとはとうてい思えないと。

その年の暮れ、一二月二四日、憲政会は午後二時より議員総会を開いた。八〇人ほどが出席した。関和知は院内総務から外れ、新しく安達謙蔵、本田恒之、小泉又次郎、森田茂、小山松寿が指名された。『東京朝日新聞』（一二月二五日朝刊）は「喧嘩腰の陣立」と報じた。

当日は午前九時、衆議院の控え室でストーブの周りに人が集まり、降旗元太郎を中心に話が弾んでいた。そこへ河野広中が新人の粟山博を連れて入ってきた。第四五議会を前に憲政会の意気は高揚していた。関和知も「天下民心帰我党」と筆をとった（『東朝』一二月二五日夕刊）。ともかく「独立の生計」という足かせが外れたのである。普通選挙運動で国民党や尾崎行雄、島田三郎らと共同戦線を張ることができる。議員総会のあと、普選特別委員会が開かれ、彼も含め五〇人ほどが出席した。議論は錯綜したが、「独立の生計」が削除されることは確実となった。

憲政会は翌日、政務調査総会を開き、衆議院へ提出する普通選挙法案を決定した。三木武吉がすかさず議員総会を提案し、そのまま承認する運びとなった。ようやく「『独立の生計』云々《うんぬん》の一項を削除し、協調の精神を以《もっ》て各派に交渉する」ことが可能となった（横山：357）。

前議会で尾崎行雄、田川大吉郎から裏切られ、酷い目に遭わされた関和知はここで発言を求め、普選協調のこれまでの歴史をふり返った。かつて第四二議会で国民党と交渉したとき、年齢の問題や学生に選挙権を与えることについて妥協の余地があったと説明し、最近においても、「独立の生計」という条件さえなければ譲歩の可能性があることを、国民党幹部との会見においてつかんでいると報告した。

一二月二六日、憲政会、国民党など各派は普通選挙法案について午後三時半から会合をもち、整理交渉のうえ統一案を成立させた。新聞記者団は仲介の労をとり、同日午後四時より、普選全国断行同盟会主催で各派連合の懇親会を催した。統一案が成立したという安堵と共同戦線を張った高揚感から、たいへんな盛り上がりを見せた。総勢三〇〇余名が参集した。大島の羽織を着た尾崎行雄や嬉しそうな顔の島田三郎の姿もあった。関和知はもちろん、憲政会からも多数が出席した。「協力一致以《もっ》て其《その》達成を期す」ことを申し合わせた（『東朝』一二月二七日朝刊）。関和知は「普選は一党一派の問題でなく天下国民の問題である、それが茲《ここ》に実現の曙光《しょこう》に接したのは快心事と云《い》はねばならぬ」と述べ、これは政府、政友会の不道徳に対する戦いであると訴えた（『大毎』一二月二七日朝刊）。

大隈重信の国民葬

一九二二年一月一〇日、大隈重信が亡くなった。午前六時に大隈家の門が開かれると、総裁の加藤高明は真っ先に駆けつけた。一月一二日、葬儀委員会が早稲田大学講堂に開かれ、国民葬とすることが決められた。関和知は葬儀委員の一人として接伴係を委嘱された。道ばたに雪が残る一月一七日、大隈家において告別式が行われ、早稲田大学学長の塩沢昌貞が声を震わせながら弔文を読み上げた。高田早苗、坪内逍遙、加藤らが霊柩車を見送った。早稲田大学では一万二〇〇〇人の教員、学生、校友が校旗を掲げ、四列縦隊で行進を開始する。多くの群衆に見守られながら霊柩車は日比谷公園へと進んだ（図8-1）。道の両側にはあらゆる階級から贈られた真榊《まさかき》が並び、風にまかせて多くの旗がバタバタとはためいていた。

図8-1　大隈重信国民葬（個人蔵）

　公園正門より広場にかけ、右に日本女子大学生一〇〇〇余名、左に混成旅団の儀仗兵が整列し大隈重信の霊柩を迎え入れた。祭壇には山海の珍味が供えられ、天井から床下まで花輪が満ちあふれていた。関和知や早速整爾は見慣れない黒いガウン姿であった。午前一一時頃、奏楽が始まり三〇分ほどの霊前祭が執り行われた。一九発の弔砲が響き渡る。定刻一二時に数万の民衆がなだれ込んだ。大臣であろうと職工であろうと関係なく、全員がこの人波のなか大隈の祭壇を目指し動くことになった。首相の高橋是清も人に押されながら前へ前へと進んだ。どういうわけか祭壇に賽銭を投げる者が現れ、それに習って周囲の人々も投げ始め、見る見る間に積もって四〇〇円もの山を築いた。

一般の参拝者が退散し始めた頃、霊柩車は日比谷公園を出発し、日も暮れゆくなか静かに音羽護国寺へと入った。山内に積もる残雪と夕暮れの寒気が人々の身にしみた。午後五時、霊柩は土のなかへと安置され、近親者をはじめ加藤高明、武富時敏らとともに、関和知も心を込めて新土を投げ入れた。そして墓標が夜風のなかに立てられる。午後七時半、大隈重信は永遠の眠りについた。関和知は雑誌『大観』（五巻二号）に「大隈内閣時代までの大隈侯」「難局にも従容自若《しょうようじじゃく》たりし大隈侯」の二本立てで記事を掲載し功績をたたえた。

積極政策は党勢拡張の具

一九二二年一月発行の『憲政公論』に、関和知は「本年度政局観」を発表し、「第一、現政友会内閣は、此歳《このとし》に於《お》て終はりを告ぐるであらう。第二、後継内閣の組織が必ず現内閣の反対党の手に帰するであらう」（⑦38）と力強く宣言した。

そして一月一九日、憲政会は本部に大会を開催する。約五〇〇人が参集するなか、加藤高明は武富時敏、浜口雄幸、早速整爾、降旗元太郎らに加え、関和知を憲政会総務に指名した。『憲政公論』の「新総務印象」には、次のように紹介された。「その風貌、必ずしも立派とは云《い》へないが却《かえ》つて又それが無

図8－2　普選断行国民大会（毎日新聞社出版室図書編集部編『写真明治大正60年史』毎日新聞社・1956年）

邪気に見られ、毒気の無きやうなるは、時と場合に利する処があらう。併《しか》し党中若手では何といふも闘将の第一人者だ。舌鋒も頗《すこぶ》る鋭く、相当荘重味もあつて、頭の明晰なること驚くべきものがある」（穆堂：83)。

一月二一日、幹部会が衆議院内に開かれ、議会での活動や院外との連絡について意見交換を行った。数日後、一月二四日は浜口雄幸、早速整爾らと集まり、加藤政之助ら院外の代表と政策について話し合い、普通選挙や綱紀粛正に全力を尽くすことを確認した。

翌月、二月三日は神田青年会館に普選断行の演説会が開かれ、約三〇〇〇人が集結するなか、関和知も浜口や頼母木桂吉らと壇上に登る。また、芝公園の大隈重信銅像前では、二月五日、普選断行国民大会が開かれる（図8－2）。万国旗と普選の盟旗が晴天に翻る。前日より東京市中にまかれた数十万のビラに、当日会場で歌う予定の普選歌が刷り込まれていた。正午の時点で五〇〇〇余名の聴衆が押し寄せ、そこへ乗馬服を着た尾崎行雄が悠然と現れた。午後一時、松本君平が開会を宣言すると、山田毅一、加藤政之助らに続き、関和知も獅子吼を放つ。後方にも第二、第三の演壇がもうけられ総勢五〇余名の弁士が入れ替わり立ち替わり登場し、声を張り上げた。

こうしたなか、衆議院は一九二二年二月七日、本会議で鉄道敷設案を審議する。委員長の富安保太郎は、前議会で通過し貴族院で審議未了となった法案であり、以前より計画されていたと説明した。しかし完成の期限を設けるのは難しいという、機を逸した提案であった。関和知は登壇し反対意見を述べた。憲政会は第四四議会でこの法案に賛成した。しかし、今回、同じ法案に反対するので説明しておきたい。前議会でも、趣旨については賛成だが、実際の計画についてはずさんであると指摘しておいた。それに加えて政府には警告を与えておいた。「それは此《この》鉄道問題に付ては従来政府及政友会の間に、動もすれば党勢拡張の具に供する事実が屢々《しばしば》あった」からである。

昨年とは異なり政友会は政策を一変している。「積極政策又は膨張政策と言ひますか、楽観主義と言ひますか」、政友会の方針は破産したのである。教育や治水についても緊縮財政で予算を組んでいる。鉄道についてもそうすべきではないか。鉄道だけそのままというのは「名ばかりでも、形だけでも、所謂《いわゆる》膨張政策、積極政策に名残を止めて天下を欺《あざむ》かんとする窮策から出でたるものであらう」。しかもこの一年、政友会は鉄道を利用して党勢拡張に利用してきた。つまり、われわれの警告を裏切った。今回の提案は予算もともなわず、完成までの期限もあやふやで、「希望を抽象的に現した所の案」にすぎない。関和知の厳しい追及に、議場が騒がしくなってきた。さらに細かな数字を上げ、彼は計画のいい加減さを批判した。「唯《ただ》紙の上に、地図の上に赤い線を引き、青い線を引いて、殆《ほとん》ど小児の遊戯三昧《ざんまい》に等しき事をすることが、是《これ》が交通機関の完成と言はるゝか」と追いつめた。

この大演説は「党略に基く鉄道法」と題して、機関誌『憲政』に掲載された(㊍6-17)。小見出しは「財源なき鉄道計画」「笑ふ可《べ》き紙上の鉄道」「陋劣《ろうれつ》なる鉄道党略」などとこき下ろしている。さらに関和知は雑誌『鉄道』にも「紙上遊戯の鉄道網」と題して論説を発表した。内容は議会における演説とほぼ変わらないものである。そして、鉄道は地方利権として敷設されるべきではないと国民に注意を促し、集票のための鉄道誘致という政友会の党利党略に対し、「入党書を舁《かつ》ぎ廻るが為《ため》に鉄道は出来るものではない」と非難した（⑧36）。

このように、演説の技能に磨きがかかり、関和知は憲政会を代表する議員の一人として成長していた。衆議院の速記者は浜口雄幸、永井柳太郎、中西六三郎、川原茂輔、鵜澤総明《ふさあき》、そして関和知の演説が「早過ぎず、遅過ぎず、書く側《そば》から立派な文章を構成する」と評価している（『新世界』二月一八日）。内容だけでなくその態度にも、彼は細心の注意を払っていた。寺社を会場とするときなど、関和知は演壇を左右いずれかにずらした。神仏に背を向けまいとする配慮であった。

不名誉なる二百八十余人

いよいよ普通選挙法案が議会へ提案される。一九二二年二月二三日は快晴、院外の普選運動も大いに盛り上がりを見せ、午前一一時頃、人々は議会を包囲し始めた。正午には交通整理に支障をきたし、衆議院から日比谷にかけて警戒線が張られ通行止めとなった。傍聴者はすでに一〇〇〇人近くが集まり満席となっていた。議事堂もいたるところに警官が配備され、厳戒態勢が敷かれていた。こうしたなか関和知も通行を阻まれ、代議士章を見せても警官が通そうとしない。監察官が駆けつけ、ようやく混乱のなかから救い出される始末であった。

翌日、憲政会は緊急の幹部会を招集する。昨日の取り締まりが乱暴を極めたのは内務大臣だけの問題ではなく、政府全体に責任があるとして、内閣弾劾の緊急動議を出すことになった。その登壇者に関和知が選ばれた。政友会の多数によって否決されるだろうが、憲政会総務として事実に基づき不信任の理由を詳細に説明し、内閣弾劾を広く世間に周知するという作戦である。

二月二八日午後一時一九分、衆議院本会議が開始されると、「決議案（安達謙蔵君外五名提出）」が議題にのぼった。「二十三日普通選挙法案上程に当り政府は警吏、憲兵を以《もっ》て議院を包囲し国民請願の自由を圧迫し温良の人民を検束するのみならず議員を殴打拘禁したるは憲政を破壊するものと認む政府は須《すべか》らく其《そ》の責に任ずべし」と内閣を弾劾した。関和知は立ち上がり壇上へと進む。

重要問題である普通選挙法案について、国民が議会に集まり民意を表明することを妨害する理由などまったくない、と彼は口火を切った。しかるに政友会内閣はこれを妨害し、阻止し、集会を開けば解散を命じ、語る口を封じて筆を束縛し、「政治上に於《お》ける国民の自由を全く無視するの態度に出でたのであります」と強い口調で非難する。はなはだしくは同僚の議員である田中善立君を警官が殴打して拘禁した。これは政府の一大失態である。

彼はさらに前首相の原敬を批判し、普通選挙を危険思想とみなし秩序を破壊するものと捉えたことに対し、「原氏一流の「マキヤベリズム」から来る所の一條の権変に外ならない」と断罪、加えて理由なき解散が疑獄事件の頻出を招いたとして、政友会議員を「不名誉なる二百八十余人」と痛罵した。さすがに議場は騒然となった。「不名誉とは何だ」との叫び声が上がり、議員たちが口々に発言し始めた。

萩亮が関和知に発言の取り消しを求めた。議長の奥繁三郎も不穏当な言葉の取り消しを命じた。彼は「名誉なる当選と信じて居りませぬ」と抵抗した。そして、野次を無視して強引に演説を続けようとする。しかし議場はすでに荒れ狂っており、奥が再三「静粛に」と叫び、混乱を鎮めようとするも収まらず、一方、関和知は粛々と演説を進め、民衆の勢力を度外視して何が政党内閣だと追い打ちをかけ、陛下の忠良なる臣民が政治上の権利を得ようとしていることをなぜ危険視し、また恐れるのかと問いかけた。さらにダメ押しで「私が不名誉なる多数と云《い》ふことは、民意を代表せず、陛下の聖旨に副《そ》ひ奉ることに怠る所があることを以《もっ》て、之《これ》を不名誉の多数と言ふのである」と言い放ち、野党側から盛大な拍手を浴びて降壇した。

数日後、三月二日の本会議で衆議院議長の奥繁三郎は、「不名誉なる二百八十余人」という発言について、再び関和知に取り消すよう勧告した。彼は取り消す代わりに「不名誉なる二百八十の多数と云《い》ふことを、不の字を削除致して名誉なる二百八十の多数」というように訂正すると議席から述べ、なかば皮肉のうちに決着をつけた。議場からは拍手と笑い声が起こった。『東京朝日新聞』（三月三日朝刊）は「関君『取消はせぬが訂正します、――名誉なる二百八十名』は大出来」と報じた。

党略本位の政友会を撃つ

一九二二年三月七日の夕刻、憲政会の関和知と本田恒之は国民党の控室を訪れた。さらに後日、国民党の西村丹治郎と無所属倶楽部の野溝伝一郎、松本君平を訪ね、そこから庚申倶楽部の山邑《やまむら》太三郎に会って、内閣弾劾について野党各派の共闘態勢を構築し決議案の内容を調整した。内閣不信任案の提出には、憲政会から関和知、本田の両総務が登壇することになった。

三月一六日、衆議院本会議は午後一時一八分に始まる。関和知は「棚の埃《ほこ》りの総浚《そうざら》へは達磨《だるま》落しが目的」とやる気十分であった（『東朝』三月一七日夕刊）。同日は正午、山王台の日吉亭で内閣弾劾の国民大会が開かれ聴衆約一三〇〇人が集まり、また、憲政会本部でも演説会が午後二時から開かれ五〇〇人が参加していた。内閣不信任案は、まず国民党の関直彦が説明にあたる。これに対し、政友会は松田源治が反対意見を述べた。そして、議席から関和知が立ち上がる。

ワシントン会議において、外務大臣ではなく海軍大臣を全権として派遣した。これは国民として心細きものであったと関和知はいう。軍国主義の疑いを世界に対して晴らさねばならないときに、政府は原案に対し軍艦の割合増加を要求した。山東の返還問題も失敗した。「信用を高めずして更《さら》に信用を低下した、誤解を一掃せずして更に誤解を加へたのである」と失政を断罪する。また、国内においては、戦後の好景気に乗じて「放漫なる積極的政策、得意の楽観主義」を唱え、国費の膨張を無制限に試みたと批判した。議場からは「ノウ〱」と否定的な野次が飛び始めた。彼は追及の手を緩めない。その責任者であった高橋是清が、どこで顔を洗ってきたのか、いまは節約とか倹約などとしおらしいことを述べている。これはいわゆる「鬼の空念仏」である。さらに満鉄事件、アヘン事件など疑獄事件について逃げの答弁を行う政府を、「此《この》事件は普通の犯罪である、一個人の犯罪であると云《い》ふことは詭弁《きべん》と云ふか曲事《きょくじ》と云ふか、黒白を無視する所の言葉であると言はなければなりませぬ」と叩き、このような事態を招いたのは、形式上多数の政友会が党略本位に政治を行った結果ではないかと責任を問い、決議案はその多数によって葬られるだろうが、輿論《よろん》の前にその多数は「三文の価値もない」とぶち上げた。そして、「諸君は政党内閣として輿論の上に立つ、輿論の上に立つと云《い》ふことは、議会内の数の上に立つのでない、国民の良心の上に立つのであり、国民の常識の上に立つのである」と締めくくった。

その後、山本悌二郎による関和知への反論、押川方義や宮古啓三郎らが登壇し、最後に首相・高橋是清が登場する。野党側は足を踏み鳴らし机を叩いて怒号すさまじく、ほとんどなにを話しているのか聞き取れない状態となり、高橋は短く反対を述べて降壇するほかなかった。結果は投票総数三九五、可とする者一四一、否とする者二五四で否決された。時刻は午後七時三〇分となっていた。

第四五議会は閉会し、一九二二年三月二六日、憲政会の議員総会が丸の内海上ビルディングに催され、普選問題や今後の地方遊説が話し合われた。安達謙蔵からの指名で、議会報告書の執筆が関和知、紫安新九郎、津原武、三木武吉、山道襄一の五人に託された。とはいえ、例によってそのほとんどは関和知がまとめることになる。

彼は執筆に専念するつもりで、千葉の旧家に部屋を建て増した。ところが、滞在を聞きつけた村人が押し寄せ、対応に追われ、数日で帰京する羽目に陥った。どこか静かなところを見つける必要があった。

彼の逃避場所はだれにも明かされなかった。のちに息子の関和一は、それが森ヶ崎鉱泉ではないかと回想する（関 1977 : 40）。明治になって開けた温泉地で、田圃《たんぼ》のなかに芦の生えた池が点在するのどかな場所であった。旅館が数軒建ち並び、東京近郊の保養地となっていた。彼はここで議会をふり返り、憲政会の政策を整理して次なる戦いに備えたのである。

決死的憲政擁護運動へ

全国遊説の季節が巡ってきた。関和知はその頃、『憲政公論』誌上で「憲政会売出しの人気総務」「早稲田派典型の人物」と言われていた（無腸公子：34）。憲政会は一九二二年四月一〇日、神田青年会館で政談演説会を催す予定を立て、財政問題を若槻礼次郎、外交問題を江木翼、普選問題を永井柳太郎が担当し、関和知は綱紀粛正を論じることになった。当日は満場立錐の余地なく盛況であり、彼は埋めつくした聴衆を前に「政友会の諸君は私の利益私の権利を中心とするから遂《つい》に国民なく国家なき政に堕したのである」と熱弁をふるった（『東朝』四月一一日朝刊）。演説会は夜中の一一時まで続けられた。

四月二五日は築地精養軒で憲政会の関東大会が開かれた。加藤高明総裁以下、関和知を含め総勢約二〇〇〇人が集結した。関東大会準備委員長の鵜澤宇八が宣言、決議を採択すると、加藤が演説を行い、その後、宴会で大いに盛り上がった。

五月七日、関和知は長野県小諸町の演説会へ参加し、翌日は北上して福島県川俣町へ、五月九日は平河町、さらに五月一〇日、清水留三郎とともに小名浜町で演説を行った。五月一一日は関東へ戻り三木武吉と神奈川県川崎町の演説会、五月一六日は西進して広島県西城町の青年会発会式へ駆けつけ、そこから山陰へ足を伸ばし、五月一八日の鳥取県米子町を皮切りに、一九日は境町と鳥取市、二〇日は倉吉町で演説する。五月二二日は大阪中之島中央公会堂で憲政擁護内閣弾劾の大演説会が開かれる。聴衆は約六〇〇〇人の大群である。若槻礼次郎、下岡忠治、望月小太郎が登壇し、関和知も「憲政常道論」と題して獅子吼を放つ。翌日、紫安新九郎とともに和歌山市で演説したあと、五月二九日、ようやく東京へ帰還し、午後六時より日比谷松本楼で開かれた東京支部幹部との連合懇親会へ参加した。

多忙を極めるなか、東京の自宅へ帰宅すると、彼は目刺しかアジの干物があれば満足で、九十九里のふるさとの味に一息ついた。宴会食に飽きて、淡泊なものを求めたのではないかと、息子の関和一は書き残している（関 1977：34）。

一九二二年六月五日、憲政会は築地精養軒で最高幹部会を開いた。関和知も若槻礼次郎、浜口雄幸らと参加した。高橋是清内閣は即時、総辞職を行うべきであるという意見で全員が一致した。翌日、高橋は総辞職を決める。関和知は「当然の帰結」とし、政権欲のため醜態をさらし国務を停滞させたと断罪、総辞職は政友会の内輪もめなどではなく、人心が離反して政局が行き詰まった結果であると位置づけた。そして、民心を一新させるべく、政権を憲政会に明け渡すよう求めた。

六月七日、憲政会の役員総会が丸の内海上ビルディングの中央亭に開かれた。関和知も出席して晩餐をともにした。再び高橋に大命を願うような動きあらば、「我党は全国総動員を行ひ猛然起《た》って決死的憲政擁護運動を為《な》す」という方針を決定した（『憲政』五巻四号）。次いで六月九日、憲政会は関東代議士会を開き、約五〇人を招集し、中間内閣を極力阻止する決議を行うと、翌日は午前一一時より有志代議士が中央亭に集まり、「我党内閣の成立を期す」という決議を採択し、山王台における大演説会へ臨んだ。

しかし、形勢は不利であった。関和知は同日、築地精養軒に革新倶楽部の添田飛雄太郎を訪ねている。加藤友三郎内閣が有力となった今、提携して憲政擁護運動を開始したいと申し入れ、至極賛成であるから協議のうえ返答するとの回答を得た。

一九二二年六月一一日、関和知は浜口雄幸、下岡忠治らと朝から加藤高明邸を訪問する。加藤友三郎内閣に決まったことを受け、第二党としての善後策を協議するためである。正午には、本部で緊急の代議士総会が開かれた。関和知も引き続き参加した。幹事長の頼母木桂吉は、中間内閣の出現を阻止すべく死力を尽くし、成立となれば倒壊に努力すると挨拶した。その後、一同は演説会に参加するため築地へと急いだ。

同日午後一時より、憲政擁護大会が催され約二〇〇〇人が築地精養軒に集まった。「吾人は変態内閣に反対し誓つて憲政擁護の目的を達成せんことを期す」と決議したあと（『東朝』六月一二日朝刊）、衆議院議員を代表して関和知の演説が行われた。彼は加藤友三郎内閣を立憲の趣旨を没却したものと批判し、「斯《か》くの如《ごと》き超然内閣の出現は国家の不祥事であつて吾《わが》憲政史上の一大汚点である」と嘆き、「六千万国民を無視する如《ごと》き悪魔の出現」に悲憤すると絶叫した（『東朝』六月一二日朝刊）。

翌日は午後一時より、加藤高明の自邸に最高幹部が集められ、若槻礼次郎、片岡直温らをはじめ、武富時敏、早速整爾、降旗元太郎、浜口雄幸と、関和知の総務五人も参加し、今後の党の態度について意見交換を行った。国民へ向けて大運動を起こす方針となった。加藤は「自分も今後一層党の為《た》めに尽力する覚悟である」と述べ結束を訴えた（『憲政』五巻四号）。その後、同日午後三時から本部で緊急の幹部会が招集され、それぞれが腹蔵なく意見を披露し合い、結果として、輿論を喚起し中間内閣を排斥するよう努力することで一致した。夜は丸の内海上ビルディングの中央亭で党員との懇親会が行われ、加藤総裁をはじめ約二〇〇人が集結した。

2　海軍大将の変態内閣

総裁も出陣の大遊説

憲政会本部は一九二二年六月一四日、午後一時より臨時の総務会を開き、武富時敏、浜口雄幸、早速整爾、降旗元太郎、そして関和知の総務たちと、河野広中、安達謙蔵ら幹部を交えて協議を行った。そこで大遊説の計画が立てられ、党の立場を訴える文書を全国へ配布することなどが決められた。同日午後二時半、連合協議会に場所を移し総務会での決定が披露され、駆けつけた代議士、地方の支部長らと意見交換した。全員が憂色に包まれていた。

清水留三郎、大津淳一郎から加藤高明が松方正義を訪問した件について質問が出た。関和知がこれに答え、元老が政権の推移について関与することは好ましくないが、政友会の宣伝によって誤解が生じてはいけない、総裁は元老を訪問して憲政会の立場や政策を説明したのであり、「断じて政権に近《ちかづ》かんが為《た》めに急遽会見したものでない」と回答した（横山：419）。党員たちはそれぞれが立って悲壮な演説を試み、全会一致で今後の方針として幹部案を承認し、加藤友三郎内閣に対し、「我党は絶対に之《これ》に反対し速《すみや》かに其《そ》の倒壊を期す」との決議を採択した（『憲政』五巻四号）。憲政会の宣伝文書の起草には関和知があたることになった。

六月一七日、関和知は憲政擁護演説会に出席するため京都へ向かう。翌日は午後一時より、京都市公会堂に約二〇〇〇人の聴衆が集まった。横山勝太郎、片岡直温、江木翼とともに彼も加藤友三郎内閣の非立憲を批判した。決議には「政友会の陰謀と一二老人に動かされて国民に基礎を置かず何等《なんら》の主義なく政策なくして成立したる加藤内閣」という文言が入れられた（『憲政公論』二巻七号）。

この頃、関和知は『読売新聞』の記者に、総裁・加藤高明も民衆と接するよう、外へ出て大いに演説を行うだろうと語っている。政党の総裁らしく、全国を遊説する予定であった。本人も本部へ顔を見せるようになっていた。こうした動きを、若い議員や院外団も「総裁巷《ちまた》に出づ」として喜んだ（『読売』六月二五日）。かつて関和知は加藤を評して、「余り文明政治家に出来上つて居るので、現代的俗悪極まる政界に処しては却《かえ》つて受けの悪いのが弱点である」（『中外新論』五巻五号）と指摘し、せめて週一回は幹部会へ出席するよう促していた。「これ迄《まで》は大会へ行くにもほんの御大名行列式であり演説をなすも観兵式的だつたのだがこれからは野次を相手にして大いに憲政の為《た》めに説かれるのである」と期待をかけた（『読売』六月二五日）。

七月一六日、芝公園の大隈重信銅像前で憲政擁護民衆大会が開かれた。前日には三〇万枚の宣伝ビラが市中にまかれていた。当日午後二時、炎天下に聴衆一万人が続々と訪れ、和服姿の河野広中が現れ会長席へ着くと宣言、決議を可決し、関和知ら弁士が立って壇上に獅子吼を放った。終盤、真鍋儀十《ぎじゅう》の過激な論調に警察から降壇が命じられ、群衆は横暴を叫んで総立ちとなった。場外も含めると三万人が集まっていたという。翌日、関和知は千葉へ帰郷する。七月一八日午前一一時、梅松別荘で憲政会千葉支部の臨時大会が催された。千葉県選出議員の関和知、鵜澤宇八はもちろん、河野広中、浅賀長兵衛、川崎克が駆けつけた。県会議員を含め約一〇〇人が出席した。変態内閣を痛撃する決議を採択後、演芸館にて大演説会を開いた。

八月に入り一日は栃木県黒羽町、二日は黒磯町で演説会が催され、山道襄一とともに関和知が特派された。五日は午前一〇時から、築地精養軒で憲政会の総務会が開かれ、武富時敏、浜口雄幸らとともに出席した。九日午後三時は本部で幹部会が開かれ、遊説の計画が定められる。関和知は八月一三日、市議選応援のため横山勝太郎と横浜市へ派遣されることになった。一九日の幹部会では、来月の東北大会へ出席することが決まっている。

八月三日、地方長官会議で水野錬太郎内務大臣から訓示があった。欧州大戦後、消費について節制が失われ、社会の綱紀が弛《ゆる》んでいる。官公吏についても心事を廉潔公明にせねばならないと語った。関和知はこの訓示を「吾人の深く多とするところ」と評価し、前内閣とは異なると考えた。地方の党弊も視野に入れており、政友会にとって痛手になるのではないかと期待をかけた(⑯41)。

とはいえ、手を緩めたわけではない。九月六日、丸の内の中央亭で在京代議士の懇親会が開かれた。加藤高明総裁をはじめ幹部が列席した。翌日、関和知は栗山賚四郎《らいしろう》と千葉県大網町を訪れている。青年大会へ出席するためである。九月一六日は予定どおり、上野駅午後九時一〇分発の列車で関和知は加藤に随行し東北へと向かう。翌朝、一行は米沢駅に到着した。午前一〇時に物産陳列場を見学に訪れ、その後、市長や物産組合長らと昼食をともにした。午後二時、憲政会の東北大会が開始され、門東町の松岬劇場に開かれた演説会に総勢二七〇〇人が集まった。加藤は一時間半におよぶ長広舌をふるった。さらに午後六時、松岬劇場と常盤館の二か所で公開の大演説会を催し、それぞれ三四〇〇人、二三〇〇人の聴衆を集め、押し寄せる人々が場外にあふれる活況のなか関和知も熱弁を披露した。また、九月二〇日は正午より、仙台市の仙台座にて宮城支部総会が開かれ、加藤ら東北遊説の一行が合流した。豪雨にもかかわらず午前一〇時の段階で約一〇〇〇人の来場者を集め、江木翼、関和知が力を込めて演説した。

こうしたなか、明治期の自由民権運動で活躍した郷里の先人、桜井静の記念碑が千葉寺に建立されることになった。関和知や鵜澤宇八、鈴木久次郎、中村尚武や吉植庄一郎ら、千葉県の政治家が党派を超えて発起人となった。河野広中、杉田定一もそこへ加わった。九月二三日、関和知は河野とともに千葉市へ赴き、桜井の建碑除幕式へ参列した。

一方、憲政会の大遊説は続行中である。一九二二年一〇月七日、午後二時より幹部会を開き、加藤高明総裁をはじめ幹部らが列席して、第二期遊説計画を協議した。一〇月一三日は午後六時より九段富士見軒で幹部会が催され、河野広中、浜口雄幸、早速整爾らと関和知は晩餐をともにし、第二期の全国遊説を徹底的に押し進めることで一致した。彼は一〇月一七日から四日間、江木翼とともに山口県での遊説に向かう。一一月四日は、福岡県一一区の補欠選挙で河波荒次郎を応援するため、若槻礼次郎が甘木町で演説会を開き、一一月五日には関和知ら数名が応援に駆けつけることになった。一二月九日に富山市で開かれる大会には本部から関和知が派遣され、支部会のあと富山ホテルで演説を行っている。

その二日後、一二月一一日に『朝鮮及満洲』の記者が関和知を憲政会本部に訪ねている。幹部室の丸テーブルで関和知は原稿用紙になにかを書きつけていた。かたわらには昼食後の空のどんぶりが置いてあった。幹部会が午後二時から予定されていた。彼は記者を連れて小会議室へ行き取材を受けることにした。朝鮮の情勢について問われた関和知は、あまり気乗りしない様子で「さア、これと云《い》つて考へても居りませんが……」と沈黙した（85 12）。記者が話題を広げしばらくすると彼もやや打ち解けて、山東半島の支那への返還ついて日本は面目を失ったと語り、徐々に勢いを増して右手でテーブルをつきながら、山東半島を還付した途端に日支協約の破棄を訴え、支那側は租借地や満鉄にまで介入してきたと述べ、日支協約、つまり二十一ヵ条の要求がなければ今頃、日本の満州における権益はどうなっていたことか、大隈重信内閣の外交がなかったならば、満州を放棄することになっていただろうと熱心に語った。

その年の暮れ、一九二二年一二月二五日、憲政会は本部に代議士総会を開く。加藤高明は関和知を院内総務に指名し復帰させた。院内総務はほかに安達謙蔵、頼母木桂吉、田中善立、三木武吉がついた。関和知は憲政会本部の総務でもあったが、院内総務にも指名され、それだけ加藤から重視されていたとも言えよう。『東京朝日新聞』（一二月二六日夕刊）には「資性重厚にして各方面に触りがよく過去一箇年の間全国遊説に文字通り席温まるの暇なく弁説も愈《いよいよ》お手のものとなつたから当代表演説者には適任を得た」と評価された。また『大阪毎日新聞』(一二月二九日朝刊)でも、最初は百姓みたいな男だなという印象をもつが、演説を試みれば「政務的演壇の勇将」であり、下院の異彩であると記されている。ただし、党人としては上品すぎるだろうとの評価もあった。

関和知は「大正十二年を迎へて」という『東京朝日新聞』(一月四日朝刊)の特集で新年の抱負を述べている。政治は活ける国民の思想感情を代表せねばならない。中間内閣は超然主義を捨て立憲の常道に帰るべきである。そうでなければ自然に反する恐るべき禍患《かかん》を見るにいたるだろう。

年が明けて一九二三年一月六日、憲政会は本部で祝宴を催した。富士山麓の党員からイノシシ一頭が贈られ、ふる舞われた。関和知は総務として「早や天下を取つた気分で大に祝杯を挙げて貰《もら》ひ度《た》い」とほろ酔いで挨拶し、加藤政之助が憲政会万歳と発声して、代わる代わる短い演説を披露し気勢を上げた(『東朝』一月七日朝刊)。

すでに新年早々、一月四日に東京本郷区の補欠選挙を応援するため、箕浦勝人、三木武吉、横山勝太郎らと関和知は動き出していた。一月一〇日には大阪出張から帰京し、一四日午後二時より開かれた幹部会へ出席、議会対策を話し合った。内閣不信任案の方針を決め、説明者に関和知、賛成演説者として望月小太郎、山道襄一があたることになった。

一月二〇日に、普選記者同盟会が日比谷松本楼で在京記者大会を開催することになった。関和知もこれに合わせ『東京朝日新聞』(一月二〇日朝刊)に談話を載せている。普選運動は衆議院の内外で繰り返され五年ほど続いている。世間はやや普選運動に倦怠の感じで、こうしたことを国民は執着をもって持続することができない。本能主義、享楽主義の気風が助長され人心が堕落している。こうした事態を招いたのは、政友会内閣が人心を抑圧してきたからであると語った。

翌日、一月二一日は午前一一時から本部において評議員との連合会が開かれた。大会へ向けた宣言、決議を可決したあと、午後一時から憲政会の大会が開かれ五〇〇人ほどが出席した。終了後、東京会館で加藤高明は茶話会を開き約七〇〇人を招待している。関和知は院内役員を代表して演説を試み、「我憲政会は道理を求めて生くるのであるから諸君は大に忍耐して天下の重きに任じて貰《もら》ひ度《た》い」と一同を激励した（『東朝』一月二二日朝刊）。その後、午後六時から築地精養軒において地方代表の議員を招待し懇親会を催した。

日支郵便約定に関する緊急質問

奈良岡聰智は『加藤高明と政党政治』において、憲政会は政策面で政府との差異が小さくなり、苦境に立たされるようになったと記している（240）。加藤友三郎内閣は、高橋是清内閣以上に緊縮財政へと舵を切り、ワシントン体制を基軸に協調外交を展開し、普通選挙へ向けて調査会を設置したからである。だからこそ、野党はそのプレゼンスを何らかの形で示さねばならない。ただ、呆然と指をくわえているわけにはいかない。

すでに、一九二二年一二月二七日より第四六議会が始まっていた。憲政会は当日、午前一〇時より院内の控室に議員を集めて総会を開き、今後の方針を協議した。議長不信任決議案で対抗することを決め

図8-3　政府になんらかの過失があった（『東京朝日新聞』1923年2月2日朝刊）

た。革新倶楽部との連携を模索し、田中善立がその交渉過程を説明する。また、地租及び営業税の減税について、関和知は「諸君の御同意を得たいと思ふ、尚《なお》本案は今議会の重大案で諸君の御奮闘を願ふ次第である」と述べ、採決の結果、満場一致で賛成を取りつけた（『大毎』一二月二八日夕刊）。法案は総務が提案者となり、同日中に衆議院へと回された。

この議会で関和知が登場するのは翌年、一九二三年二月一日である。午前一〇時から憲政会は院内の控室で緊急の幹部会を開いた。枢密院と政府とのあいだに起きた上奏問題について、その内容が報道されているにもかかわらず政府の態度があいまいなため、関和知が改めて追及することになった（図8-3）。

ワシントン会議の付帯決議にともない中国にある日本の郵便局が撤退することになり、日本は北京政府と郵便に関する四約定を交わした。しかし、調印前に枢密院へ諮詢しなかったことが問題となり、枢密院と政府が対立、摂政は双方に和解を求める御沙汰書を発した。いったん解決したかに見えたこの問題は、一月二四日、貴族院本会議で憲政会の江木翼が質問を行い、それに対する首相の答弁により再燃する。加藤友三郎が、調印ではなく天皇の裁可により発効したと述べたため、調印による発効を前提に、調印前に諮詢がなかったことを問題としてきた枢密院の立場が危うくなった。

　二月一日午後一時一四分より衆議院本会議が始まった。関和知はさっそく「日支郵便約定に関する緊急質問」を発した。憲政会側は総理大臣の出席を求めたが、大臣も含め予算総会に出席中であった。関和知は追及する相手も不在のまま登壇することになる。

　それでも、極めて重大な問題なので総理大臣の答弁を求めたいと訴えた。すでに日支郵便約定については議論になっている。政府と枢密院のあいだに意見の相違があり、衝突を起こし、その結果、聖断を仰ぐことになった。問題はこの枢密院と政府に天皇から勅諚《ちょくじょう》を賜《たまわ》ったことにある。その内容は本来、知りえないものであるが、新聞には報道されている。それによれば、政府になんらかの過失があったようである。御沙汰書が本当に報道されたようなものであるのかどうか。もしそのとおりであるなら、政府はどのように責任を取るのか。その内容は公表されるべきであると追及した。

　その場にいた外務大臣の内田康哉は、すでに総理大臣が貴族院で答弁しているように、公表することはできないと答えた。関和知はこのような重大な問題を枢密院と政府だけで把握し、秘密にすることはできないだろうと自席から迫った。新聞の報道に誤りがないというなら大臣は責任をとらねばならないはずである。政友会は「答弁の必要なし」「無用」と騒ぎ立て、内田は登壇し「答弁は是《こ》れ以上に致し兼ねる」と短く述べて打ち切った。関和知もそれ以上追及せず、あっけない幕切れとなった。とはいえ、新聞各社はこのやり取りを報じ、たとえば『東京朝日新聞』（二月二日朝刊）は「内田外相例に依《よ》つて秘密一点張りで逃げを張り憲政会でナンと野次つても振《ふ》り向きもせず」と伝えた。

図8－4　棚のダルマの顔を見よ（『東京朝日新聞』1923年2月16日朝刊）

政治的生命に最後の宣告を——内閣不信任案

一九二三年二月一二日、本会議が終了したあと憲政会は幹部会を開き、内閣不信任案について検討した。その結果、関和知が理由を説明し、望月小太郎、山道襄一、野村嘉六で賛成演説を行うことが決まった。その二日後、二月一四日午後二時より、参集した幹部は議会対策について協議した。政党に基礎を置かない現内閣は憲政の常道に反しているとして、内閣不信任案を提出することを改めて確認した。その決議案は二月一五日の本会議で上程される。『東京朝日新聞』（二月一六日夕刊）には「関君もすっかり弾劾演説家を自任する」と報じられた。

一方、憲政会と革新倶楽部の弾劾案に対し、反対演説を予定していた政友会総務の床次竹二郎は、議案に朱線を入れながら、「何でもありませんよ、それに毎年の事で面白くもをかしくもありません」と余裕の表情を見せていた（『東朝』二月一六日夕刊）。

そして二月一五日午後一時一五分、衆議院本会議の傍聴席はあふれんばかりの人で埋め尽くされた。関和知が登壇する。「現内閣の政治的生命に向って最後の宣告を与へたい」と冒頭から斬ってかかった（図8－4）。憲政会側の議席から盛大な拍手が湧き起こった。第一に憲政の本義に基づく内閣ではない、第二に国務を託せるような能力がない。国民が選んだ代表者で議会を作り、その議会に基づいて政府を作るという、国民の意志が反映された政府でなければ、立憲政治の本義にかなった内閣とは認められないと彼は主張した。また、この超然内閣を支えている政友会に対し、自らの内閣も維持できない「如何《いか》に無力なる多数であるか」「一文半銭の価値なき多数である」などとこき下ろした。

政友会の三善清之はいても立ってもいられず、木村清三郎の席まで移動して、関和知に野次を怒鳴り立てた。憲政会からは「ゴリラ黙れ」との叫び声が上がり、議場は爆笑に包まれた。関和知はかまわずに続ける。行われるべき施策についても、行財政の整理は進まず、公共事業を党勢拡張に利用し、その綱紀粛正もなされていない。また、普通選挙に対する態度も、調査会を開いて研究していると言い訳するばかりで、いたずらに日を費やし閑却してきた。外交問題も「先見が無かった、外交上の洞察力が無かった」と述べ、無責任で失態を演じていると批判した。そして、つい最近、取り上げた日支郵便約定の問題を蒸し返す。枢密院をあざむき、衆議院をあざむき、おそれ多くも優諚《ゆうじょう》を賜り、国民に向かっては一切説明もしない。「公表し能《あた》はざる所の失敗か過失か、現内閣の当局者にあった、而《しか》して其《その》公表に依《よ》って国民に対しても枢密院に対しても、又陛下に対して内閣は畏《おそれ》多い事があるからこそ、之《これ》を公表することが出来ないと、遺憾ながら吾々《われわれ》は実に忍びざる感がある」と告げると、野党側は拍手で応援した。関和知は一時間三〇分にわたる大演説を展開し、憲政会総務の役割を果たして降壇した。

その後、革新倶楽部からも趣旨説明が行われ、いよいよ政友会から床次竹二郎が立ち、反論を仕掛けてきた。政党内閣でなくても政策が一致すれば支持すべきであると主張し、また、政府の外交政策を擁護しようと話し始めるが、「何を言ふか分らぬ」などと野次が飛んで議場は騒然となってきた。床次も「是《これ》から段々分って行く」と声を荒げて演説を続けようとした。しかし、大隈内閣時代の対華二十一ヵ条の要求を取り上げ、支那における排日運動に口実を与えたと非難すると、「黙れ」「止せ〳〵」などと怒号が飛び、またしても議場は騒然となる。副議長の粕谷義三は「諸君静粛に……」「静に願ひます」「静粛になさい……」と立ち上がってなだめにかかるが、議場はまったく静粛にならない。改めて粕谷は一言申したいと告げ、言論を尊重するよう注意を促し、ようやく床次は続きを発することができた。

続いて、望月小太郎が憲政会の決議案に賛成すべくシャナリシャナリと登壇したが、今度は政友会が妨害した。もはや議場の混乱は頂点に達していた。望月は静かになるまで演壇を降りぬと顔を真っ赤にして頑張り、副議長の粕谷も「どうぞ静粛に為《な》されまして御聴きあらむことを願ひます」とは言ったものの、議場からは「謝まれ謝まれ」「降りろ降りろ」などの叫び声があがり、たまりかねた粕谷はついに午後四時八分休憩を宣言するにいたった。控室は大騒ぎであった。関和知の演説を謹聴したにもかかわらず、床次のときは騒ぎ立てたとして政友会側はいきり立っていた。それぞれが休憩のあいだに飛び回り交渉を行うも、うまく調整がつかなかった。各派交渉会から憲政会控室へ飛んで帰った三木武吉は「妨害するなら妨害して見ろ」と息巻いた（『東朝』二月一六日朝刊）。

午後四時五九分、本会議が再開されると、副議長の粕谷は、休憩前の光景をはなはだ遺憾であるとし、冒頭から議場に注意を与えた。しかし、「政友席一斉に卓を叩き羽目を鳴らして喧騒の限りを尽し」（『読売』二月一六日）、再び望月小太郎が登壇するも「やれるならやって見ろ」「早くやれ」「降りろ降りろ」

などの声に立ち往生し、望月は「是《これ》が国民の代表の……立法政府の光景であるか……」と発言はとぎれとぎれにしか聞き取れなくなった。政友会の妨害は「音響凄じく議場を揺がし耳も聾《ろう》する」ほどであった（『東朝』二月一六日朝刊）。粕谷はもはやこれまでと観念し、議院法八八条によって議事を中止、本日は散会とする旨を宣言した。政友会の議員たちは「万歳」を叫び立てた。

軍艦天城建造の不正を追及

一九二三年三月二日、関和知は丸の内の東京会館で新聞記者を交えた懇親会に出席し、望月小太郎らと演説を行った。加藤高明総裁をはじめ一〇〇余名が出席した。また、三月一九日は、憲政会、革新倶楽部の両派が烏森の湖月楼に懇親会を開く。関和知や頼母木桂吉、田中善立、三木武吉らが出席し、再会を申し合わせた。

そして、三月二六日の衆議院本会議に再び関和知が登場する。第四六議会の最終日である。議事の第三一に「決議案（安達謙蔵君外四名提出）」とある。軍艦天城の建造について不正の責任を追及する予定であった。総理大臣兼海軍大臣の加藤友三郎を議場へ呼び出し、関和知が説明に立つ。

戦闘巡洋艦天城の建造について、東京瓦斯電気工業と請負事業の契約が交わされていた。一九二一年一月から一二月にわたり犯罪が行われたという。すでに予審における調書が公表されていた。請負事業の内容は一二種七四か所の造船材料の鋳造であり、監督官をあざむき不正の試験品に検印を打刻して納入したという。最近、これに関与した工員が有罪の判決を受けた。「是《これ》は決して尋常一様有触《ありふれ》れたる犯罪事件と看《み》ることは断じて申出来ませぬ」と述べ、関和知はいよいよ責任追及の戦端を開き、予審調書を引用しながらその不備について逐一指摘を重ねていった。

そもそも、軍艦に必要な部品を製造する能力がない工場に発注していることに加え、不正行為を取り締まり、製品の検査を監督すべき海軍の将校がその職責を果たしていないと批判する。「斯《こ》の如《ごと》き設備不完全なる工場に注文品の製作に堪《た》へないと云《い》ふが如き其《その》会社に、我が当局は知って斯様《かよう》な契約を致したのであるか、若《も》し此《この》事実を知って契約を致したと云ふことであるならば、是《これ》は余りに無責任極った、迂闊《うかつ》と言はうか、国防の大事を弁《わきま》へないと言はうか、実に言語道断の沙汰であります」と彼は政府を断罪する。職工がごまかし、海軍の将校がだまされたという単純な話ではない。そもそも水準に達し得ない工場に発注している。つまり、海軍にこそ責任の発端がある。憲政会の野田文一郎や、革新倶楽部の高木正年からなされた質問に、海軍大臣、海軍次官は適切に答えていない。その答弁はあいまいかつ無責任である。現場の処分で済まされるものではなく、「政治上の責任は今尚《な》ほ儼《げん》として存在して居る」と関和知は告げ、もし責任を取らないとすれば、それは軍隊の同胞兄弟に対して同情にたえないと訴えた。

そろそろ議場がやかましくなってきた。関和知は政友会のほうに向かい、なぜやかましく騒ぎ立てるのか、「諸君は此《この》不正事件に共同の責任を持って居るとでも思って居るのでありますか」と皮肉をかました。「しっかりやれ」「簡単々々」など、叫び声で議場は騒然となった。議長の粕谷義三が「諸君静粛に御聴なさい」と注意する。関和知はさらに、政友会が無責任にこの決議案を葬ることが、政界の腐敗、堕落につながると述べ、「此《この》腐敗堕落の事実は最近政友会内閣の時代より、実に因襲的に且《か》つ伝統的に、益〻《ますます》其《その》腐敗を増すやうになって来た」とぶち上げた。もはや議場も黙っていない。議長の制止も聞かず野次を飛ばし騒ぎ立てた。もし首相の加藤友三郎男爵がわれわれの尊敬する武士道を体得したところの軍人であるなら、政友会が何としようと潔くその責任を自覚されるだろうと言い放ち、彼は降壇した。

続いて高木正年が同様の問題について追及し、首相の加藤友三郎が答弁に立つ。不正行為があったことは認めるが、海軍は十分な調査を行っており、また部品についても再検査をして不合格のものは作り直させていると説明し、事件の全容はまだ調査中のため、現段階でどれほどの責任を監督官に求めるか、まだ結論が出ていないと述べた。議場からは「自分の責任はどうだ」という叫び声が上がった。

岩崎勲が質疑終結の動議を出し、賛成者多数が起立するなか、蒙古王の異名をとる佐々木安五郎が発言を通告していたとして、議長の許可も得ずノソノソと登壇し、議長の粕谷義三は「佐々木君、降壇を命じます――許しませぬ」とすかさず注意を与えたが、佐々木はその場に踏ん張り従わなかった。議場はざわつき、降壇を連呼する議長の声と、「質疑の通告をして居る」という佐々木の主張が飛び交い、粕谷はもう一度、終結を図って賛成者の起立を求めざるを得なくなった。その間も「異議あり」との声は絶えず、ついに粕谷は佐々木安五郎に退場を命じた。「諸君――諸君――佐々木君は議長の命令に従ひませぬ」と叫んだ粕谷は佐々木を懲罰に付すと告げ、休憩を宣言するはめに陥った。休憩といっても、時刻はすでに夜の九時を回っている。

それでも降壇しない佐々木安五郎に、突如、政友会の山口義一が駆け上がって佐々木を突き飛ばした。

中野寅吉、春日俊文、中島鵬六、樋口伊之助、舞田寿三郎、小泉又次郎が壇上へ飛び上がり、春日が中野の頭を殴って大げんかとなり、樋口は佐藤啓の名札を奪って小泉へ投げつけ、佐々木は蹴られたり殴られたりしながら首相の席の前へ転がり落ちた。水瓶の盆で手当たりしだいに殴る議員など、言論戦ではなく白兵戦が繰り広げられ議場は修羅場と化した。政友会側も樋口を壇上より引きずり下ろし、野党側も退席して午後九時三〇分頃、守衛が総出で押し止め、ようやく事態は沈静化した。

三木武吉は岩崎勲の質疑終結の動議に対し、さっそく異議申し立てを行った。そこで休憩後は再度、質疑終結が成立するかどうか記名投票で決することになり、投票総数三二二、可とする者二一三、否とする者一〇九で質疑は終結となった。議場は殺気立っていた。もちろん、佐々木は黙っていない。一身上の弁明として登壇し、「我輩の言論を圧迫するのぢやないかと思ふ」と反論を述べた。その後も先ほどの騒乱について、壇上で暴れた議員の懲罰動議が出されたり、それがまた撤回されたり、議事の進行について発言が求められたりと揉めに揉める。いくばくかの討論の後、議長の粕谷義三は「諸君、最早《もはや》十二時になりまして、会期は茲《ここ》に尽きました」と宣言し、この案件については未決のまま議事を終了することとなった。

こうして関和知の演説はめちゃくちゃにされてしまったが、彼は『憲政公論』一九二三年五月号に「首相直轄下の綱紀紊乱─軍艦天城建造に関する不正事件」と題した論考を寄せている。改めて事件の概要を説明し「国防の大事を弁《わきま》へない言語道断の沙汰」と切って捨て(84)、職工が監督官をあざむき不正を犯したことになっているが、そもそも製造能力のない工場へ発注しているわけであるから、海軍省の責任は免れないと断じている。また、貴族院、衆議院での答弁が「何《いず》れも要領を得ざる曖昧無責任極まるものであった」とふり返り（⑧9）、シーメンス事件の際には山本権兵衛伯は引責処決したのであるが、加藤友三郎首相は関係者を処分し、損害を賠償すれば責任は負えるものと考えている。そうはいかない、潔く陛下に罪を謝し、国民の前に責任を明らかにするのが当然であると訴えた。

変態内閣の倒壊を期す

関和知は憲政会総務として三月二八日付『読売新聞』へ談話を載せた。第四六議会は、加藤友三郎内閣が中間内閣であることから、政党間における「真剣味を帯べる論争」が少なかった点に特色がある。とはいえ、超然内閣が議会に基礎をもたず失敗であることは国民の前に明らかとなった。また、政友会が与党として不合理な援助を行うのも、内閣が存続しなければ政友会の勢力を維持できないと感じているからだろう。いずれにせよ現内閣はこの議会をもって終わるであろうと彼は宣告した。

また、『憲政公論』（三巻三号）において「超然内閣排撃の巨弾」を掲載し、国民の意志を代表するものでなければ立憲政治とは呼べないと書き、加藤友三郎内閣を批判した。たしかに、内閣が衆議院に基礎をおかねばならない、とは憲法に記されていない。しかし、実際上、国民の信用を基礎としなければ政治を行うことはできない。大命を拝しても重責をまっとうすることができないのである。また、過渡期なのでさまざまな政府があってもよいという考えもあるが、実際、超然内閣の政治は失敗している。伊藤博文や桂太郎も政党を組織しようとした。それは国民を基礎とした議院内閣が必要であると考えたからである。超然内閣であっても政友会が与党であればよい、というわけでもない。政友会内閣は瓦解し、高橋是清総理は人心を失っている。このように理路整然と政党内閣の必要性を関和知は考察する。

さて春を迎え、全国遊説の季節が巡ってきた。憲政会はさっそく三月二九日午後二時より本部で会合を開き、遊説の計画を立てた。関和知は四月四日より粟山博と福島県をめぐり、四月一二日に田中武雄と姫路で演説会を行う予定となった。また、三月末には、地元、千葉県千葉郡の吉橋良之助、土井嘉平ら一〇〇人を河野広中、関和知の紹介で憲政会へ入党させている。

予定どおり四月四日、関和知は福島県小浜町で粟山博の議会報告演説会を応援し、翌日四月五日は福島県の本宮町、二本松町、四月六日は郡山町へ遊説に出かけている。四月九日は三重県の上野町へ向かい、川崎克の議会報告演説会を応援し、一七日、一八日は亀山町、松阪町などをめぐって壇上に熱弁をふるった。彼は参宮鉄道の大惨事について言及し、「今回の惨事は前方の機関車が脱線した所へ後方の機関車が後から押し懸《かか》つて客車を圧《お》し潰《つぶ》して了《しま》つた為《た》め此《こ》の惨禍を見たのである、加藤内閣が脱線内閣で先きに立つて客車を引き後から政友会と云《い》ふ魔力に富んだ機関車が後押しをするのだから中に挟まれた国民が憂目《うきめ》を見るのも無理はない」などと話し、満場から喝采を浴びたという（清水留三郎：46）。

一九二三年四月二五日、後藤新平が「対露問題等に関し用務多忙を極めて居るに加へ身辺上に就《つい》ても相当考慮を要すべき事情に迫られて」、東京市長の辞任を表明した（『東朝』四月二六日朝刊）。これについて関和知は談話を発表し、「半狂的行動」ではあるが驚くにはあたらないと述べ、後藤では日露外交に成果はおぼつかない、たとえ尼港問題を解決したとしても日本の権威を失墜させるばかりであると批判した。関和知は『又新公論』の特集にも意見を寄せ、ソ連との通商が大連会議、長春会議を経ても実現していないと不満を述べ、寺内正毅内閣以来、対露政策は伝統的に失敗してきたと非難した。シベリア問題は軍事に偏りすぎ、経済を主としていない。「強ゐて伝統的の政策に囚はれる事なく、場合に依《よ》つては之《これ》が承認を英米等の与国に提議するも可なり」と記し、一日も早く通商の道を開き経済的提携を結ぶことが、平和においても必要であると主張している（㊻19）。

さて、憲政会の関東大会が四月二九日、埼玉県熊谷町において開かれた。関和知も参加し演説を行った。約三〇〇〇人が来会する盛況となった。五月六日には神戸へと向かう。その足で、大阪市で開かれた憲政会の近畿大会へ出席する。五月九日午前一〇時半より中央公会堂において始まり、加藤高明総裁をはじめ、若槻礼次郎、江木翼、山道襄一らが参加した。約三〇〇〇人の党員が詰めかけ、たいへんな盛況となった。支部総会のあと加藤の演説があり、正午過ぎに大会を終え、午後一時より内閣弾劾の大演説会が開始された。関和知も長広舌をふるい熱心な支持者に応えた。五月一〇日、一一日、一二日は神戸へ戻り、野田文一郎の議会報告演説会を応援している。五月一九日は、再び田中萬逸と大阪へ向かった。翌日、関和知は田中、佐竹庄七らと藤井寺へ遊説に出かけ、二一日も河内郡をめぐり、二二日に吹田町、茨木町へと北上する。二三日は池田町、岡町へと向かった。

同日午前一一時、首相官邸では地方長官会議が開かれていた。そこで加藤友三郎首相の訓示が披露された。加藤は「辞職する意思は毛頭もつて居ない」と断言した（『東朝』五月二四日夕刊）。これについて関和知は、「加藤首相の訓示を嗤《わら》ふ」という記事を機関誌『憲政』に寄せている。ワシントン会議の結果は屈譲外交であり、ロシアとの交渉もうまくいっていない。内政においては「一面政友会の歓心を買ひ一面内閣維持の方途を講ずる」だけで、加藤が当初掲げていた政策はことごとく実現せずに終わっている（⑧20）。綱紀粛正など百年経っても実行には移されないだろう。最後に、政変の噂を否定したことについて、「耳を掩《おお》ふて鈴を盗む」ごときものであると断罪した。

一方、関和知の地元、千葉県では一九二三年五月二七日、午前一一時から猪鼻館で非政友連合大会が開かれる。五〇〇人ほどが集まった。憲政会から関和知のほか、三木武吉、中原徳太郎らが派遣された。鵜澤宇八が座長につき、「速《すみやか》に変態内閣の倒壊を期す」と決議を採択したのち、午後一時から二〇〇〇余名の聴衆を集め演説会が開かれた。五月二八日、千葉県北條町での非政友演説会には、野村嘉六、小林勝民らが駆けつけた。

『東京朝日新聞』特派員の「各地政情視察記」（九月一日朝刊）において、千葉県は中央政界の波動を受けやすい場所とされ、かつては自由党の星亨、千葉禎太郎らに対し、改進党の関五郎右衛門らが対抗していたと記されている。現在は政友会に吉植庄一郎、鵜澤総明《ふさあき》、憲政会に関和知、鵜澤宇八らがいて覇権を争っている。道路、鉄道などで政友会は地盤を拡張させている。憲政会はそれを批判するばかりで地方問題を解決していない。その力関係は政友七、憲政三と評価された。そして「憲政派は何となく上品であるが之《これ》と共に党勢拡張に対しても拙劣である」と論じられた。

一九二三年六月四日に憲政会の東京支部評議員会が本部で開かれ、五〇人ほどが出席した。関和知も若槻礼次郎、浅賀長兵衛らとともに出席し挨拶した。非政友各派の連合による現状打破同盟大会が六月一〇日午後二時から上野精養軒で催され、憲政会、革新倶楽部、新聞記者ら約一五〇〇人が結集した。翌日は神田青年会館で演説会があり、聴衆約三〇〇〇人を集め、高木正年や山田毅一らと壇上に登った。次いで六月一三日はその実行委員会が開かれ、銓衡《せんこう》委員として関和知、関直彦ら七人が選ばれている。六月一五日は芝公園内にある永平寺にて演説会を開催し、加藤政之助らとともに熱弁をふるった。

さらに関和知は九州まで足を伸ばす。七月九日、佐世保市で川副《かわぞえ》綱隆の議会報告演説会を応援した彼は、まず外交について、支那で排日運動が盛んとなっているが、そもそも一九一五年、大隈重信内閣のとき、二十一ヵ条の要求が成立している。これにより日支両国の政治的懸案は根本的に解決されたと説明し、政友会は当時、支那の感情を害したと反対したが、この条約がなければ日露戦争の戦果、日本の支那における利権は確保できなかっただろう。その後、一九二一年、ワシントン会議において山東問題が浮上したとき、無条件の還付を政友会内閣が許した。少しずつ支那の感情は増長し、二十一ヵ条の破棄を求めるにいたっている。「原式内田式の屈譲外交、支那人の鼻息を覗《うかが》ふに之《こ》れ急なる支那本位の外交」と関和知は非難する（㉜4f）。さらに、対露外交も失敗していると述べ、ソ連との通商開始がうまく進んでいない点を指摘し、加藤友三郎が演じた政略ではないかと疑いをかけた。内政については地租委譲を取り上げ、政友会の「党略的出来心」として、財源なき減税を批判した（㉜6）。首相は政友会の面目を保つため調査中ということにしているが、結果は明らかだろう。そして、「党略を弄《ろう》して自殺の余儀なきに至れるは、寧《むし》ろ政友会多年の横暴非行に対する天罰」であると断罪した（㉜7）。

その月のなかば、再び本拠地の千葉県へ戻り、七月一四日と一五日、彼は鵜澤宇八、高橋久次郎らと匝瑳《そうさ》郡を遊説している。そして、安房郡佐久間村の黒川藤太郎ほか五〇余名が、七月一七日、関和知と森脇源三郎の紹介で憲政会へ入党した。

八月は北へ向かう。一日から四日にかけ、彼は秋田県土崎港町、船川港町、五城目町、山形県新庄町などを遊説した。土崎港町は村山喜一郎の本拠地で、落選後、投票偽造事件が発覚し町民の怒りを招いて騒擾が起こった土地である。関和知は「土崎町は我憲政会に取りては最も悲壮にして且《か》つ光栄ある戦場」と、欧州大戦のヴェルダンの戦いになぞらえて奮戦をねぎらい（『憲政』六巻九号）、聴衆一〇〇〇人のなかには感激して涙する者もあったという。

3 臨時法制審議会——普通選挙を目指して

一九二三年六月二三日、政府は閣議で選挙法改正について臨時法制審議会へ諮問することを決めた。首相の下に設置される諮問機関で、総裁、副総裁のほか三〇人以内の委員と臨時委員を置くことができた。六月二九日までに、関和知は衆議院議員選挙法改正案審議に関する臨時委員、すなわち普通選挙法案を話し合う会議への出席を承諾した。

七月一〇日、政府は午後一時三〇分より、首相官邸で臨時法制審議会を開いた。関和知も出席した。諮問第五号として、「衆議院議員の選挙に関する法規を改正するの要なきか要ありとせば其《そ》の綱領如何《いかん》」

との議題が出された（『読売』七月一一日）。関和知はその主査委員として指名され、審議に加わることになった。委員長には互選のうえ倉富勇三郎がついた。

七月二一日に開かれた臨時法制審議会の主査委員会で、関直彦が普通選挙を即時断行すべきかどうかについてまず審議すべきと発言し、関和知もこれに賛成の声をあげる。まずは納税資格と年齢、性別の制限について審議することになった。

その後、八月二四日に加藤友三郎首相が病死し、その八日後、九月一日に関東大震災が発生、翌日、第二次山本権兵衛内閣が発足する。臨時法制審議会もしばらく招集されず、その後、憲政会、革新倶楽部、庚申倶楽部の三派は、それぞれの主査委員を交えて協議を行うことになり、一〇月二三日午前一〇時、議員倶楽部で会合を開いた。憲政会からは関和知と下岡忠治が出席した。審議会で三派が協調して進むことを確認した。

同日午後、首相官邸で臨時法制審議会の主査委員会が再開される。いよいよ投票の納税資格について議論が行われることになった。撤廃を主張する委員が多く、その方向に決定した。ただし、政友会の松田源治、小川平吉らは世帯主を条件とし、また小野塚喜平次、花井卓蔵らは義務教育を条件とするなど詳細については意見の相違もあった。関和知は美濃部達吉に賛成して無条件納税資格撤廃を求め、家族制度を乱すものではないと主張した。「普通選挙の性質上独立の生計若《も》しくは世帯主等の如《ごと》き煩雑な條件を附する事は不可能である」と述べた（『東朝』一〇月二四日朝刊）。こうして出席者二二人中、無条件納税資格撤廃を可とする者一四人、世帯主の条件を付するという者三人、独立の生計を付するという者八人、義務教育の制限を付するという者六人で、無条件納税資格撤廃に決定した。

とはいえ、関和知は女性に参政権を付与することには反対した。一〇月二七日の主査委員会で、美濃部達吉が女性にも同様の参政権を付与する必要があると提案したが、松田源治、江木千之《かずゆき》、副島義一、小野塚喜平次、下岡忠治、関直彦、そして関和知はそれぞれに反対意見を述べている。女性に参政権を付与することは将来にわたって反対するものではないが、今日の国情に鑑みてただちに認めることはできないという考えであった。結局、美濃部の提案は多数にて否決されている。

一一月五日に開かれた臨時法制審議会の総会では、鵜澤総明が二〇歳以上の学生生徒に選挙権を付与すべきと修正動議を出したが、松田源治が二〇歳では思想がまだ定まっていないと反対し、関和知も二五歳が適当であるとして、採決の結果、学生生徒は二五歳以上に選挙権を付与することが決まった。

翌日、一一月六日、主査委員会の議題は選挙区制に移る。まず、関直彦が大選挙区制に戻すべきと主張した。小選挙区制は競争が激しく選挙費用も必要で弊害が多いと訴えた。これに対し、鵜澤総明は小選挙区制のほうが政見を区民に伝えやすいと反論し、不正についても小選挙区制のほうが取り締まりやすいと述べた。美濃部達吉は大選挙区制の比例代表を支持し、小野塚喜平次はまず六大都市に限って大選挙区制の比例代表を試みてはどうかと修正案を出した。松田源治は大選挙区制のほうが弊害が多く、選挙人と候補者の関係を薄いものにすると反対し、現状の小選挙区制を維持することを訴えた。関和知は競争が激烈で買収も行われやすいと小選挙区制に反対し、「一区域小範囲に固定して情実的専制政治に陥るは憲政の本旨でない」と述べて、大選挙区制を主張した(『大朝』一一月七日朝刊)。

選挙区制について関和知は「先《ま》づ大選挙区を」と題して、雑誌『改造』（五巻一二号）へ論考を寄せている。同じ内容の主張が、翌年、機関誌『憲政』にも「大選挙区の主張」として再掲された。そこで関和知は次のように論じる。中選挙区三人から五人の比例代表が理想的で、最も適当である。しかし、選挙権が拡大するなか、新しい試みは予測がつかない。そこで、さしあたり、すでに経験をもつ大選挙区制の採用が適当である。現行の小選挙区制は原敬が党勢拡張のために実施したものであって、憲政のことを思ってなされた政策ではない。彼らは当時、大選挙区のほうが選挙費用がかかると主張していたが、実際には小選挙区制となっても選挙費用は多額で、むしろ増加の一途をたどっている。「小選挙区に於《おい》て地方の利害問題を餌に選挙人を釣り、選挙人が好んで釣らるゝを常とする」と指摘し、情実がはびこっていると批判した（87 24）。

そもそも、衆議院議員の選挙は国民の代表者を出すのであって、地方の代表者を出すのではないと関和知は考えていた。小選挙区では候補者が限られ、自由意志が貫徹せず、政見より目の前の利害に左右されてしまう。小選挙区で地盤を固め、それを基に多数党を作って政治を行おうというのは非立憲的な考えであり、政治は政策、経綸に基づいて築かれるべきであると主張した。こうしたことから、彼は少数者の考えも反映でき、地方というより国民を代表して、かつ過激な競争を防ぐという点から、大選挙区制のほうが適切であると訴えた。

いずれにせよ、その後の委員会でも議論は続けられ、おおむね政友会は小選挙区制、憲政会は中選挙区制か大選挙区制を主張した。そのほかの委員は小選挙区制を修正すべきと考えており、ジャーナリズムも比例代表制を支持する声が強かった。結局、審議はまとまらず、比例代表制を採用するよう政府へ要望するにとどまり、選挙区の問題については先送りとなった。

のちに植原悦二郎は「中選挙区制を定めたものは関和知と松田源治と私ですよ。憲政会から関和知が出て、政友会から松田源治、国民党から私が出て、今の選挙区の中選挙区を作り上げたんです」と述べ、憲政会が第一党となり加藤高明内閣、若槻礼次郎内務大臣のとき、関和知と松田と三人で三日間くらい選挙区について議論したと回想している（鵜飼：301）。

このように、普通選挙の導入はもはや不可避となり、大衆に配慮して政治を行わねばならない時代が近づいていた。そして、当時のメディア環境は、自由民権運動を争った政論新聞の時代に比べ、大きく変化している。新聞社は企業規模を拡大させ、取材記者を高等教育から採用し、通信網を行き渡らせ、マスメディアとして広く有権者を超えた人々へ政治を報じるようになっていた。

そうであれば、本章で見てきたように、党首である加藤高明が大衆政治家として表舞台に立たず、元老との駆け引きを視野に入れて行動するのであれば、それを支える幹部のうち、その一部がメディアを通して大衆へのアピールを引き受けるという役割分担は、来たるべき普通選挙の時代を見すえた過渡期において、冷静な戦術と捉えることもできる。

関和知は憲政会総務として引き続き衆議院の最前線に立った。「独立の生計」を営む者という条件を外し、普選運動で憲政会は他党と足並みをそろえることができるようになっていた。

マスメディアに「政務的演壇の勇将」「弾劾演説家」と称されるようになった彼は、ここで普選運動を前面に押し出し、全国を遊説し、議会で積極政策の失敗を追及して政友会をたじろがせ、地方利権を党勢拡張に用いようとする態度を非難、加藤友三郎内閣へは日支郵便約定や軍艦天城建造の不備不正を問いただし、内閣不信任案を突きつけて世論の喚起に努めた。

たしかに、この時期の憲政会に、元老に配慮して普選運動の手を緩め、政権獲得を模索する動きがあったことは否めない。また、加藤友三郎内閣への批判も、政策面での差異を強調できず、時事的な争点を形成したにすぎないという見方もある。しかし、野党の政治活動は、議会での騒動も含め、マスメディアに広く取り上げられ、世間に周知された。また、こうした時事的な争点を、演説で繰り返しアピールすることで、地方遊説は数百から数千の聴衆を集め、全国に野党・憲政会の存在を知らしめることができた。

ときとしてこうした政治活動は議場を荒れさせた。しかし、メディア・パフォーマンスという観点から見て、それは必ずしも失敗ではない。矮小化された時事的な争点であったとしても、世の注目を集めることで、野党のプレゼンスを維持する効果をもつからである。

ただし、あくまでそれが「パフォーマンス（演技）」であることは、彼が議会報告書を起草する人物であり、機関誌『憲政』や『憲政公論』で改めて論点を整理する書き手であり、憲政会が彼を代表として臨時法制審議会へ送り込んだことに明らかである。審議会や委員会における関和知が、政友会を揶揄《やゆ》しあげつらうことはない。そこに野次はなく、理性に基づく議論が交わされる。こうした二面性をもつ大衆政治の時代を目前に、次章で彼は最後の選挙戦へ挑む。

第九章

第二次憲政擁護運動と国民の政治参加

礼装の関和知
関家蔵

「弁の人乏しからねど君亡くて憲政会は寂《さび》しかるべし」（山口鳥橋『かささぎ集』章華社・一九二八年）

1　諸勢力が一堂に会して

山本権兵衛内閣総辞職

一九二三年八月二四日に加藤友三郎首相が亡くなったため、九月二日、後を継いで第二次山本権兵衛内閣が成立した。伊藤之雄《ゆきお》は、政友会は総裁派と非総裁派で政策がまとまらず、憲政会は前内閣の協調外交を批判したことから、政権に近づけなかったと考えている（135f）。そして、西園寺は山本内閣に、次の総選挙を公平に実施することはもちろん、これまでの緊縮財政と協調外交の継続を期待したという。

憲政会は八月三〇日午後一時から本部にて代議士、前代議士、党務員との連合協議会を開催した。もちろん、関和知も参加した。山本内閣への対応について協議し、超然内閣ということで反対するという意見や、政策が合致すれば反対せずともよいという意見など、方針はまとまらなかった。永井柳太郎は普選を山本内閣が進めるかどうかで態度を決する必要があると述べた。議論沸騰したものの推移を見て幹部に一任することで落ち着いた。

一〇月一九日、本部で政務調査会が開かれ、臨時法制審議会の内容を下岡忠治が報告した。山本内閣が普選を進めるというならこれに賛成するという方針が決定された。しかし、関和知はかつて雑誌『青年』誌上で、山本権兵衛について「伯の未来に就《つ》いて何等《なんら》の期待する所あらず」と記し、すでに過去の人であると切って捨てている（㊵75）。前回はそれなりに政治的手腕を発揮したが、シーメンス事件において失脚した。山本が直接手を下した事件ではないにせよ、薩摩閥の積弊という道徳上の欠陥はある。山本の政治生命はこのときをもって終わっているはずである。政党内閣の機運が熟しつつあるなか、また、世界で軍国主義を打破しつつあるなかで、将来、再び山本内閣が成立することは認められないと彼は考えていた。

一方、千葉県では関和知、鵜澤宇八、革新俱楽部の鈴木久次郎らが、一九二三年一〇月に非政友大合同促進を決議し、決議文を各新聞紙上へ発表することになった。「加藤子を総裁に戴き死守するは自党の自滅なりとし新政党組織のためには憲政会を解散するも苦しからずと主張」していた（『布哇報知』一〇月二一日）。これは後藤新平、犬養毅、大石正巳らが新政党を模索した動きに、憲政会でも賛同者が現れるという流れのなかで行われた。

一一月二二日、加藤高明総裁の私邸に憲政会の最高幹部が集められ、若槻礼次郎は普選三派を基礎とした新政党について詳細に報告し、意見交換を行った。翌日、本部で幹部会が開かれ、関和知も出席した。ここでも新政党について意見を交換している。そもそも、一九二〇年の秋にも似たような動きが生じていた。このときも野党連合の噂が立った。国民党の関直彦も「在野党の結束が実現されたなら誰あって異議をさしはさむものがあらうか」と述べていたし、関和知もこうした動きに、公の事実として進行していることではないとしつつも、「原内閣を倒して人心を新にする事は目下の急務であるから、此《この》機運が醸成すれば野党の間には合同が起るのは当然な事で自分として之《これ》が実現を希望する次第だ」と語っていた（『読売』一九二〇年九月二日）。その際、党首が加藤であろうと、犬養毅であろうとかまわないと述べていた。とはいえ、その後、野党の合同はなされないまま三年が経過していた。

丸の内の中央亭で一一月二七日に、代議士、前代議士の連合会が開かれ、関和知、三木武吉、小泉又次郎、八並武治ら三〇余名が出席した。関和知は発起人を代表して、「従来分立せる諸勢力が同一旗幟の下に統一的活動を試むるに至つたならば所謂《いわゆる》政界多年の積弊を一掃して二大政党対立の端を開き憲政運用の上に大なる効果を齎《もたら》すべきは疑はない」と述べて（『大朝』一一月二八日朝刊）、革新倶楽部、庚申倶楽部と憲政会の主張が一致し、国民的新党樹立の話が立ち上がっているのは悦ぶべき現象であり、腹蔵なき意見交換を行いたいと挨拶した。その後、「天下の同志を糾合し健全なる新政党を組織して政界多年の積弊を一掃し憲政の発達に貢献せん事を期す」との申し合わせを可決した（『東朝』一一月二八日朝刊）。三木はこの頃をふり返り「私は関和知君からこの運動に就《つい》て説かれて共鳴した」と語っている（湊：付録17）。

一一月二八日付の『布哇報知』は、憲政会の関和知、田中善立らが前代議士、院外団と会合をもち、「憲政会幹部の煮え切らざる態度に憤慨し同志の進路に向つて協議」したことを伝えている。その結果として新政党組織を目指す決議をし、これを憲政会幹部に送るとともに、新聞紙上にも発表することを決めたという。

そこで、加藤高明は一九二三年一二月一日、下岡忠治、小泉又次郎、そして関和知の三人を自邸に呼んで「理由はいはぬがどうか思ひとまつてもらひたいまた合同論者をなだめてもらひたい」と告げた（『東日』一二月三日朝刊）。翌日も、加藤は憲政会幹部を自邸に呼んだ。総務のほうから、新党樹立について話を切り出すと、「党内の議が円熟し一糸みだれずに行けるならば異存はない」と賛成とも反対ともわからない返事をし、遠回しに合同への反対をほのめかした（『東日』一二月三日朝刊）。

加藤は四日も午後二時より、自邸に幹部会を招集し、「党内の議一糸乱れずして行はるれば可なるも現時の健康状態にては果して新団体に対し、相当の責任を尽くし得るや覚束なし」と述べ、消極的な態度を示す（横山：529）。若槻礼次郎がこの間の交渉について説明を行い、関和知も意見を述べた。しかし、総裁は、議会が迫っていることを理由に、合同問題をこれにて打ち切りとし、議会対策の研究に尽力してほしいと告げた。

合同促進派は、これを受けて一二月七日、丸の内の中央亭に懇談会を開き結果を報告する。午後三時、関和知も含め有志が集まった。合同は「政界自然の大勢にして立憲の常道に基く」と下岡忠治は述べ（『読売』一二月八日）、関和知もことの経過を詳細に報告し、不成功に終わったことを嘆いた。その後、議論続出してまとまらず、決議を行うことはできなかった。

関和知は『憲政公論』一九二三年三月号に「加藤子の長所短所」を載せた。加藤が「現代の政界に於《お》ける第一人者であることは云《い》ふまでもなく、現在にあつて国家の重責に任ずべき首相級の一人」であることは疑いない。原敬亡き後、その力量はほかの在野政治家を圧倒している（⑧³12）。

ただ、世間からは反感をもって見られている。その原因は性格にある、と関和知は論じた。「その実質に於《おい》ては極めて善良なるに係はらず、何とはなしに、民衆的ならざる或るものがあり、一種官僚気分の臭味がある」（⑧³13）。関和知は加藤に、大隈重信や桂太郎のような包容力を望んだ。

一二月一〇日にも、合同促進派は有志代議士会を開き、下岡忠治や小泉又次郎、関和知ら三〇人が集まった。関和知は小泉と、改めてこれまでの経緯を説明する。強硬論を含め意見が噴出した。三木武吉はもはや合同は困難とあきらめた。彼らは将来に向け、声明書を作成し配布することを決めた。そして一二月二七日、虎ノ門事件が起こり事態は急変する。帝国議会の開院式へ向かう摂政・裕仁《ひろひと》に向け、仕込み杖から二発の弾丸が発射されたのである。

護憲三派の成立

一二時一〇分、衆議院は厳粛で重苦しい空気に満たされていた。議長の粕谷義三は、開院式に賜った勅語に対する奉答文起草から議事を始めた。起草委員一八人のなかには関和知も含まれた。別室に移り、委員長に床次竹二郎、理事に関和知が選ばれる。奉答文を確認したのち、一二時四〇分に本会議は再開、床次がそれを朗読し可決する。その後、第二次山本権兵衛内閣は責任を取り総辞職した。

年が明けて、一九二四年一月七日、組閣の大命は枢密院議長の清浦奎吾に下った。元老や重臣は衆議院に基礎を置く政党から次の首相を選ばなかった。清浦は貴族院の派閥である「研究会」の支持を得て組閣する。

憲政会総裁・加藤高明は一月九日、午後七時半に最高幹部会を招集した。関和知もそこに含まれた。総務は清浦内閣への反対を決めたと、若槻礼次郎が報告した。「我憲政会は苦節十年常に苦境に立つて其《その》節を死守」してきた、ここに一丸となり内閣の倒壊を目指すという申し合わせが、悲壮な雰囲気のなか行われた（『東朝』一月一〇日朝刊）。

一月一八日、加藤は政友会の高橋是清、革新倶楽部の犬養毅と党首会談し、政党内閣の樹立に向け、一致した行動を取ることを確認する。一月二一日、憲政会は第四八議会に向け本部に大会を開催する。幹部、議員、支部代議員ら約六〇〇人が結束した。この大会で関和知は総務から外れた。

関和知はさっそく、千葉県選出の政友会代議士・鵜澤総明や鈴木隆、そして革新倶楽部の鈴木久次郎らと会合をもつ。二月上旬にも、一致協力し、千葉県で憲政擁護大会を開くことを申し合わせた。

一月二八日、芝増上寺で憲政志士追弔会が開かれる。本堂には「物故憲政功労者大追悼会」との額が掲げられ、菊の造花をつけた民衆が続々と訪れた。政友会、憲政会、革新倶楽部の代議士が勢ぞろいする。参集した者、一万五〇〇〇人を超え、憲政会の小泉又次郎が「現内閣は国民の公敵」と挨拶し、開会を宣言すると、四〇人の僧侶が現れ法会が執り行われた（『東朝』一月二九日朝刊）。政友会の高橋是清が代表して香華《こうげ》を手向ける。関和知は横田千之助とともに司会を務めた。

革新倶楽部の関直彦、政友会の横田らに続き、関和知も演説を行った。その内容は、のちに雑誌『憲政』一九二四年二月号に「護憲の犠牲者を弔ふ」として掲載された。清浦内閣は憲政の逆転、時代の錯誤であり、こうした内閣の出現が偉勲に対する記憶を呼び覚ましたと批判する。立憲政治の理想を実現するには、努力と勇気が必要である。在野三派の目標は政党内閣の樹立にあり、憲政会、政友会、革新倶楽部は党利党略を脱却し一致、協力すべきであると、関和知は訴えた。万歳の声が山内を揺るがした。桜内幸雄は「関の当日の演説は素晴らしい名演説で、世に謂《い》ふ所の蘇張《そちょう》の弁であつたと云《い》ふことを聞いてゐる」と書き残した（桜内：127）。

翌日、午後三時より衆議院の控室で憲政会、政友会、革新倶楽部の幹部が集まり、総選挙で共同戦線を張ることを申し合わせた。護憲三派はその月の末、議会対策として尾崎行雄、横田千之助、小川平吉、浜口雄幸、大口喜六、そして関和知を質問者として布陣し、超然内閣との対決に備えた。もともと、総裁派と非総裁派でまとまりを欠いていた政友会は、清浦内閣を支持するかどうかで分裂し、脱党組は政友本党を新たに立ち上げていた。

ところが、一月三一日、首相・清浦奎吾は衆議院の解散を決める。護憲三派の代議士が列車事故に遭い、緊急質問が発せられるさなかであった。前代議士たちは議場を引き上げ、続々と本部へ帰還する。原敬のときよりひどいと、幹部たちは唐突な解散に不満を述べた。

倒閣を目指した演説会が、都内八か所に開かれていた。そのうちの一つ、憲政会本部の演説会場に多数の警官が紛れ込んでいた。議員たちは彼らに外へ出るよう怒鳴りつけた。午後四時四五分、「治安に害ありと認め解散を命ず！」という警官の声が響き渡り、憲政会院外団とのあいだで猛烈なもみ合いが始まった（『東朝』二月一日朝刊）。そこへ外から群衆が押し寄せ大乱闘に発展する。

議会から戻った安達謙蔵、関和知、小泉又次郎らは、総務室の窓からその様子を眺めていた（図9-1）。「あの警官の暴状は何だ……誰か警官を出さんか」と立ち上がりかけると、横山勝太郎が現れ「実に乱暴だ総務あれを見ましたか……」と述べ、総務たちも「うん今見つゝあるんだ……」と呆然と告げるばかりだった（『東朝』二月一日朝刊）。

図9－1　塀一重の外は警官の山(『東京朝日新聞』1924年2月1日朝刊)

応援の警官隊が駆けつけ、ともかく本部の門は閉じられたが、にらみ合いが続けられた。そこへだれかが砂をぶちまけ、投石合戦が開始される。警官隊は憲政会本部構内へと門を突破してなだれ込んだ。その後、小泉があいだに入り、群衆、警官ともに退散するようとりなし、ようやく事態は鎮静化した。

関和知は機関誌『憲政』に「護憲運動の真意義」と題する論考を発表する。憲政擁護の声は専制政治、貴族政治の打破を目的とするが、同時に国民自らも政治的怠慢を自覚し反省せねばならない。「云《い》ふ迄《まで》もなく憲政の実は国民自ら政治の運用に任ずるに在る」(88 16)からである。元老や軍閥、官僚に任せ、眼前の利益が保たれればよいというのではなく、国民が実際に政治の運用を行わなければ、本当に価値ある利益、幸福は得られない。「自ら信ずる政府に依《よ》りて好む所処《ところ》の政治を行ひ、其《そ》の利害得失に付いて責任を執る処《ところ》に政党内閣の妙味がある」とし、内閣は人民の意志に基づいて組織されねばならない、超然内閣は人間の性情に反していると批判した(88 17)。

第一五回総選挙——憲政会勝利

関和知は東大久保の仮住まいをたたんで、市ヶ谷谷町のさっぱりした家に引っ越したばかりであった。

しかし、選挙戦が始まり、ゆっくりと家にとどまるわけにもいかなくなった。

一九二四年二月七日、憲政会の関東会が催され、関東方面の共同作戦を話し合った。各都市で大演説会を開く予定を立てた。同日、総裁・加藤高明は選挙主任に安達謙蔵を指名し、選挙委員として下岡忠治、早速整爾、降旗元太郎、小泉、そして関和知を配置した。

関和知は二月二〇日、降旗元太郎らと長野県へ行く。東筑摩郡五常村、そして松本市を訪れ、支部幹部会に顔を出し、翌日も松本市に滞在し、二二日には長野県の東筑摩郡坂北村を訪問した。二四日は千葉県へ戻り、山武郡の片貝村で青年会に出席する。その翌日、粟山博と福島県本宮町へ向かった。

応援を要請する声はひっきりなしであり、憲政会幹部は連日各地を飛び回った。本部は選挙主任の安達謙蔵と事務員のみを残してがら空きになることもしばしばである。二月二七日、憲政会は幹事と選挙委員の連合会を、加藤高明の私邸に開き、東北より戻った関和知も委員として参加、選挙戦で展開する政策を話し合った。

三月八日は憲政会山形支部へ出張する。米沢市の松ヶ崎劇場で総会が開かれ、熱弁をふるう。三月一〇日、そこから宮城県白石町を訪れ、翌日、加藤鯛一《ちょういち》と合流して、さらに青森市八戸町、三戸町に向かい、一三日にはさらに北上、函館市の錦輝館で支部総会に出席、加藤らとともに関和知も演説を行い、一四日は札幌市の錦座で北海道大会に駆けつけ、来場者八〇〇余名を前に登壇した。一五日は小樽市へ移動、一六日は引き続き加藤と室蘭市へ赴いている。一八日には旭川市へ向かい、一九日は帯広町、二〇日は釧路市を訪れた。

また、四月には、これまで政友会の独壇場であった青森県に、憲政会から関和知、革新倶楽部から御大の犬養毅が乗り込み、政友会の小川平吉、秦豊助と合流して、政友本党に対抗すべく護憲三派の応援を盛大に繰り広げた。「本党側もそれには多少度肝を抜かれた感がある」と報じられた（『読売』四月二三日）。

在米邦字紙『日米』は、アメリカ関連の候補として関和知の名前を上げ、「立派な憲党領袖《りょうしゅう》格で、何処《どこ》へだしても押しも押されもせぬ顔になつてゐたのを去年の合同運動から兎角《とかく》総裁の覚え芽出度《めでた》からず」と記し、護憲運動であまり表舞台に出てこないが、それでも当選は確実だろうと報じている（二月二三日）。また、雑誌『実業之世界』は新聞記者出身で業界に評判が良いと評価し、「護憲三派の大臣級人物」の一人として紹介する（二一巻五号）。

公正に選挙が行われるとすれば、当選は憲政会一五〇人、政友本党一二〇人、政友会一〇〇人、革新倶楽部五〇人、実業同志会二〇人、無所属二〇人程度であろうと関和知は予想していた。とはいえ、当時の千葉県は政友会が優勢であり、それは県会においても同様であった。こうしたなか、関和知は村の寄合や結婚の世話など地元への気配りを怠らない。「女中に至るまで其《そ》の就職口を世話された。代議士たる先生に対して郷党からは就職を依頼するのであるが、先生はうるさがらず引受けられた」と当時を知る者は回想する（『千葉毎日新聞』一九三三年一一月一八日）。

前回は一一議席中、政友会が八議席、憲政会が三議席であった。そのうち、鈴木久次郎は、憲政会から革新倶楽部へ移り、今回、政友会は分裂して脱党者が五人も出ていた。従来とはまったく異なる様相を呈していた。関和知は第六区（二議席）へ出馬する予定であり、鵜澤総明とともに当選は確実と考えられていた。ただし、新聞は「護憲派は事毎に内紛を続けつゝあるのと護憲運動に不純分子多き為《ため》同情漸次薄らぎ護憲派は随所に同士打を演じて居る」と報じており、予断は許されない（『東朝』三月二六日朝刊）。

山武同志会、長生倶楽部、至誠会、山武郡北部青年同志会は『房総日日新聞』に次のような広告を出して関和知を応援した。「政界混濁して正に革新の秋我等は千葉県第六区選出衆議院議員候補者として関和知君を推薦し極力其《その》当選を期す」（五月一日）。

五月二日、午後一時から、地元・長生郡一宮の公会堂で、関和知は政見発表演説会を開いた。また、この選挙戦では、千葉県第八区の多田満長を支援しており、その応援で、孟子が梁《りょう》の恵王に語った故事を引いて、政府、候補者、選挙人がそれぞれに利益を追求することをいましめ、聴衆の自覚を促している。それは「満堂粛として宛《さなが》ら水を打った様な光景」であったという（『憲政』七巻六号）。多田は早稲田における後輩であり、大隈重信の推薦で懇意となり、関和知の死後、胸像の建立に尽力する。

五月一三日の速報で、関和知は五七一五票で当選と報じられた（『東朝』五月一三日朝刊）。土屋清三郎が七二五八票を取り一位であった。『大日本政戦記録史』には、土屋が七三八二票で一位、関和知は五六一二票で次点当選と記されている（642）。全国では憲政会一五一人、政友本党一一六人、政友会一〇〇人という結果であった。また、この総選挙では、早稲田出身の議員が最も多く五一人の多数となっている。『房総日日新聞』には「地下に眠る大隈侯は定めし満足であらう」と記された（『房総日日新聞』五月一八日)。

関和知は次のように反省する。全国の護憲派が大勝したのに反し、千葉県においてはむしろ政府与党が勝利を見たというのは、理屈ではなく先例によったものだろう。とはいえ、千葉県でも実力はかなり拮抗していた。このような結果となったのは、「宣伝が急場の事とて自然選挙民に徹底味の薄きもの」となったからである。ふだんの努力が足りなかった(『房総日日新聞』五月一七日)。

一方、全体として護憲派が勝利を収めたのは、「寧《むし》ろ当然の趨勢《すうせい》であつて、怪しむに足らぬ」という(⑨1 2)。原敬内閣のとき、政友会は党略や駆け引きに利権を使い政界を腐敗させたが、今回は面目を改め憲政擁護のために戦った。憲政会は政友会と手を組むことで、政策上より存分の主張を行うことが難しく、漁夫の利を得たわけではない。清浦内閣は無力であったと選挙戦をふり返った。

そして、輿論の力について、彼は日頃からの疑いを露わにし、「国民が果して政治的に自覚して居るか否やは未だ疑問である」と述べ(⑨1 2)、有権者の多くは金や権力に動かされやすいと注意を促した。

今後の政局については、護憲三派が当然になうべきであるとして、関和知は連立内閣を勧めている。些末の政策には憲政会、政友会、革新倶楽部で一致しないこともあろうが、普選の即行、財政整理、貴族院の改革などでは大筋で合意できるだろうと考えた。政友本党については、「政府党の利益を当てにして自己の利欲より便宜の為《ため》に集りたる最も低級なる群小の寄合」とこき下ろし、党首の床次竹二郎は政党を率いていくだけの財力がないと分析する(⑧9 46)。そして、金の切れ目が縁の切れ目で内部から動揺するのではないかと予想した。

一九二四年五月二〇日、芝の紅葉館で憲政会の関東代議士会が開かれ、関和知、降旗元太郎、頼母木桂吉、三木武吉ら三〇余名が出席した。護憲三派の勝利を報告するとともに、この連盟を強固にして最終的な目標を達成するよう申し合わせた。五月二九日、加藤高明総裁をはじめ、関和知も含め幹部が列席し、一五〇余名が参加して議員総会が本部に開かれた。安達謙蔵から選挙結果が報告され、その後、加藤が拍手に迎えられて登壇し「国民の期待に添ふべく邁進したい」と演説を行った（『憲政』七巻六号）。

千葉県では六月二日、護憲派代議士の当選を祝うため、午後二時から梅松別荘で八日会による祝賀会が催され、関和知も招かれた。彼はこの選挙で、山武郡源村の山本熊之助や猪野誠一ら有志から支援を受け、数百万円を選挙資金として提供されていた。しかし、ほぼ無競争で当選したので、演説会などの費用を除いてその資金が手元に残っていた。支援者らは彼に残った資金を与え、今後のために取っておくよう勧めた。

政治資金といえば、関和知は北九州で石炭業を取り仕切った大親分、吉田磯吉と親しくしていた。『吉田磯吉翁伝』には「関和知氏は年齢よりすれば翁より後輩であったが、政治的には翁のよき指導者であり、顧問役であった」と伝えられている（吉田磯吉翁傳記刊行会：91）。吉田は金に乏しい関和知への援助を惜しまなかった。あるとき、別の政治家への一五〇〇円が誤って関和知に送られてしまった。「すると関氏から、折返し『儂《わし》のお願ひしたのは三百円だけである、何かの間違ひであろう――』と、注意書を添えて、千二百円を翁の許へ返送して来た。翁は、折から東京から来合せた某の面前へ関氏のこの手紙を投げ出しながら『これを御覧、関の馬鹿正直者が、この金の忙しい歳の瀬に折角転げ込んだ金を、此の通り返して寄越した、使つて了《しま》へばいゝのに』と、頻《しき》りに関氏のことを賞《ほ》め乍《なが》ら『馬鹿正直者めが』を連発した」という（同：91f）。

また、この年、関和知は二回にわたり、陸軍機密費より計一万五〇〇〇円の資金を受け取っている。ほかに政友会の横田千之助、憲政会の三木武吉、政友本党の高橋光威など各政党の幹部にも配られており、伊藤隆は第一五回総選挙への見舞金、つまり選挙資金として与えられたものだろうと推測している。そして、関和知や降旗元太郎が受け取ったことについて、伊藤は「特に陸軍との関係ないし田中との直接的な関係を見出すことができない」としたうえで、彼らが後年、陸軍政務次官に就任した点を指摘している（伊藤 1993：463）。

とはいえ、たとえば宇垣一成《かずしげ》に宛てた田中義一の書簡には「三木前代議士今朝参り、最早《もはや》事情切迫致候《いたしそうろう》に付き、関和知氏の帰京は月末に付之《これ》を待つの猶余無之候《ゆうよこれなくそうろう》」と記されており、その日付が一九二四年一月一五日であることから、少なくとも、衆議院解散前に、陸軍において関和知の名前があがっていたことは確認できる（宇垣一成文書研究会：274）。

2　加藤高明内閣発足

陸軍政務次官

一九二四年六月一一日、加藤高明内閣が発足した。元老の西園寺公望は、憲政会総裁・加藤高明の外交手腕に疑問を抱いていたが、第一党の党首を首相として選ぶほかなかった。機関誌『憲政』七月号は編集部の筆頭に関和知の名前を掲げ、加藤内閣の成立とともに「広く天下国民と共に、天晴《あっぱ》れ忠実なる任務を果たさねばならぬ」と記して、いっそうの鞭撻《べんたつ》と後援を支持者に訴えた。

そして、政権における関和知の処遇が取り沙汰されるようになる。その行方は千葉県民の関心を集めた。副議長に就くのではないか、あるいは新設されることになった政務官に採用されるのではないかと噂された。六月上旬、新聞『日米』は、野田卯太郎の代わりに関和知を大臣へという希望もあるが、いまだ若く候補にとどまると報じている（五月一六日）。新聞『布哇報知』（六月九日）も、関和知は文部大臣として希望されていると伝えた。また、誤報ではあるが、同じ号において「内閣書記官長としては関和知氏新任」との見出しが立った（『布哇報知』六月九日）。同じ報道は新聞『新世界』（六月一〇日）においても掲載されている。

六月一七日付『東京朝日新聞』（朝刊）は、三派協調の精神で政友会の粕谷義三が衆議院議長になるのではないかと予想し、副議長の第一候補として関和知の名をあげている。将来、政務次官というポストが新設されれば、その椅子に座るべき人物であるが、目下のところ衆議院副議長ではないかと報じられた。その後、六月一九日に、衆議院副議長には小泉又次郎が憲政会幹部の推薦において就くと伝えられている（『東朝』六月一九日朝刊）。

八月上旬、政府は政務官の人選を始めていた。片岡直温、安達謙蔵、早速整爾らとともに、町田忠治や関和知も候補にあがっているとの噂が立った。八月五日付『読売新聞』には政務次官および参与官が数日中に任命されるだろうとして、内務省政務次官に関和知が、参与官には鈴木富士弥が内定したと報じている。一方、八月六日付の『東京朝日新聞』には「政務次官銓衡行悩む／政府の第一案は失敗か」と報じられ、「文部陸軍の空位ある時にはその何《いず》れかへ関（和）氏が任命せられ」るはずであると伝えた。官制改革の勅令案は八月六日に枢密院の承認を得て、八月一二日、官制通則改正が公布、施行された。

同日の閣議において、関和知は正式に陸軍政務次官となることに決定した。陸軍参与官には憲政会の川崎克が就いた。「関氏は次官級の人物として一般に認められて居た」、病気が回復したので受託したのだろうと『東京朝日新聞』（八月一二日朝刊）は報じ、議会折衝をよくするだけでなく、論功行賞の意味が多分に含まれていると分析した。参与官の川崎は財政通として売り出しており、本人も大蔵省を希望していたようであるが、関和知が川崎に就くことを望んだという。

こうして、関和知は陸軍政務次官（一等）、正五位勲四等となった。八月一五日正午より、陸軍大臣官邸において彼の政務次官就任と川崎克参与官の祝賀会が催された。宇垣一成陸軍大臣、津野一輔事務次官をはじめ関係者が出席した。関和知は挨拶に立ち「陸軍には始めて何等《なんら》の知識がないから宜敷《よろしく》御

図9－2　政務次官就任祝賀会（関家蔵）

指導を乞ふと共に自分としても政務に鋭意努力する覚悟である」と述べた（『読売』八月一六日）。

憲政会の関東会が八月二三日、関和知を祝った。高木益太郎の入党祝賀会も兼ねていた。芝の紅葉館で懇親会を開き二〇余名が出席し、小泉又次郎が代表して挨拶を述べ、関和知、高木からの答辞を受けた。また、九月二八日、千葉市の梅松別荘で関和知の政務次官就任祝賀会が催された（図9-2）。午前一〇時に秋晴れの亥鼻山《いのはなやま》から数十発の花火が打ち上げられ、午前一〇時四〇分に彼が列車で千葉駅に到着すると、紅谷四郎平が市民を代表して出迎えた。県庁から派遣された自動車に乗り込み、関和知は梅松別荘へと移動、午後一時頃から参加者が続々と訪れ五〇〇余名が集まる盛会となった。発起人を代表して元田敏夫千葉県知事が祝辞を贈った。憲政会からは鵜澤宇八が祝いの言葉を述べ、そのほか代わる代わるの挨拶があり、関和知もそれに応えた。八日会を代表して板倉中《なかば》やそのほか銀行頭取、新聞記者らの祝いの演説などがあり、千葉県の有力者が総出で政務次官の就任を歓迎した。

また、関和知と川崎克は、憲政会本部の記者倶楽部を招待して懇親会を催した。その席上、陸軍省での昼食に話題が及び、慣習となっている会食で一番上に政務次官、次に事務次官、そして参与官と席順が決まっていることなどが語られた。一二時になれば何はともあれ食堂へ向かわねばならないという。しかし、関和知はそこへ現れなくなっていた。

『憲政』一九二四年九月号に、彼はさっそく「国防上の立憲的施設」と題する論文を発表する。軍制改革にともない、中等教育以上の学生に軍事教育を施すことになった。国民教育の理想から見て軍事訓練は「第一要義」である。軍事教育が兵営内に専門化することにより、軍人が特別な職業、特別な階級とみなされるようになり、ひいては軍閥の勢力を養う結果となった。国民がそれに対し服従する習慣をつけてしまった。欧州大戦の反動で軍縮が唱えられているが、力の強弱によって利害が左右される点は変わっていない。「之《これ》が為《ため》に国家存立の保障たるべき第一義の国防を閑却し、若《も》しくは無視せんとするが如《ごと》きは沙汰の限りと謂《い》はねばならぬ」と主張した(⑩9)。つまり、政党政治を基盤に国民による軍隊を整備するため、全員に軍事訓練が必要であるという。

その背景を説明するものとして、一九二四年一〇月発行の『新使命』(一巻一号)に掲載された「虐《しいた》げられた国民の政治思想」が参考になる。関和知はこのなかで、今回の加藤高明内閣を護憲内閣として、その成立が青年の政治思想を向上させたと自負する。これまでの国民教育は閥族政治家の下で政治教育が排斥されてきた。したがって、自分たちの生活が政治といかなる関係をもっているのか、国民としての義務について理解が足らなかった。しかし、清浦内閣が反動を呼び起こし、政治が生活と結びつき、国家への働きかけが必要であることを国民は悟らされたと説明し、国家のために尽力するよう青年の奮起を呼びかけている。このように、国民が意識的に政治に参加することを求める関和知は、軍事についても相応の責任をもつよう陸軍政務次官という立場から国民へ訴えたのである。

普通選挙はもはや何人も疑わぬ

懸案であった普通選挙法については、一九二四年七月五日、衆議院本会議の終了後に憲政会は院内控室に幹部会を開き、三派協議会で決定していた普通選挙法の調査会について、安達謙蔵、降旗元太郎、関和知、斎藤隆夫、三木武吉、鈴木富士弥、八並武治《やつなみたけじ》を委員とすることを決めた。七月一四日午前一一時一〇分、衆議院議員選挙法中改正法律案委員会が開かれた。石井謹吾は投票ではなく関和知を委員長に推薦して、三人の理事は彼に決めてもらえば良いだろうと提案し、関和知は工藤十三《とさお》雄、松本君平、石井の三人を理事に任命した。

当日は中正倶楽部の西岡竹次郎が提案した法律案を検討する予定であった。廃案になることは確実であり、各委員の関心は低かった。西岡は二五歳以上の者に選挙権、被選挙権を与え、納税資格を撤廃するよう主張し、ほか細かな点について説明を行った。有給の選挙事務員と選挙運動者の関係について質問があり、この日はその議論に終始した。開会前に政府委員が「大臣か次官をお呼び致しませうか」と聞く

図９-３　その必要はないでしょう（『東京朝日新聞』1924 年 7 月 15 日朝刊）

と、関和知は小声で「その必要は無いでせう」と答えたというので、『東京朝日新聞』(七月一五日朝刊)は「あまく見られた普選案」という漫画を掲載した(図9-3)。機関誌『憲政』には、「御迷惑千万乍《なが》ら委員長と云《い》ふ有難くもない椅子を与へられた関和知君、政府委員が大臣か次官を御呼び致しませうかと、チト四角張つて見た所が、イヤ其《そ》れには及ぶまいとサツと受け流されて呆然」と記されている(『憲政』七巻八号)。

一九二四年九月四日、政府と与党三派の普選連合協議会が内務省官邸に開かれた。安達謙蔵、降旗元太郎らとともに関和知も参加した。内務大臣の若槻礼次郎は、普選案を次期議会へ提案したいと述べ、審議を急ぐよう促した。その結果、選挙権における納税資格無条件撤廃、満二五歳以上の男子に選挙権を与えること、学生にも選挙権、被選挙権を認めることなど要綱が採択された。

関和知は一九二五年二月発行の『憲政』で「普選実施に対する一考察」を発表した。「普選案の成立は、最早《もはや》や機会に於《おい》て、何人も疑はぬ処《ところ》である」と記し、来たる第五〇議会への期待を綴った(㉞8)。ただし、普通選挙が実行されたからといってただちに「憲政の理想郷」に到着したわけではなく、「政治的成仏」をなしたということでもないといましめた。これまでは他力本願主義で自らの責任を忘れ、強きに服従し、目先の生活以外は意に介さないところが国民にはあった。普通選挙以後の立憲政治において、「政治の権力を共有する者は国民全般である。政治に依《よ》つて利害を共有する者は、即ち亦《また》国民全般である。政治の責任は国民共通でなければならぬ」と書いて、選挙権には責任がともなうことを強調した(㉞10)。

正を踏んで畏《おそ》れず

第一五回総選挙の後、関和知は胃潰瘍を患《わずら》っていると周囲に知られていた。そして、慶應病院、南胃腸病院に入院する。一〇月一日、陸軍大臣の宇垣一成に宛てた書状で、「政務特に多端の際永らくの病臥単《ひと》り知遇に負《そむ》くのみならず曠職《こうしょく》の責免れ難き始末慚《ざん》懼《く》至極に存候《ぞんじそうろう》」と詫《わ》びている（宇垣一成文書研究会：247）。一一月、帝大病院塩田外科で手術を受ける。入院中は、畑英太郎軍務局長らが、見舞いを兼ねて重要問題の報告を病床で行った。

医者からは食事制限を受けた。関和知は「こんな位なら死んでもよい」とだだをこねた（『読売』一二月九日）。一二月八日に全快退院となり、「それぢやもう何を喰《く》つてもよいネ」と述べると、それなら病院からなお一か月は出せないと医師から注意された（『読売』一二月九日）。

『東京朝日新聞』は、自宅で静養している関和知が、気持ちだけは全快となり、「一週間に何百目増したがなあ……」と頬ばかりさすっていると報じている（一月一四日朝刊）。日当たりのよい家を探し引っ越した。「暖かい日には廊下に座《ざ》蒲《ぶ》団《とん》を出してチョコンと座して冬の陽ざしを充分に吸収して庭面を見回し乍《なが》ら」静養に努めた（関 1977：55）。見舞いに訪れた宇垣から、一、二か月温泉にでも行ってきてはどうかと勧められた。

その後、快方に向かっていると見られていたが、一九二五年一月二九日、自邸で入浴中に意識を失って倒れ、二月一三日頃には重体となり、一四日の夜には体温が三八度以上に上がって、一五日は親族が枕元に侍《はべ》ることとなった。川崎克陸軍省参与官をはじめ、憲政会の関係者らが多数見舞いに訪れ、自宅は人でごった返した。川崎は耳元に口をあて関和知を呼んだ。彼はわずかに目を開き、なにかを言いたそうに口元を動かしたが、そのまま眠りへと落ちていった。

二月一六日には、陸軍大臣の宇垣一成、内務大臣の若槻礼次郎をはじめ、早速整爾や降旗元太郎らが続々と駆けつけ、自宅はいっそうの混雑をきたした。二月一六日の夜も危険な状態が続き、主治医が病床につきっきりで手当にあたっていた。医師は「十五日夜に比べれば心臓の衰弱が一段と加はりこん睡といふ程度ではないがうと〳〵として眠つてゐられる」と病状を語った（『東朝』二月一七日朝刊）。

二月一七日、容態はもはや険悪の度を深めるばかりであった。家族はこのうえ関和知を苦しめるには忍びないと注射を打つことを諦めた。午前中には大隈信常、頼母木桂吉らが訪れた。午後になって斎藤隆夫は議会から関和知の自邸に駆けつけた。「全く見込なし。気の毒に堪《た》へず」と日記に記している（伊藤 2009：429）。

同日午後六時頃、首相の加藤高明が関和知を見舞い、「苦しいか、わしが判るか」と耳元に口をあてて尋ねた。関和知は「ウム」とかすかにうなずいた（『東朝』二月一八日朝刊）。加藤は彼の手を固く握って、「早く快《よ》くなって呉れ」と力を込めて語りかけると、関和知は両目を見開き加藤の顔を見据えた。首相が辞すると、やがて昏睡状態に陥り、親戚、友人に見守られながら一八日を迎えた。

一九二五年二月一八日午前一一時四五分、関和知は死去した。五四歳だった。憲政会控室にその報が伝わると、降旗元太郎、頼母木桂吉らは「残念なことをした」と悲しみ沈痛に沈んだ（『東朝』二月一九日夕刊）。幹部室には陸軍省から次官の津野一輔が訪れ、安達謙蔵らを交えて「この議会に関氏のうん蓄を一度も示さずに終ったのが惜《おし》い」と追懐談を交わした（『東朝』二月一九日夕刊）。同日、陸軍大臣・宇垣一成の奏請により総理大臣・加藤高明は、正五位の関和知を位一級進め、従四位とすることを上奏した（図9-4）。

翌日、二月一九日午後一時二五分から開かれた衆議院本会議では、議長の粕谷義三が冒頭、「誠に痛惜哀悼の至りに堪《た》へませぬ」と関和知の逝去を報告した。葬儀は二月二二日午前一一時より一二時まで青山斎場で神式による陸軍葬を執り行うことが決められた。

関和知は陸軍政務次官として、議会における演説を準備していた。もはや議会での演説は無理とわかると、秘書である池田超爾《ちょうじ》が有権者に配布すべくそれを印刷し、これまでのものを併せ、八〇〇頁におよぶ原稿を製本した。それが枕元に届けられると、仲間たちが「こんなに立派に出来たよ」と耳元で声をかけた（『東朝』二月一九日朝刊）。関和知は声を発することはできなかったが手に取り微笑をたたえてページを少しめくった。その演説原稿を懐いて眠りについたという。関和一によれば、「この時、この本は最初の二十三ページ分しか印刷されておらず、残りは白紙のままであった。「製本されたものを見せたい」という気持ちから来た苦肉の策」であったという（関 2000：25）。遺著は『近代政治の理想と現実』と題してのちに

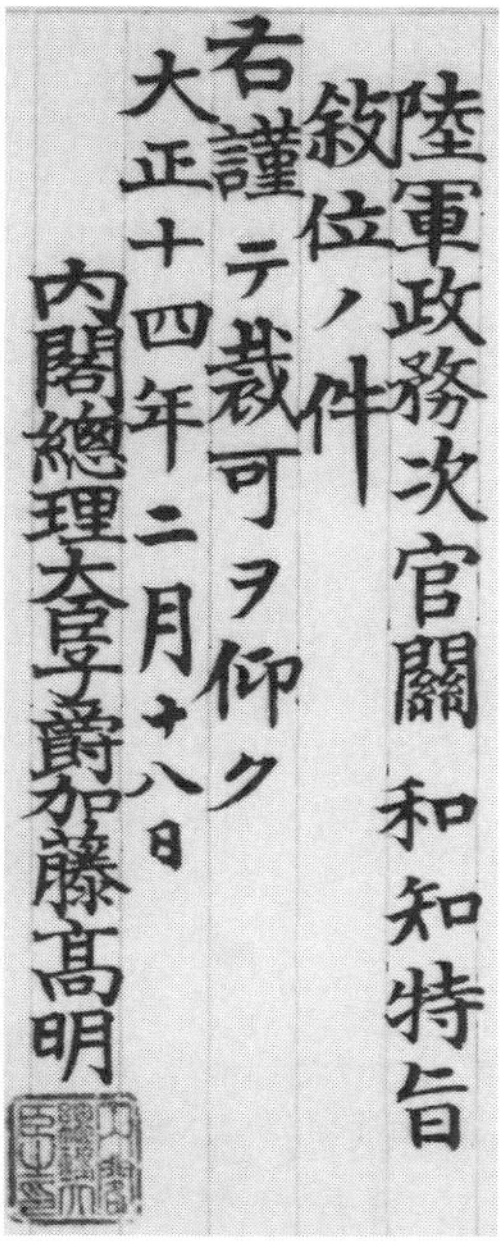
陸軍政務次官關　和知特旨
敍位ノ件
右謹テ裁可ヲ仰ク
大正十四年二月十八日
内閣總理大臣子爵加藤高明

図9-4　陸軍政務次官関和知特旨叙位ノ件（国立公文書館蔵）

公刊されている。八五〇頁にわたる大著である。「二十年の政治生活に収穫したる関君の血と汗の結晶」と紹介された（『憲政公論』五巻四号）。

その生き様を同郷で早稲田の後輩でもある田村鼎は、「正を踏んで畏れず」が関和知の信念であったと伝えている（『房総日日新聞』二月二一日）。達すべき目標は憲政の樹立であった。これからこそ活躍すべき人であり惜しまれるが、立憲政治を確立したという点で関和知は勝者である。思い残すことはなかったろうと、田村は彼を讃えた。また、『房総日日新聞』は「立志伝中の人としての白洋先生をわれらが先生として誇りたい、大声に誇りたい」と記している（二月二二日）。味方半分あれば敵半分というのが政界の常だが、関先生に限ってはそうではなかった。味方が一〇人いても敵はいなかった。県民ばかりでなく日本国中がその死を惜しんでいる。故郷を忘れず、先輩、友人を忘れたことがない。将来、政界を志す青年は関先生の意志を継承する義務があると訴えた。議会での雄弁を聞いた青年たちが彼の口調をまねることも多かったという。

陸軍葬は、事務次官の津野一輔中将が葬儀委員長として任命され、副委員長は参与官の川崎克と憲政会の千葉県支部代表として鵜澤宇八が務めた。一九二五年二月二二日、葬儀が執り行われた。午前一〇時、青山斎場には雪が降り注いだ。議会開会中の日曜ということもあり、政官界を網羅した人々の参加を得、加藤高明首相、宇垣一成陸軍大臣をはじめ、会衆は約三〇〇〇人を集めた。葬儀は日枝神社祭主のもと神式で執り行われた。

その約一か月後、一九二五年三月二九日、普通選挙法が成立する。五月一日、憲政会本部で、功労者の霊に対し通過の報告を行うため、普選通過報告祭が催される。河野広中、島田三郎、そして関和知らに神官が祭詞を読み、遺族らが礼拝を行った後、内務大臣の若槻礼次郎、憲政会総務の箕浦勝人などが所感を述べた。感極まった人々のなかには嗚咽《おえつ》する者もあった。

翌年、一九二六年二月一七日午後二時より、丸の内の永楽倶楽部で関和知の一年祭が行われた。斎藤隆夫らが出席したという。

終章 メディア議員のゆくえ

胸像となった関和知
『民政』7巻11号・1933年

「胸像は山門を入りて左側、亭々《ていてい》たる老松の林立する辺りに立ち、高さ十余尺流石《さすが》は彫塑界の鬼才、長谷川栄作氏に依《よ》りて鏤刻《るこく》せられた丈《だ》けあつて、入神の妙技寔《まこと》に生けるが如く、低徊《ていかい》去るに忍びざらしむるもの決して偶然ならずである」（池田生「関先生胸像除幕式参列記」『民政』七巻一一号・一九三三年）

「世」にさらされる政治

議会内外の演説によってパフォーマンスを展開し、マスメディアによってそれが報じられることで知名度を上げ、そうして獲得した有名性を今度は政治力として用い、自身の選挙戦を有利にするだけでなく、政党の存在感を高めることにも貢献する。今なら当たり前のメディア戦略を、関和知は一〇〇年も前に実行に移していた。

こうした政治の現代化を、「メディア議員」という観点から明らかにすることが本書の目的であった。「メディア議員」とは第一に、メディア出身の政治家を意味する。新聞社や放送局に勤めた経験をもつ議員、あるいは、その経営者になった議員である。一九世紀末において、彼らは政治的拠点として新聞社を立ち上げ、政論を発表することで周囲に政策をアピールし、賛同する多数を集めて輿論《よろん》を形成、権力へ圧力をかけていった。

しかし、二〇世紀に入り、やがて新聞がマスメディアとして成長すると、そのコンテンツは政論ではなくニュースへとシフトしていく。とりわけ、日清日露の戦争はニュースの需要を高め、新聞の大量発行を後押しした。もはや権力に向けて政論を述べる時代ではなくなっていた。民衆に向けて政治情報を提供し、広く有権者を超えた人々にも影響を及ぼさねばならない。ときとしてそれは暴動を発生させ、日比谷焼打事件のように現実の政治を動かす力の一つとなっていった。

そこで、「メディア議員」という概念も、メディア出身という狭い意味から、メディアを使って政治的影響力を発揮する職業政治家へと広くとらえ直さねばならない。つまり、政論記者から、メディアを使って世論《せろん》を喚起するメディア議員への、政治の現代化に合わせたメディア戦略の拡張である。

関和知という政治家は、この「メディア議員」の概念の拡張を体現している人物である。政論というコンテンツをメディアへ提供する者から、ニュースとしてコンテンツに自ら登場する者へと戦略を展開し、輿論と世論を巧みに使い分け、なおかつ、そうした政治活動の危うさに自覚的であった彼の軌跡を、ここでもう一度、ふり返っておこう。

貧しさから若くして大学に進学できず、地元の小学校に勤めた彼は、政治家になるという志を捨てず、二つの戦略を用いた。教育とメディアである。人に影響を及ぼし、人を結びつけるという機能をもつ、この二つの社会システムが関和知を支える資本の源泉であった。

教員をやめて上京し、のちの早稲田大学、東京専門学校へ入学した関和知は、高等教育を受け知識・技能を身につけ人的資本を獲得する。さらに早稲田に連なる人々との出会いが、先輩・後輩・同窓の人的ネットワークを彼に与え、社会関係資本を蓄積させた。

その後、優秀な成績で早稲田を卒業した関和知は、郷里・千葉県へ戻り、新聞『千葉民報』の記者となる。しかし、千葉県改進党系の第一世代が立ち上げた同紙は軌道に乗らず、ほどなく廃刊してしまう。そして、一八九六年、彼は小さな雑誌『新総房』を立ち上げる。すでに憲法は制定され、帝国議会が開かれ、自由民権運動は終わりを告げていた。若い第二世代の関和知らが政界を目指すには、高等教育に加え、拠点となるメディアが必要だった。

一九世紀末、千葉県における改進党系の世代交代が行われるなか、彼が作った小さな雑誌は、やがて政治的に重要なメディア、新聞『新総房』へと成長する。彼はこれを使って千葉県政を批判するが、その手法は単なる政論ではない。尋常師範学校の収賄事件など、ジャーナリズムの力を用いた攻撃を行った。その後も、教科書疑獄事件の報道で、自由党に加担する知事の阿部浩を追いつめていく。つまり、議会政治の時代に合わせた紙面作りをすることで、第一世代が継続できなかった新聞雑誌の発行を、軌道に乗せるという実績を示すことができたのである。

新聞社を支援した関五郎右衛門をはじめとする千葉県改進党系の長老たち、会合の場を提供した三和弥三郎、幕末より大隈重信と旧知の田村昌宗や、そのほか宇佐美佑申《すけのぶ》、浅井蒼介、藤代市之輔、佐瀬熹六、高山孝之助など、多くの人材が新聞『新総房』に出入りし、社会関係を積み重ね、人的ネットワークを広げていった。

加えて、新聞社が政治を志す若者たちの、生活の手段であったことも忘れてはならない。古くは尾崎行雄や犬養毅が地方紙の記者であったように、関和知にとってもジャーナリストはゴールではなく政治家へのステップにすぎなかった。メディアが二重生活として食い扶持を与えるという機能は、アメリカ留学の際も帰国のための旅費を彼にもたらし、その後も国政へ進出するまでの腰掛けを『萬朝報』『東京毎日新聞』に用意した。

このように、関和知は小さなメディア、雑誌『新総房』を創刊して、政論にジャーナリズムの効果を加え、影響力を強化することで周囲の注目を集め、その実績は改進党系の長老、同志たちに、より大きなメディア、新聞『新総房』への拡大、発展を決意させた。こうして確立したメディアは、やがて改進

メディア

政論
輿論の形成

政治的拠点
人的ネットワークの構築

生活の手段
職業政治家へのステップ

図E-1　明治大正期における地方メディアの政治的機能

党系の有力者が出入りする政治的拠点となり、社会関係資本、すなわちソーシャル・キャピタル（social capital）の蓄積をもたらし、関和知はその人的ネットワークの中心に位置することで、構造的優位を手に入れ、千葉県改進党系のホープとして認められていく。そのつながりは、一方で、早稲田出身という学歴によっても強化され、ネットワークの紐帯、結びつきは先輩・後輩・同窓のきずなで重みが加えられていた。そして、メディアはゴールではなく、ステップとして、政治家になるまでの生活の手段として機能した（図E-1）。

　それでも、経済的資本に乏しい彼が国政へ進出するには、さらなるリソースの開拓が必要である。その機会はもちろん、新聞『新総房』における人的ネットワークによってもたらされた。周囲の長老、同志たちは、この若き改進党系の政論記者をアメリカへ送り出し、最新の知識・技能を身につけるよう促して、将来の備えとする賭けに打って出たのである。こうして一九〇二年、関和知は太平洋を越えた。

　アメリカの高校からやり直し、英語を身につけ、イェール大学、プリンストン大学に進学して、ウッドロウ・ウィルソンの講義を聞き、一九〇六年、マスター・オブ・アーツの学位を取得することができたのは、単に幸運であったと片づけられるものではなく、彼自身の努力によるところが大きい。また、支援者からの仕送りが途絶え、レストランの給仕や、看板書きの手伝い、店番などをして働いた。こうした経験が、アメリカ社会のさまざまな階層を身近に見る機会を彼に与えた。

このように、新聞社によって蓄えられた社会関係資本は、アメリカ留学のきっかけを作り、大学での知識とアメリカ社会の実際を関和知に学ばせ、それは知識や技能といった人的資本（human capital）へと変換された。一方、学歴による人的ネットワークは、帰国後、円城寺清、田中穂積など早稲田関係者によって新聞社に招かれることで発揮される。関和知はこうして中央のメディア『萬朝報』『東京毎日新聞』へ進出する。もちろん、それは政治家になるための腰掛けであり、次なる飛躍を目指すための政論記者への復帰であった。

アメリカで学位を取り、著名な新聞社に籍を置き、早稲田関係者にもその名を知られるようになった彼を、いよいよ千葉県改進党系の長老、同志たちが、国政へ押し上げようと動き出す。一九〇九年、議員失職にともなう補欠選挙に関和知を出馬させたのである。結果は落選だったが、資産のある地方名望家ではなく、県会議員でもない彼が得票で政友会の候補に肉薄し、敵を狼狽《うろた》えさせたことに周囲は驚き、そして希望を見出した。

同年、千葉県はもう一人の衆議院議員失職者を出す。先の選挙で次点であった者が繰り上げとなり、関和知は幸運にも衆議院議員となった。結成まもない国民党に所属し、犬養毅の下で各地を遊説、都内では青年主催の演説会へ積極的に登壇する。議会では国民党の幹事として、大逆事件後の言論出版の自由を擁護し、朝鮮における新聞の規制を緩和するよう訴えた。

一九一四年、大隈重信が政権につくと、国民党を脱党して内務大臣秘書官に取り立てられた。大隈の側近となった関和知はしかし、ここで政党という重大なリソースを失ってしまう。それを補う形で結成されるのが、早稲田大学を中心とする大隈伯後援会である。これまで早稲田に蓄積してきた社会関係資本を、大隈はここで一気に政治力へと変換し、先輩・後輩・同窓の人的ネットワークを用いて、総動員をかけるのであるが、その中心的役割を担うのが、関和知の盟友、浦辺襄夫《たかお》である。彼は学生時代に関和知と寝食をともにし、千葉県で新聞『新総房』を支えてきた。その彼が立って後援会を主導し、大隈内閣を助け、第一二回総選挙で関和知を千葉県トップ当選へと導いた。

その後、大隈が政権を返上すると、一九一六年、関和知は結成された憲政会へと合流する。そして、幹事長、総務となって苦節一〇年、長い野党生活を経験する。政策を実現できない野党は、必然的に活動の舞台を議会や地方遊説に求めざるを得ず、言論の力をもって人々に自らの存在を知らしめねばならなかった。

その内容は、パリ講和会議での交渉失敗を追及し、呂運亨と政府の関係を問題視するなど、一見すると無理難題を押しつけているだけのように見える。しかし、メディア学の観点からは、議会におけるこうしたパフォーマンスが新聞社によって大々的に報じられ、広く有権者を超えた人々へアピールしたという、史実を見逃すわけにはいかない。

たしかに、この時代、元老との駆け引きを視野に入れて行動せねば、政権の獲得はおぼつかない。しかし、普通選挙の導入もまた時間の問題であることがだれの目にも明らかなとき、総裁・加藤高明を支える憲政会幹部のうち、その一部がメディア・パフォーマンスを引き受け、感受する大衆へ向き合うという役割分担は、大局から見て冷静な戦術であったと捉えることも可能だろう。

憲政会総務となった関和知は、政友会の財源なき積極政策を非難し、地方利権を党勢拡張に用いようとする態度を不名誉な多数と痛罵して、議会を騒然とさせた。日支郵便約定で政府の過失を責め、軍艦天城建造の不正を追及、内閣不信任案を突きつけて、逃げの答弁を行う首相、大臣を追いつめていく。ときとしてそれは議場を荒れさせたが、世間の注目を集めるという点で野党・憲政会のプレゼンスを支えることに貢献した。

一方、それがあくまで「パフォーマンス（演技）」であることは、彼が憲政会の代表として臨時法制審議会へ送り込まれたことに明らかである。委員会や審議会における関和知が、政友会を挑発し、揶揄《やゆ》するような態度を取ることはない。そこに野次はなく、理性に基づく冷静な議論が交わされる。また、彼は議会報告書を一手に引き受け、党内の政策を整理し、機関誌『憲政』『憲政公論』で数多くの論説を執筆する書き手であり、文筆的公共圏の住人でもあった。

このように、関和知は観客、読者を前に賑々《にぎにぎ》しくパフォーマンスを演じて見せ、世論（public sentiment）を喚起することで生じる話題性や、有名性を政治力として利用する。一方で、政策を冷静に吟味する読者へ向け、機関誌で政論を執筆し、党内では議会報告書をまとめて輿論（public opinion）の形成に努めた。こうした二面性をもつ大衆政治が、普通選挙の導入によって、いよいよ本格化しようとしていた。

第一次世界大戦という総力戦を経て、列強が民主化を進めるなか、元老が推薦した軍人が首相となる日本の藩閥政治は後れを取っている。のみならず、軍国主義との誤解を欧米人に与えている。彼はそのように考え、日本でもやがて、民衆が世論の高まりにより政治を動かす時代が来ると予見し、閥族打破、国民教育、普通選挙の導入を訴え政治活動を展開していった。こうして関和知が政治家となって「出世する」とは、まさに世に出ること、すなわちメディアへ露「出」し、「世」論にさらされることを意味するのであるが、最後に、こうしたメディア議員のゆくえについて触れておこう。

政治のメディア化と国民が望むもの

戦前の日本では、衆議院の第一党となっても、必ずしもその党首が首相に選ばれるわけではなかった。首相を選ぶのは国民ではなく天皇であり、元老をはじめとする重臣がだれを首相にすべきかを天皇へ推薦した。その多くは明治維新で活躍した薩摩閥、長州閥の流れをくみ、軍人を多く含んでいる。選挙によって政権が交代するわけではないため、権謀術数が渦巻くことになった。

こうした体制をくつがえすスローガンが「閥族打破」であり、関和知はこれを国民の政治参加と表裏一体にとらえていた。そこには、高額納税者だけでなく、すべての国民が含まれていた。普通選挙を実施し「国民自ら政治の運用に任ずる」ためである。

しかし、国民に政治を行う能力は備わっているのだろうか。関和知は時の政権を批判する一方で、国民をも非難する。有権者の多くが金や権力になびく姿を目の当たりにしていたからである。「国民が果して政治的に自覚して居るか否や」と、その態度に疑いの目を向けていた。このような状況のなか、メディア・パフォーマンスというアクセルを踏みすぎれば、政治のメディア化（mediatization of politics）を引き起こしてしまうだろう。

佐藤卓己は「政治のメディア化」をメディア史に引きつけて、「メディアの論理がメディアの枠を超えて、政治の制度、組織、活動にまで影響力を強めていくプロセス」と定義している（佐藤：16）。商業メディアは第一に利益を上げることを追求する。その結果、読者、視聴者が読みたいもの、見たいものを優先するようになり、読者数、視聴者数の最大化を目指すようになる。政治のメディア化とは、こうした商業メディアの私的な活動が、公的な政治に影響を与え、経済の論理が政治の論理を侵食するプロセスである。

政治家は、社会に影響力をもつマスメディアを利用し、世論の支持を調達せねばならないが、そのマスメディアが私的な営利企業であるため、そこに読者や視聴者が望むものを提供せねばならないという経済の論理が働き、政治家も彼らに受けのよい思想、態度、行動をとらざるを得なくなる。こうしたプロセスのなかで、読者、視聴者にとって向き合わねばならない不愉快な現実は切り捨てられ、コストのかかる熟議や、理性による政策の検討がおろそかにされていく。つまり、政治家にとって、メディア・パフォーマンスによる世論の調達は、行きすぎれば有権者へのすりよりとなり、本来、目指すべき政策の実現や、その検討から遠ざかるという危険性をともなっている。

自らメディア・パフォーマンスを演じるメディア議員・関和知は、その危険性を熟知している。それゆえ、現代のメディア社会では、およそ考えられないような国民批判を彼は執拗に展開した。

政友会が四大政綱で地方利権をほのめかし、党勢拡張に利用するなか、そうした目先の利益ばかりを追求する国民性を関和知は問題視した。『教育時論』に掲載の「世界改造と国民思想」では、愛国心を国家的利己心ととらえ、世界の趨勢《すうせい》を学ばない国民を批判している。雑誌『帝国青年』でも、「国民的利己心を超越して世界的正義の大理想に共鳴」することを青年に訴え、『憲政公論』では政治、社会、経済に生じる問題に無関心な国民を批判して、「立憲政治の素養なき国民には、政党内閣の何物たるかを知明せず」と憤りを隠さない。そして、雑誌『小学校』において、国民が普通選挙を理解しているかは疑わしいとし、政治への参加は同時に知識、能力の向上を求めると国民を叱咤する。『東京朝日新聞』の談話でも、普通選挙に世間はやや倦怠の感じで、執着をもって運動を持続することができないと嘆き、本能主義、享楽主義の気風が助長され人心が堕落していると批判した。また、「教育圏外から観た現時の小学校」という論考では、人前ではまじめらしくふる舞いながら、人が見ていないところでは不まじめで、己をあざむいて恥じるところがないと述べ、「良心の感じの鈍い国民である」と記して、国民を批判した。

こうして、彼はメディア・パフォーマンスというアクセルに対し、国民批判というブレーキを踏む。しかし、これでは煽りたいのか鎮《しず》めたいのかわからない。政論新聞や輿論ではなく、マスメディアや世論が登場する政治の現代化において、アクセルを踏み込んでも安全性が損なわれない要件とはなにか。

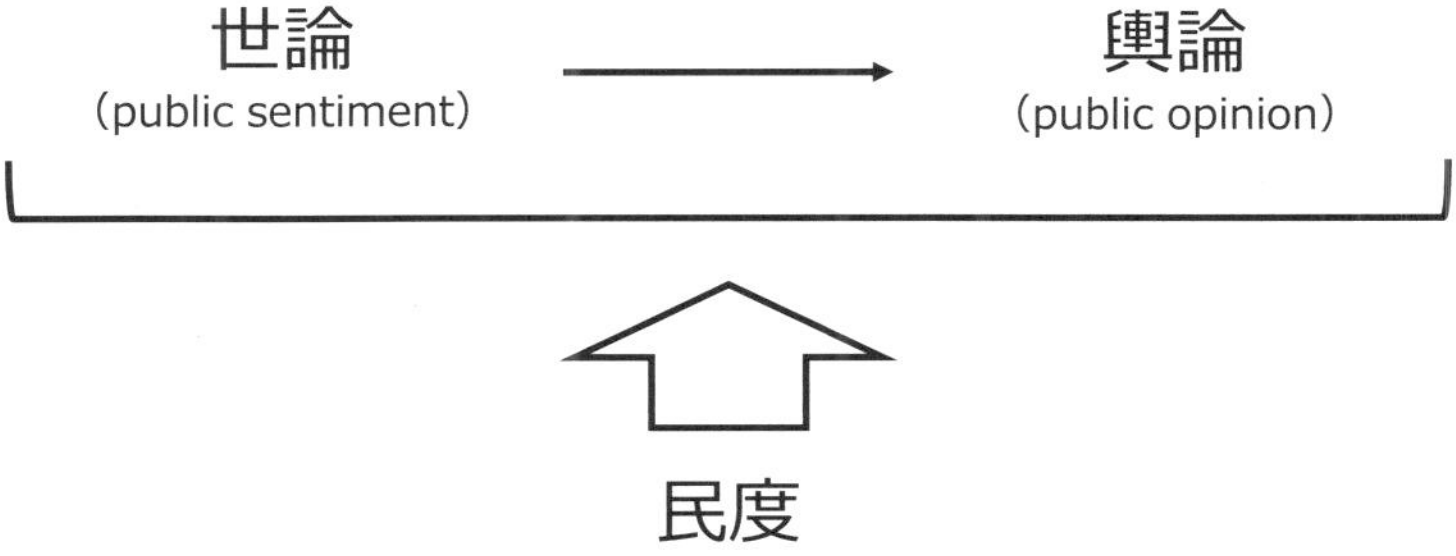

図E-2　政治のメディア化への耐性

それは政治に参加する国民の民度の向上である。だからこそ、彼は一貫して、初等中等教育における国民教育を主張する。高等教育を優先する政友会に対し、原敬に論戦を挑み、機関誌の読者投票では文部大臣に選ばれ、「国民教育の革命」と題した論文を寄せた。党内では、「国民教育を改善し其《そ》の内容を充実する為《た》め国庫の負担を増加する」という決議を採択させている。陸軍政務次官となってからは、軍事における国民の責任も訴えた。「政治の責任は国民共通でなければならぬ」からである。

つまるところ、政治のメディア化とは、読者や視聴者が望むもの、すなわち「国民が望むもの」に帰せられる。たとえ政治家が、彼らに受けのよい思想、態度、行動をとらざるを得ないとしても、読者、視聴者が不愉快な現実に向き合い、コストのかかる熟議や、理性による政策の検討をおろそかにしないなら、世論（public sentiment）の喚起は、やがて輿論（public opinion）の形成に結びつくだろう（図E-2）。関和知が訴えた国民教育という政策は素朴ではあるが、この点で核心を突いている。

彼の死から約一か月後、一九二五年三月二九日、普通選挙法が成立する。メディアを意識して政治活動をせねばならない時代の幕開けである。

このときより、政治のメディア化が本格的に進行を開始する。有権者にどう映るかを先読みし、メディアで自らを演出することが求められるようになる。国民から批判される政治家はいても、国民を批判する政治家は減っていくだろう。こうしたなか、メディア議員は国民を導いていけるだろうか。それとも、国民がメディア議員を導いていくのだろうか。

あとがき

二〇一九年八月五日、友人の中谷聡君と茂原公園を訪れた。蟬がジンジンと鳴く猛暑のなか、郷土資料館の方に送っていただいたファックスを頼りに、汗だくになって関和知の石碑を探した。住宅地のはざまに建てられたそれは草むらに埋もれていた。もとは一九三三年、千葉寺に建てられた胸像があったという。第二次世界大戦で接収され、台座だけが残された。戦後、それを遺憾に思った有志が残された台座を茂原公園へ移し、その上に肖像を描いた石碑を建立した。一九五八年のことである。肖像は木島柳鷗によるもので、題字は鈴木孝子が書いた。

茂原公園を訪れて数か月後、一〇月二七日、飯田橋の貸し会議室で開かれた研究会で、初めて関和知について話す機会を得た。私にしては珍しく時間を超過して、熱を入れて語り、当然、取り上げるに値するものとして自信をもって発表したのだが、意外にも周囲の反応ははかばかしくなく、というより、なにを言っているのかわからないという感じで、その場を呆然とし らけさせたような気がする。唯一、やや早口で雨あられと質問を浴びせかけてくる片山慶隆先生とのやりとりだけが、楽しい記憶として残っている。

そもそも、首相や大臣を務めていない政治家を、一次資料もふんだんにあるわけでもないのに、研究対象として取り上げようということが、今にして思えば正気の沙汰ではなかったのかもしれない。知らぬが仏、政治史の門外漢だからこそ、意気揚々と研究に邁進できたのである。

それとともに、関和知が研究会で今ひとつ注目されなかったのは、彼が明治大正期に活躍した政治家としては驚くほど現代的であり、われわれにとって自然なものに感じられたからなのかもしれない。現代的政治家としての関和知の先進性は、それゆえ歴史家にとっては面白さに欠け興味をかき立てられなかったのだろう。もちろん、大隈内閣の対華二十一ヵ条要求を支持し、中国への経済進出を好意的に論じるなど、現代から見て肯定できない側面も多い。ウィルソン大統領への共感も、あくまで帝国主義の範囲内に収まる「平和主義」にすぎなかった。

さまざまな論点があるなか、本書は関和知を政治史において真っ向から取り上げたものにはならなかった。研究会で最初に紹介してから数年、ことあるごとに「なぜ関和知を取り上げるのか」と執拗に説明を求められ、その過程のなかで「メディア議員」という角度から彼を見るよう鍛え上げられたからである。関和知本人からすれば思いもよらない解釈だろう。

だから、せめてあとがきぐらいは、彼の生涯に「憲政会の闘将」という副題をつけたい。そして、伝記を書いた理由を、その人柄に魅せられたゆえとしたい。私はメディアがどうのこうの、などという学術的なことではなく、彼の生き様それ自体に関心をもった。そうでなければ、論文を九本も書き上げることなどできなかったろう。

ここで本書の元になった論文を発表順に示せば、次のとおりになる。著書としてまとめるにあたり、明らかな間違いについては訂正を施した。

「メディア議員の出世―関和知と『新総房』を例に」『京都メディア史研究年報』六号・二〇二〇年
「国民党の若手代議士―関和知と閥族打破」『評論・社会科学』一三四号・二〇二〇年
「学校歴から政治力への転換―大隈重信政権下の副参政官・関和知を例に」『評論・社会科学』一三六号・二〇二一年
「閥族打破から国民教育へ―憲政会所属議員・関和知の不安」『評論・社会科学』一三七号・二〇二一年
「憲政会幹事長の政治演説―原敬内閣期における関和知」『評論・社会科学』一三九号・二〇二一年
「普通選挙運動における「独立の生計」―憲政会総務・関和知の立場」『京都メディア史研究年報』八号・二〇二二年
「憲政会総務のメディア・パフォーマンス―「弾劾演説家」関和知の政治活動」『評論・社会科学』一四一号・二〇二二年
「アメリカ帰りのメディア議員―関和知の留学経験と排日運動」『評論・社会科学』一四二号・二〇二二年

「第二次憲政擁護運動と国民の政治参加―憲政会の闘将・関和知の最期」『評論・社会科学』一四三号・二〇二二年

メディア学を専攻する私にはとうてい力不足で望むべくもなかったが、政治史のうえでまた別の角度から、関和知にまっとうな評価が与えられる日が来ることを願ってやまない。

そして、これらの論文を見つけてくださり、ご連絡の労をとっていただいた関谷ゆかりさん、貴重なお話をお聞かせくださり、資料の閲覧を許していただいたご親族の関和子さん、安東浩子さんに御礼を申し上げたい。また、一宮町教育委員会の江澤一樹さんには、資料をご恵送いただくなど、たいへんお世話になった。記して感謝したい。そもそも、佐藤卓己先生にご指導いただかなければ、伝記を書こうとは思わなかったし、これらの論文をまとめることもできなかった。このような機会を与えてくださり、本当にありがとうございました。

二〇二三年九月吉日

河崎吉紀

※本書は、科学研究費基盤研究（B）「近代日本の政治エリート輩出における「メディア経験」の総合的研究」（代表者・佐藤卓己、研究課題20H04482）、および科学研究費基盤研究（C）「学校教育からメディア産業への影響に関する研究」（代表者・河崎吉紀、研究課題21K02289）の研究成果の一部である。

引用文献

以下は参照文献リストではない。その他の政治史、教育史、メディア史などの先行研究を多く参考にしたが、ここでは典拠を示すため、本書で直接引用した文献に限り列挙した。そのため、本文中に日付を明記した新聞記事はすべて省略している。また、関和知の書籍、雑誌に執筆した文献は著作年譜に記載した。

・Yale University, 1926, *Alumni Directory of Yale University Living Graduates & Non-graduates*, New Haven: Yale University.
・五十嵐重郎編『房総人名辞書』千葉毎日新聞社・一九〇九年
・石橋湛山『石橋湛山全集　第十五巻』東洋経済新報社・二〇一一年
・一宮町教育委員会編『旧斎藤家文書第二次調査報告書』一宮町教育委員会・二〇二二年
・伊藤隆『昭和期の政治　続』山川出版社・一九九三年
・伊藤隆編『斎藤隆夫日記　上』中央公論新社・二〇〇九年
・伊東鳳南「議会風雲録（二）」『日本及日本人』五九九号・一九一三年
・伊藤之雄『大正デモクラシーと政党政治』山川出版社・一九八七年
・犬養毅「本会趣旨の解」『青年』一巻一号・一九一三年
・鵜飼信成ほか編『講座日本近代法発達史8』勁草書房・一九五九年
・宇垣一成文書研究会編『宇垣一成関係文書』芙蓉書房出版・一九九五年
・鵜崎鷺城『野人の声』興成館書店・一九一五年
・岡義武『転換期の大正』岩波文庫・二〇一九年
・小野秀雄『新聞研究五十年』毎日新聞社・一九七一年
・外交研究会編『ウイルソン言行録』止善堂書店・一九一九年
・河崎吉紀「新聞界における社会集団としての早稲田」猪木武徳編『戦間期日本の社会集団とネットワーク―デモクラシーと

中間団体』NTT出版、二〇〇八年
・河崎吉紀「メディアに関連する議員の一〇〇年―『衆議院議員名鑑』における数量的分析」佐藤卓己・河崎吉紀編『近代日本のメディア議員―〈政治のメディア化〉の歴史社会学』創元社・二〇一八年
・北岡伸一「政党政治確立過程における立憲同志会・憲政会―政権構想と政党指導（上）」『立教法学』二一号・一九八三年
・木村清吉編『房総医家名鑑―附・房総人物名鑑』安井融平・一九一二年
・黒川九馬編『早稲田大学校友有志大会記事―大隈伯爵演説』黒川九馬・一九一四年
・黒旋風「全国逐鹿界評判記（上）」『新日本』七巻三号・一九一七年
・見聞子「演説会所見」『新総房』七号・一八九七年
・越川貞一「南洲の魅力―袁世凱の死」『実業之世界』七五巻二号・一九七八年
・櫻井静先生を偲ぶ会実行委員会編『国会開設に尽くした孤高の民権家櫻井静』芝山町役場・一九九〇年
・桜内幸雄『桜内幸雄自伝―蒼天一夕談』蒼天会・一九五二年
・佐生親次「関和知君」『青年』三巻六号・一九一五年
・佐藤卓己「メディア政治家と「政治のメディア化」」佐藤卓己・河崎吉紀編『近代日本のメディア議員―〈政治のメディア化〉の歴史社会学』創元社・二〇一八年
・参政閑人編『列伝シクジリ代議士』大日本新聞学会出版部・一九一六年
・清水留三郎「群馬県に於ける青年運動」『憲政』六巻五号・一九二三年
・秋村「ウイルソン大統領と「新自由主義」（関和知氏訳新自由主義を読む）」『東京経済雑誌』六九巻一七四五号・一九一四年
・雀巣子『千葉繁昌記』君塚辰之助・一八九一年
・杉中種吉「大正政界の新進人物」『新日本』五巻一一号・一九一五年
・杉中種吉「衆議院の弁論家」『新日本』六巻一二号・一九一六年
・政戦記録史刊行会編『大日本政戦記録史』政戦記録史刊行会・一九三〇年

・関和一『父の思い出』私家版・一九七七年
・関和一述・関正樹編『関和知物語』私家版・二〇〇〇年
・津田左右吉『津田左右吉全集　第二十六巻』岩波書店・一九六五年
・中村吉蔵『欧米印象記』春秋社書店・一九一〇年
・奈良岡聰智『加藤高明と政党政治—二大政党制への道』山川出版社・二〇〇六年
・西岡竹次郎伝記編纂会編『伝記西岡竹次郎　上』西岡竹次郎伝記編纂刊行会・一九六五年
・錦谷秋堂『大学と人物—各大学卒業生月旦』国光印刷出版部・一九一四年
・二宮楚川「正副参政官評判記」『太陽』二一巻一〇号・一九一五年
・原奎一郎編『原敬日記3』福村出版・二〇〇〇年
・風塵郎「早稲田擬国会の印象」『雄弁』二巻四号・一九一一年
・法政大学大学史資料委員会編『法政大学史資料集　第18集』法政大学・一九九五年
・木堂先生伝記刊行会編『犬養木堂伝　中巻』東洋経済新報社・一九三九年
・細井肇『政争と党弊』益進会・一九一四年
・穆堂「新総務印象」『憲政公論』二巻二号・一九二二年
・湊邦三編『早速整爾伝』早速千代野・一九三二年
・簑原俊洋『アメリカの排日運動と日米関係—「排日移民法」はなぜ成立したか』朝日新聞出版・二〇一六年
・宮崎龍介・小野川秀美編『宮崎滔天全集　第二巻』平凡社・一九七一年
・村井良太『政党内閣制の成立—一九一八～二七年』有斐閣・二〇〇五年
・山口孤剣「正副参政官を論ず」『新日本』五巻八号・一九一五年
・山本四郎『大正政変の基礎的研究』御茶の水書房・一九七〇年
・横山勝太郎監修・樋口秀雄校訂『憲政会史』憲政会史編纂所・一九二六年
・吉田磯吉翁伝記刊行会編『吉田磯吉翁伝—全』吉田敬太郎・一九四一年

・吉野作造「我が見たる原首相の面影」『国家学会雑誌』三八巻九号・一九二四年
・鷺城学人「政党人国記（二）」『新日本』三巻二号・一九一三年
・鷺城学人「議会の討論家（下）」『青年』二巻三号・一九一四年
・若槻礼次郎『明治・大正・昭和政界秘史—古風庵回顧録』講談社・一九八三年
・早稲田大学大学史資料センター編『大隈重信関係文書7』みすず書房・二〇一一年
・和田利夫『明治文芸院始末記』筑摩書房・一九八九年

関和知　著作年譜

＊関和知の雑誌記事はできる限り集めたが、すべてを網羅できているわけではない。今後の追加が必要である。

一八七〇（明治三）年（0歳）

一一月一〇日（旧暦一〇月一七日）、千葉県長生郡東浪見村綱田に農業を営む関八蔵、関むめの長男として生まれる。幼名は勇吉。

綱田小学校から椎木小学校高等科へ進む。父・八蔵が事業に手を出して失敗する。

芦村塾の太田和斎から教えを受ける。小学校の代用教員から、検定試験に合格して訓導となる。

一八八六（明治一九）年（16歳）

綱田小学校の校長となる。

一八八九（明治二二）年（19歳）

椎木で開かれた公衆演説会で、「富の不平均及び社会主義」と題し初めての演説を行う。

一八九〇（明治二三）年（20歳）

太東村和泉で農業を営む吉田栄助の娘・ためと結婚する。

一八九二（明治二五）年（22歳）

教員をやめて上京し、東京専門学校邦語政治科へ入学する。長女・ひさが生まれる。

一八九五（明治二八）年（25歳）

東京専門学校を優等の成績で卒業し、『千葉民報』の記者となる。新聞社に寝起きする生活を送る。

一八九六（明治二九）年（26歳）

九月二五日、『千葉民報』が廃刊し、一二月二六日、雑誌『新総房』を立ち上げる。

一八九七（明治三〇）年（27歳）

雑誌『新総房』で収賄事件を取り上げ、知事の阿部浩を攻撃する。一〇月一〇日、周囲の支援を受け雑誌『新総房』を新聞『新総房』へ拡大する。

①白洋子「柏田知事」『新総房』五号
②白洋子「大隈伯」『新総房』六号
③関白洋「隈板二伯と青年」『新総房』八号

一九〇〇（明治三三）年（30歳）

再び上京して東京英語専修学校へ入学する。

一九〇二（明治三五）年（32歳）

五月二〇日、アメリカ留学のため日本を離れる。ニュージャージーのサウスオレンジで高校に通う。生活費をかせぐため、店番や給仕をして働いた。イェール大学に入学する。

一九〇三（明治三六）年（33歳）

九月、プリンストン大学に移る。ウッドロウ・ウィルソンの講義を聴く。

一九〇六（明治三九）年（36歳）

六月、プリンストン大学でマスター・オブ・アーツの学位を取得する。西海岸で『北米時事』『新世界』『桑港新聞』の記者を勤める。

一九〇七（明治四〇）年（37歳）

一二月、帰国する。

一九〇八（明治四一）年（38歳）

円城寺清の勧めで『萬朝報』の記者となる。第一〇回総選挙への出馬を試みるもかなわず。

一九〇九（明治四二）年（39歳）

田中穂積の推薦で『東京毎日新聞』編集長となる。千葉県の補欠選挙で次点となり、後日、失職者が出て、一一月一四日、衆議院議員となる。長男・和一が生まれる。

一九一〇（明治四三）年（40歳）

国民党に参加する。犬養毅の下で幹事として活躍する。利根川流域の水害を視察する。

一九一一（明治四四）年（41歳）

第二七議会で、大逆事件について言論出版の自由を訴える。

④「千葉県補欠選挙に由りて得たる経験」『大国民』三七号

⑤「立憲治下の一大罪悪―千葉県会紛擾の真相」『大国民』四二号

⑥「桂西両派の公式的妥協」『日本及日本人』五五二号

一九一二（明治四五＝大正元）年（42歳）

第二八議会で、文官任用令の改正を主張、朝鮮総督府に新聞の規制を緩和するよう求めた。第一一回総選挙で落選するも、辞職者が出て、一二月一二日、衆議院議員に復帰する。

「文官任用令政《ママ》正」『実業世界』六〇号

⑦関白洋「本議会の弁士」『大国民』四五号

「文官任用令改正論」『大国民』四六号

⑧「青年政治家を養成せよ」『大国民』四八号
⑨「興味ある米国の政戦」『東西事報』一四号
⑩「任用令改正が政弊打破の第一歩」『日曜画報』二巻一〇号

一九一三（大正二）年（43歳）

第三〇議会で、選挙権の拡張について主張する。カリフォルニア州外国人土地法案について、高木正年、服部綾雄と外務省を訪ね説明を受ける。四月、対米問題演説会に参加する。七月、斎藤隆夫とシベリア経由でヨーロッパへ向かう。九月、第一八回列国議会同盟会議に出席し、日米部会を発足させる。一〇月、アメリカ議会で紹介され、ウッドロウ・ウィルソン大統領を訪問する。犬養毅が立ち上げた大日本青年協会の理事となり、機関誌『青年』の編集にたずさわる。

⑪「革新的運動の意義」『国家及国家学』一巻二号
⑫「前途悲観すべき我国の貿易方針—英国滞在中の印象」『実業之世界』一〇巻二四号
⑬「憲政の本義より見たる選挙権の拡張」『新日本』三巻五号「制度整理と政友会」『大国民』六〇号
⑭「大正維新の頓挫」『日本及日本人』六〇三号
⑮「時代精神」『雄弁』四巻九号

一九一四（大正三）年（44歳）

第三一議会で、斎藤隆夫らと選挙権の拡張を主張する。また、相続税の減税に反対する。四月、国民党を脱党し、大隈重信内務大臣の秘書官となる。六月、大隈伯後援会の結成に参加する。

⑯ウイルソン（関和知訳）『新自由主義』勧学社
「白館の主人公」『学生』五巻二号
「外遊によりて得たる印象」『国家及国家学』二巻二号
⑰「感情の理解なき危険極まる国交」『実業之世界』一一巻二号
⑱関白洋「外遊紀行（一）」『青年』二巻一号
⑲関白洋「外遊紀行（二）」『青年』二巻二号
関白洋「外遊紀行（三）」『青年』二巻三号
⑳関白洋「外遊紀行（四）」『青年』二巻四号
㉑「憲政の為めに惜しむ」『世界之日本』五巻六号
「欧米漫遊所観（上）」『東洋経済新報』六五八号
「欧米漫遊所観（下）」『東洋経済新報』六五九号
「猶且つ外形を衒はんとするか」『無名通信』六巻二号

一九一五（大正四）年（45歳）

第一二回総選挙で千葉県トップ当選を果たす。不信任案を突きつけられた衆議院議長・島田三郎を擁護する。五月、明治神宮造営局参事となる。七月、司法省副参政官となる。第三七議会で、長崎控訴院の移転問題について政府委員として答弁を行う。

関白洋「国民の覚悟を望む」『警世新報』一九一五年一月一日
㉒「対支外交是非」『国家及国家学』三巻六号
㉓「所謂苦節とは何ぞや」『世界之日本』六巻三号

一九一六（大正五）年（46歳）

第三七議会で「人権保護に関する法律案」「刑事訴訟法中改正法律案」に対する答弁を行う。一〇月、憲政会に参加する。一二月、憲政会の幹事となる。

㉔「官僚内閣の末路と新党の将来」『一大帝国』一巻一〇号
㉕「教育圏外から観た現時の小学校」『小学校』二〇巻一二号
「貴族院の本領」『中央公論』三一巻二号
「犬養を閣僚とせる加藤内閣」『中央公論』三一巻三号
㉖「寺内新内閣を如何に観るか」『日本評論』一巻一九号
㉗「自覚せよ農村民」『農業世界』一一巻一〇号
㉘「草稿演説の成功」『雄弁』七巻一〇号

一九一七（大正六）年（47歳）

四月、第一三回総選挙に当選する。六月、本会議で寺内正毅首相の訓示を批判し、言論の自由を訴える。七月、後藤新平内務大臣を弾劾する。九月、早稲田騒動の調停を行う。一〇月、大隈信常らと朝鮮、中国を視察する。

㉙「青年団と修養」大町芳衛編『大町大正青年読本』青年修養会
㉚「寺内々閣の迷想」『一大帝国』二巻四号
「固陋、無能、驕傲の風を一掃せよ」『新公論』三二巻一一号
㉛「忘れ得ぬ三人の友―外国留学中の思出」『中学世界』二〇巻一三号

一九一八（大正七）年（48歳）

第四〇議会で、「日支文化の施設に関する建議案」を提出し、留学生への支援を求める。また、寺内正毅内閣を不信任案で非難する。

㉜『西隣游記』関和知
ウイルソン（関和知訳）『新自由主義』天佑社（⑯の縮刷廉価版）
㉝「軍閥打破の急務」『一大帝国』三巻七号
「軍閥打破の急務」『一大帝国』三巻八号
㉞「世界の大勢に順応せよ」『一大帝国』三巻一二号
㉟「国民教育と宗教」『教育時論』一一九二号
㊱「教育上より観たる米騒擾」『教育時論』一二〇三号
㊲「軍閥政治論」『憲政』一巻三号
㊳「現代米国の政治家を論じて汎民主主義の将来に及ぶ」『実業之世界』一五巻二一号
㊴「機運に棹すべし」『青年』六巻五号
㊵「要するに過去の人耳」『青年』六巻八号
㊶「講和に対する希望と用意」『青年』六巻一〇号

㊷「未来の総理大臣」『青年』六巻一〇号
㊸「悲痛なる入獄祈禱会に臨みて」『青年雄弁』三巻七号
㊹「敵役として適材の大岡育造君」『青年雄弁』三巻一〇号
㊺「御用的色彩の政治家元田肇君」『青年雄弁』三巻一〇号
㊻「進歩的思想の政治家」『大学及大学生』一三号
㊼「孟子型の新聞記者」『大観』一巻六号
㊽「如何なる條件を以て媾和は成立すべき乎」『大観』一巻七号
「次韻」『大正詩文』六巻六号
「避難港の設置は焦眉の急」『中外』二巻二号
㊼「損得共通の制」『中外新論』二巻一二号
㊽「新内閣に対する希望と感想」『雄弁』九巻一二号

一九一九（大正八）年（49歳）

憲政会の幹事長となる。第四一議会で、高等教育への下賜について質問し、原敬首相に論破される。二月、普通選挙期成同盟会主催の演説会に出席する。七月、宮中に参内し対独講和条約締結の賀詞を述べる。八月、内閣弾劾演説会に出席する。また、外交問責大演説会で西園寺公望らを批判する。

㊾「世界改造と我国民教育」『教育学術界』三九巻六号
㊿「我が国体と所謂思想問題」『教育時論』一二一四号
51「世界改造と国民思想」『教育時論』一二三五号
52「政治上の道徳的勝利」『憲政』二巻一号
53「外交失敗の原因」『憲政』二巻五号
54「輿論の宣告」『憲政』二巻九号
55「労働問題と政府当局の無理解」『実業之世界』一六巻八号
56「物心両様の修養」『実業之日本』二二巻八号
57「高圧主義か愛撫主義か」『実業之日本』二二巻一三号
「国を挙げて責む可し外交の大失敗」『新時代』三巻一〇号
58「此の失敗を如何にせん」『青年雄弁』四巻六号
59「理想実現に忠実」『帝国青年』四巻八号
「日本に於ける一人者」『雄弁』一〇巻五号
60「正義の自覚に立たざる思想」『早稲田文学』一六一号

一九二〇（大正九）年（50歳）

第四二議会で、朝鮮で発生した暴動について原敬首相に質問する。普通選挙法案について、国民党との統一案を模索する。五月、第一四回総選挙に当選する。六月、憲政会の総務となる。七月、国民党と協調し内閣不信任案を提出する。また、政友会から辞職を迫られた島田三郎を擁護する。

61『普通選挙』早稲田大学出版部
62「権利と幸福の追求」『教育時論』一二五〇号
63「米国排日の真因を論じて教育方針の革新に及ぶ」『教育時論』一二七八号
64「教育の改造」『小学校』二八巻一〇号
65「先づ自ら求めよ」『新青年』一一号

⑥⑥「時代と青年」『青年雄弁』五巻二号
⑥⑦「米国の政争と排日問題」『太陽』二六巻一〇号

一九二一（大正一〇）年（51歳）

第四四議会で、憲政会の普通選挙法案を説明するも、同党の田川大吉郎と尾崎行雄に妨害される。また、国民党、無所属倶楽部と協調し、内閣不信任案を提出する。

⑥⑧「太平洋会議と国民的反省」『教育時論』一三〇九号
⑥⑨「原内閣の暴政と上院の使命」『憲政公論』一巻一号
⑦⓪「議会政治更新の秋—存立生命を失へる現内閣」『憲政公論』一巻二号
⑦①「根本から改革して見たい」『憲政公論』一巻五号
⑦②「国民教育の革命」『憲政公論』一巻七号
「無意義なる存在」『自由評論』九巻五号
「狡獪、冷刻、無能なる原内閣を倒壊せよ」『中外新論』五巻一号
「後継は勿論憲政会内閣」『中外新論』五巻二号
「党利政党の悲哀」『中外新論』五巻一〇号
「失政の責任と国民の批判」『中外新論』五巻一二号
⑦③「向上一路甚だ遅々」『日本及日本人』七九九号

一九二二（大正一一）年（52歳）

一月、大隈重信の国民葬で接伴係を務める。二月、普選運動の国民大会に登壇する。第四五議会で、党勢拡張に利用しているとして、政友会の鉄道敷設案を批判する。また、内閣弾劾の緊急動議で政友会議員を「不名誉なる二百八十余人」と痛罵する。七月、憲政擁護民衆大会で演説を行う。

⑦④「凄味を帯びた真剣の評論家」涙香会編『黒岩涙香』扶桑社
「亡友高橋君を偲ぶ」溝口悦次編『高橋本吉君追想録』溝口悦次
⑦⑤「党略に基く鉄道法」『憲政』五巻二号
⑦⑥「党弊を芟除せよ—内相の訓示は政友会の痛手」『憲政』五巻五号
⑦⑦「本年度政局観」『憲政公論』二巻一号
「大隈内閣時代までの大隈侯」『大観』五巻二号
⑦⑧「難局にも従容自若たりし大隈侯」『大観』五巻二号
⑦⑨「教育を破壊する者」『中外新論』六巻四号
「世界の現状と我が植民政策」『朝鮮及満州』一七〇号
「耻を知らぬ現内閣」『朝鮮及満州』一七三号
⑧⓪「紙上遊戯の鉄道網」『鉄道』一八九号

一九二三（大正一二）年（53歳）

第四六議会で、「日支郵便約定に関する緊急質問」を提出し、枢密院と政府とのあいだに起きた上奏問題について追及する。また、内閣不信任案で大演説を行い、最終日に軍艦天城建造の不正について責任を問いただす。六月、選挙法改正に

ついて、臨時法制審議会の臨時委員となる。一〇月、野党合同を画策するも、一二月、加藤高明の反対により挫折。
「先づ大選挙区を」『改造』五巻一二号
白洋「大隈侯と雪」『憲政』六巻二号
⑧①「加藤首相の訓示を嗤ふ」『憲政』六巻六号
⑧②「政局の動因」『憲政』六巻八号
⑧③「加藤子の長所短所」『憲政公論』三巻二号
「超然内閣排撃の巨弾」『憲政公論』三巻三号
⑧④「首相直轄下の綱紀紊乱―軍艦天城建造に関する不正事件」『憲政公論』三巻五号
⑧⑤「日支協約が無かつたら?」『朝鮮及満洲』一八三号
⑧⑥「新たなる握手の必要」『又新公論』一巻二号

一九二四(大正一三)年(54歳)

一月、政友会、憲政会、革新倶楽部が清浦奎吾内閣への反対を決める。五月、第一五回総選挙に当選する。八月、陸軍政務次官となる。一一月、帝大病院塩田外科で手術を受ける。

「護憲派の勝利と政局の将来」『改造』六巻六号
⑧⑦「大選挙区の主張」『憲政』七巻一号
「護憲の犠牲者を弔ふ」『憲政』七巻二号
⑧⑧「護憲運動の真意義」『憲政』七巻三号
「護憲派の勝利と政局の将来」『憲政』七巻六号
⑧⑨白洋生「党首としての床次君」『憲政』七巻七号
⑨⓪「国防上の立憲的施設」『憲政』七巻九号
「愚劣なる貴族院」『財界レヴュー』二巻八号
「普通選挙の利弊」『斯民』一九巻一号
「虐られた国民の政治思想」『新使命』一巻一号
⑨①「総選挙の跡を顧みて」『早稲田学報』三五二号

一九二五(大正一四)年(55歳)

一月、入浴中に意識を失って倒れる。二月一八日、死去。満五四歳。二二日、青山斎場で陸軍葬が執り行われる。
⑨②『近代政治の理想と現実』帝国講学会
⑨③「石川照勤師を憶ふ」望洋吟社編『不亡録』望洋吟社
⑨④「普選実施に対する一考察」『憲政』八巻二号

出版年不明

『普通選挙論』早稲田大学出版部

河崎吉紀　KAWASAKI Yoshinori

1974年、奈良県生まれ。同志社大学大学院文学研究科博士課程退学。博士（新聞学）。現在、同志社大学社会学部教授。専攻はメディア学。著書に『制度化される新聞記者―その学歴・採用・資格』（柏書房）、『ジャーナリストの誕生―日本が理想としたイギリスの実像』（岩波書店）、共編に佐藤卓己・河崎吉紀編『近代日本のメディア議員―〈政治のメディア化〉の歴史社会学』（創元社）、訳書にウォルター・リップマン『幻の公衆』（柏書房）など。

近代日本《きんだいにほん》メディア議員列伝《ぎいんれつでん》　3巻

関和知《せきわち》の出世《しゅっせ》——政論記者《せいろんきしゃ》からメディア議員《ぎいん》へ

2024年3月10日　第1版第1刷発行

著　者　河崎吉紀
発行者　矢部敬一
発行所　株式会社創元社
https://www.sogensha.co.jp/
〔本　　社〕〒541-0047 大阪市中央区淡路町4-3-6
Tel. 06-6231-9010　Fax. 06-6233-3111
〔東京支店〕〒101-0051 東京都千代田区神田神保町1-2 田辺ビル
Tel. 03-6811-0662
装　丁　森裕昌
印刷所　モリモト印刷株式会社

ISBN978-4-422-30103-7　C0336